国家广播电影电视总局规划专业教材
21世纪广播电视职业教育丛书

第2版

TV *Dianshi Zhizuo Shiwu*

电视制作（实务）

武海鹏 ◎ 主编　李春涛 ◎ 副主编

中国广播电视出版社
CHINA RADIO & TELEVISION PUBLISHING HOUSE

图书在版编目（CIP）数据

电视制作实务／武海鹏主编．--2版．--北京：中国广播电视出版社，2013.3
（21世纪广播电视职业教育丛书）
国家广播电影电视总局规划专业教材
ISBN 978-7-5043-6841-6

Ⅰ.①电…　Ⅱ.①武…　Ⅲ.①电视节目制作—教材
Ⅳ.①G222.3

中国版本图书馆CIP数据核字（2013）第019333号

电视制作（实务）（第二版）
武海鹏　主编　李春涛　副主编

责任编辑　李晓霖
装帧设计　丁　琳
责任校对　张莲芳

出版发行　中国广播电视出版社
电　　话　010-86093580　010-86093583
社　　址　北京市西城区真武庙二条9号
邮　　编　100045
网　　址　www.crtp.com.cn
电子信箱　crtp8@sina.com

经　　销　全国各地新华书店
印　　刷　廊坊报业印务有限公司

开　　本　710毫米×1000毫米　1/16
字　　数　280(千)字
印　　张　17.75
版　　次　2013年3月第2版　2013年3月第1次印刷
印　　数　5000册

书　　号　ISBN　978-7-5043-6841-6
定　　价　35.00元

丛书编委会

第二版主编语

当接到出版社邀请，需要对2000年8月在广电总局组织下出版的“21世纪广播电视职业教育丛书”进行修订时，弹指之间，离我们当时面向新世纪的思考、写作和成书已过去了12个年头。在这12年间，广电事业和产业以个性化的方式走进21世纪。电视在新技术的引领下开足马力、发展迅猛，媒体生态环境也发生了深刻且巨大的变化：

一是新技术带来新机遇。电视拥有了高清电视、交互电视、3D电视，与互联网、社交网站、云计算、3G移动视频等新技术交叉互动，冲击着电视固有的制作模式与商业模式。

二是全媒体呼唤全呈现。广电、电信、移动三网融合的大潮，从商业网站、政府官网，到具有网上播出资质的网络广播电视台的崛起，摧毁了电视内容不易访问的禁锢，观众已经可以在一个终端上观看电视节目和影片，然后无缝切换到像智能手机、电视机、PC式平板电脑上观看。

三是云观念推动云机制。“云”以更开放、更互联、更融合的方式，将电视制作中的摄、录、编、播、存、管等用“网络集群”方式推送给各大电视媒体，电视台走专业高清化，网络台走个体3D化，合力打造全新的电视体验，以持续获得用户青睐，推动事业发展和产业盈利。

这些变化无疑会给电视制作带来新的理解和新的方式。

此外，我们也欣慰地看到，这本在十多年前以电视制作“多元素”构架起来的内容，其中一些基本概念今天依然具有指导意义，一些前瞻思考已经成为现实或者正在成为现实，一些如采访所需要的技巧“我在现场”、“伸话筒”、“长镜头”，以及编辑实务、主持人吐字发音、灯光音响操作等等，依然存留在现代电视制作之中并广为运用。而当年的著书人如今大多数仍在工作岗位上孜孜不倦，有的做了新闻频道总监，有的是院校业务领导，还有的是网络广播电视台掌门人，总之，都成为重要岗位上的业务骨干和领军人物，成为助推传统媒体转型与新媒体融合的践行者。

因此在修订此书的过程中，我们一是秉承研判并尊重原书构架，保留了依然有价值的新思维，对其中的部分章节、文句进行了增订和修补；二是邀请原作者来进行修订，继续保持《电视制作》重务实、重学术、多元构成的行文风格；三是内容力求简约，对于新增的部分章节特意标注了“最新”字样，以方便本专业和大中专学生以及业余爱好者快速浏览和阅读。

此次修订，时间依然不足百日，其中一定还会有许多不足，欢迎大家提出意见，有待进一步完善。最后，要感谢湖北网络广播电视台年轻的编辑段绚、程驰等同志，感谢中国广播电视出版社的编辑老师，他们在修订本书期间给予了真诚的帮助，使得《电视制作（实务）》第二版能够更快地与大家见面，更要感谢热爱和关心电视发展的人们……

主编　武海鹏

2012年9月30日武昌东湖

序

电视是当今社会最有影响的传媒，是人们获取信息、知识的主要渠道，得到娱乐、关感的重要手段。随着人们审美水准的提高和对精神文化需求的发展，对电视节目的数量、品种、质量、品位的要求越来越高。为适应广大观众这种日益增长的需求，全国所有省级电视台都把一套好的节目送上了卫星，栏目改版创名牌、节目更新出精品，已成为各家电视台改革追求的目标之一。节目制作社会化的比重将逐步提高并成为巨大的产业。节目制作从业人员队伍也将随之不断壮大。节目制作从业人员应是经过专门训练的专业人才，其中，大专和中专层次的职业技术人才应占较大的比重。为了加快节目制作人才的培养速度，广播电视系统的院校都把节目制作专业作为重点专业来办，但缺乏适合职业教育特点的专业教材，这套电视节目制作系列教材就是在这样的背景下编写出版的。

这套教材分两批出版。第一批六本：《实用电视新闻》、《电视节目制作》（技术类）、《实用电视摄像》、《实用电视编辑》、《非线性编辑应用基础》、《有声传播语言应用》。第二批六本：《电视音乐与音响》、《电视美术与照明》、《电视文艺》、《电视广告》、《电视文字语言写作》、《电视制作》（技艺类）。随着其他参考性、资料性及音像电子教材等辅助教材的陆续出版，该系列教材将在内容上更加完善，结构上更加优化，并呈现出系列化、多样化、现代化等特点。

这套系列教材的推出，其指导思想是要努力体现两个转变，即变应试教育为素质教育，变学科本位为能力本位，构筑适应劳动就业、教育发展和人才成长“立交桥”需要的职业教育课程体系。

这套系列教材主要面向中等职业教育，同时也兼顾了高等职业教育、普通专科教育和在职岗位培训的需要，是一套适用范围较广的教材。它在结构、内容及编写方法等方面还具有以下新特点：

一、对课程结构的整体优化，有利于加强专业素质和综合能力培养。《实用电视新闻》让学生掌握最主要的专业知识，具备制作新闻节目与专题节目的能力；《实用电视摄像》、《实用电视编辑》、《有声传播语言应用》三门课程，分别培养学生的采、编、播能力，并开设《非线性编辑应用基础》课程，以适应数字技术的新发展；《电视节目制作》（技术类）、《电视制作》（技艺类）则以“文理渗透”、“技艺结合”为特点，对不同专业方向的学生“打通培养”、综合训练。整体课程设置，符合培养复合型专业人才的需要。

二、对“基础”部分的科学定位，符合工作岗位特点和业务性质要求。如：《实用电视新闻》把“电视新闻记者”、“电视新闻业务流程”作为该教材的基础部分；《实用电视摄像》把“摄像机构造与原理”、“光色与构图”、“画面运动与组合”作为该教材的基础部分。同样，《实用电视编辑》中的“视听思维和语言”、“画面组接与声画组合”；《非线性编辑应用基础》中的“线性编辑和非线性编辑的联系与比较”；《有声传播语言应用》中的“有声传播语言的应用基础”、“广播电视语言的应用”、“主持人的语言应用”等，都体现了各门课程对基础部分的科学定位。

三、对迁移价值的追求，是教材内容优化的重要体现。如：《实用电视新闻》中的“场性思维”、“电视新闻业务流程”，就是最具迁移价值的内容，它反映了事物的本质和内在联系。因为电视新闻制作不是一般的制作，而是一个业务流程。要驾驭这个业务流程，就必须具有场性思维；反之，要培养场性思维能力，就必须了解业务流程。又如，《有声传播语言应用》把播音基础理论与技巧通俗地概括为“气、声、字、句、情”五个字，这也是最具迁移价值的内容，它对有声传播语言的广泛应用具有直接的引导作用。

四、模块化的组装，为实施产教结合新的教学模式提供了基本依托。就整体课程设置而言，第一批六本教材可视为电视节目制作专业的大模块，第二批六本教材则可看做是根据市场需要和岗位群的不同分布而设置的小的活动模块。这种大小模块的结合，可根据不同专业或专门化的要求，进行课程的拼装、组合和调整。模块化的组装，还体现在各门具体课程上。如《有声传播语言应用》就包含了广播电视语言、主持人语言、窗口行业语言等几个模块。模块化的组装，打破了传统教材过分强调的学科的系统性和完整性，使理论与实践相结合的“双线课程结构”成为可能。

五、“三个一”（一个知识点，一个或多个能阐释知识点的实例，一个或多个相应的思考练习题）的基本编写体例，同样为实施产教结合的教学模式提供了条件。这种体例融理论教学、实践教学、技术服务与节目生产为一体，不仅适应模块化教学的要求，而且也适应学分制弹性学制的要求，并可做到“教、学、做”的结合与“脑、口、手”的并用，使职业教育的实用性与灵活性得到最充分的体现。

这套系列教材的编写队伍是一支产教结合的队伍。来自全国各广播电视学校的课程组成员和有关广播电视机构的三十余名专家及资深专业人员参加了编写。我对他们的辛勤劳作谨表深切的谢意，对这套教材的如期出版表示热烈的祝贺。但由于参编人数较多，期限又紧，难免存在内容繁多、水平参差、体例不一甚至个别差错等问题。诚恳希望读者批评指正，并请讲课教师在教学实践中提出修订意见。

刘爱清

2000 年 7 月 15 日

（作者系国家广播电影电视总局人事教育司副司长）

前 言

中国电视在20世纪尤其是后十年，狂飙突进般地发展，如日中天；新世纪来了，电视进入转盘路口，面对着是多元化的出路和选择：数字化和多媒体网络的技术平台，大众化、产业化、品牌化的制播理念，地面、卫星、有线，还有因特网交互下的重组，广播电视、计算机和通信业的交汇融合……

未来电视何去何从，这既是挑战，也是机遇。

电视的表现力很大程度包含在制作技术和工艺流程之中。电视制作涉及诸多操作问题，因此需要寻找规律，需要遵循规范，更需要在规范基础上创新，这是电视产业经营、社会化运作和市场竞争的需要，也是电视制作把技术优势转变成为生产优势、把先进理念转变成为有“卖点”的节目的新要求。

面对21世纪的电视职业教育和从业人员的再教育，培养具有现代电视思维的专业电视制作人是我们的愿望，也是本书的宗旨。也许未来的电视制作人未必就在电视台工作，他们没准儿在广告公司、节目制作公司，没准儿就在自己家里。

本书为了在内容上同已出版的系列丛书既相呼应又能有所区别，在结构上把电视制作中必需掌握的摄像、光线、编辑、声音、美术、采访和主持播音等专业作为一个“元素”来认知，以“点击”形式行文，点面结合，重在点上。第一章和最后第九章重点阐述理念问题，鸟瞰电视制作，前瞻未来；从第二章到第八章主要解决操作问题，总括精华，倡导求新求变思维。本书的结构应该说是有创意的，一是考虑到当今电视制作已经融入其他元素，把诸要素整合起来加以研究；二是观照了电视对高素质综合人才的要求，重在实战上寻求突破，而不是面面俱到。这种结构特点对于快速阅读和选择性阅读也是有益的。

另外，本书的作者都是来自电视节目生产和教学一线的，他们或是电视制作人、编辑记者，或是有多年电视教学经验的教师，人员构成体现出产教结合的原则。参编人员和作者共有九人，以章节为序他们的分工是：武海鹏撰写第一章“电视制作概述”；李春涛、陈亚萍撰写第二章“摄像艺术”（其中第一节由陈亚萍撰写）；夏威撰写第三章“电视光线艺术”；李春涛撰写第四章“画面编辑”；鲁勇撰写第五章“声音——电视表现的元素”；谭映辉撰写第六章“电视美术”；王忠理、杨良雄撰写第七章“采访——电视节目的基础活动”（其中第三节由王猛、杨良雄撰写）；华天撰写第八章“主持人与播音——有声语言的表达”；武海鹏撰写第九章“节目—栏目—频道”。

本书的主编由湖北电视台新闻中心武海鹏副主任担任，副主编由湖北广播电视学校教务科李春涛主任担任。武海鹏确定了本书结构和写作框架，并对全书进行了统稿和审定；李春涛参与了对全书的审稿，并对一些章节提出了重要的修改意见。我们要感谢湖北电视台有关专家的热情指导，以及湖北广播电视学校宋满珍老师、吴伟老师、陈厚新老师给予的大力支持；感谢樊浪老师、游世雄老师为本书提出宝贵的意见；感谢刘芳、向艳、管根稳、袁媛为本书编写所做的工作。在编写过程中，我们还参阅了有关专业书刊和资料，在此向原作者一并表示衷心的感谢。

需要说明的是，由于电视表现的丰富性和复杂性，因编写时间仓促、水平有限，因此书中还有不足之处，甚至出现疏漏和错误，在出版发行后，诚挚欢迎各界朋友批评、指正，以便再版时使其更完善、更科学。

编 者

2001 年 3 月于武昌

目录 CONTENTS

DIANSHIZHIZUO（SHIWU）

第一章 电视制作概述 ………………………………………… (1)

第一节 点击“电视制作” ………………………………… (2)

一、传播、再现与表现 ………………………………… (2)

二、技术媒介 ………………………………………… (4)

三、三个转变和三个过渡 ……………………………… (5)

四、改版、整合、流动 ………………………………… (8)

第二节 电视时空 ………………………………………… (10)

一、时空结构 ………………………………………… (10)

二、电视时空 ………………………………………… (12)

三、网络时空 ………………………………………… (13)

第三节 “电视制作”再点击 ……………………………… (15)

一、制作环境 ………………………………………… (15)

二、制片与策划 ……………………………………… (17)

三、强化优势与个性生存 ……………………………… (19)

第四节 节目制作与流程 ………………………………… (20)

一、进入制作间 ……………………………………… (20)

二、制作域“三层面” ………………………………… (21)

三、制播流程 ………………………………………… (23)

四、面向非线编 ……………………………………… (26)

第五节　链接网络广播电视台（最新） …………………………… (28)
一、网络台：网上播出机构 ……………………………………… (28)
二、网络：三个最基本的附加值 ………………………………… (32)
三、流程可以再造：网络首发，电视收官 ……………………… (33)
四、角色悄然变化：是报道者，是文化传播者 ………………… (34)

第二章　摄像艺术 ………………………………………………… (37)
第一节　电视画面 ………………………………………………… (38)
一、地位与作用 …………………………………………………… (38)
二、框架结构 ……………………………………………………… (39)
三、平面造型 ……………………………………………………… (40)
四、电视画面 ……………………………………………………… (40)
第二节　取景与构图 ……………………………………………… (41)
一、取景 …………………………………………………………… (41)
二、构图 …………………………………………………………… (47)
三、几个应该注意的问题 ………………………………………… (51)
第三节　运动摄像 ………………………………………………… (53)
一、运动 …………………………………………………………… (53)
二、运动形式 ……………………………………………………… (54)
第四节　镜头的视觉功能 ………………………………………… (57)
一、你的“朋友” ………………………………………………… (57)
二、镜头的光学特征 ……………………………………………… (57)
三、聚焦与景深 …………………………………………………… (59)
四、镜头的功能 …………………………………………………… (61)
第五节　摄像的意识 ……………………………………………… (63)
一、摄像师 ………………………………………………………… (63)
二、镜头调度意识 ………………………………………………… (64)
三、蒙太奇意识 …………………………………………………… (67)
四、拾取同期声意识 ……………………………………………… (67)
五、长镜头意识 …………………………………………………… (69)

第三章　电视光线艺术 ……………………………………………………（72）
第一节　特殊的语言艺术 ……………………………………………（73）
一、光线是流动的画 …………………………………………………（73）
二、确定光线的监视器 ………………………………………………（73）
三、镜头捕捉光线 ……………………………………………………（74）
四、光线营造空间 ……………………………………………………（75）
五、光线表现时间 ……………………………………………………（76）
第二节　演播室内光线处理 …………………………………………（77）
一、三点式布光 ………………………………………………………（77）
二、虚拟演播室（蓝室）的光线处理 ………………………………（82）
三、三基色冷光源的光线处理 ………………………………………（83）
四、综艺节目的光线设计 ……………………………………………（85）
五、电脑灯 ……………………………………………………………（86）
第三节　光线的应用实例 ……………………………………………（88）
一、外景光线的控制 …………………………………………………（88）
二、光线再现生活与表现生活 ………………………………………（89）
三、新闻栏目光线设计 ………………………………………………（90）
第四节　光线语言与收视心理 ………………………………………（91）
一、新风格新形式 ……………………………………………………（91）
二、色彩元素 …………………………………………………………（92）
三、光线与收视心理 …………………………………………………（94）

第四章　画面编辑 ……………………………………………………（97）
第一节　视觉语言——蒙太奇 ………………………………………（98）
一、镜头与蒙太奇 ……………………………………………………（98）
二、镜头组接的规律……………………………………………………（100）
三、一致性原则…………………………………………………………（106）
四、节奏…………………………………………………………………（109）
五、场景的转换…………………………………………………………（110）
第二节　叙事与表现的编辑 …………………………………………（114）
一、叙事的编辑…………………………………………………………（114）

二、表现的编辑……………………………………………………………………（116）
第三节　编辑台上的工作 ……………………………………………………（118）
一、编辑的作用……………………………………………………………………（118）
二、电子编辑………………………………………………………………………（119）
三、键盘上的编辑…………………………………………………………………（121）
第四节　现场制作与即刻编辑 ………………………………………………（126）
一、现场制作………………………………………………………………………（126）
二、即刻编辑………………………………………………………………………（126）

第五章　声音——电视表现的元素 …………………………………………（130）
第一节　电视节目的声音构成 ………………………………………………（131）
一、声音构成………………………………………………………………………（131）
二、声画一体………………………………………………………………………（133）
三、声画关系………………………………………………………………………（134）
四、录音类型………………………………………………………………………（135）
第二节　专题节目的后期配音 ………………………………………………（136）
一、语言的运用……………………………………………………………………（136）
二、音响写实与写意………………………………………………………………（138）
三、音乐的作用……………………………………………………………………（140）
四、配乐开始………………………………………………………………………（143）
第三节　电视节目的同期录音 ………………………………………………（145）
一、录前准备………………………………………………………………………（145）
二、正确使用话筒…………………………………………………………………（147）
三、同期录音≠声音纪实…………………………………………………………（148）
第四节　大型节目的录制 ……………………………………………………（149）
一、方案设计………………………………………………………………………（149）
二、无线话筒的使用………………………………………………………………（150）
三、调音台…………………………………………………………………………（151）
四、录音与扩声……………………………………………………………………（154）
五、实况直播………………………………………………………………………（155）

第五节 数字时代的录音 …………………………………………(158)
一、走向数字录音……………………………………………………(158)
二、设备的同步………………………………………………………(159)
三、MIDI 与同步 ……………………………………………………(163)
四、网络化的节目录音………………………………………………(164)

第六章 电视美术……………………………………………………(168)
第一节 电视美术与设计 ……………………………………………(169)
一、从栏目的布景说起………………………………………………(169)
二、电视美术…………………………………………………………(169)
三、美术设计…………………………………………………………(170)
第二节 设计师与美术制作 …………………………………………(176)
一、设计师的任务……………………………………………………(176)
二、美术制作…………………………………………………………(177)
第三节 电视美术的创作与构成 ……………………………………(179)
一、主题与创作………………………………………………………(179)
二、创意无限…………………………………………………………(180)
三、电视美术的构成…………………………………………………(181)
四、灯光和摄影………………………………………………………(182)
五、化妆和服装………………………………………………………(182)
六、科技渗透…………………………………………………………(183)

第七章 采访——电视节目的基础活动 ……………………………(186)
第一节 采访与媒体观点 ……………………………………………(187)
一、采访………………………………………………………………(187)
二、媒体观点…………………………………………………………(188)
三、两点把握…………………………………………………………(189)
第二节 采访计划与现场发现 ………………………………………(191)
一、定义………………………………………………………………(191)
二、事件性新闻的采访………………………………………………(192)
三、非事件性新闻的采访……………………………………………(195)

四、计划与发现……………………………………………………（198）
第三节　电视采访的理性思考 ……………………………………（201）
一、真实、自然：打动观众的利器…………………………………（201）
二、尊重、包容：心灵相通的桥梁…………………………………（202）
三、善问、倾听：采访成功的保障…………………………………（203）
四、新媒体与电视采访……………………………………………（204）
五、利用网络，做好访前准备……………………………………（205）
六、擅用新媒介，使公众更有期待…………………………………（205）

第八章　主持人与播音——有声语言的表达 ……………………（208）
第一节　主持人 …………………………………………………（209）
一、主持与节目……………………………………………………（209）
二、主持人与能力要求……………………………………………（211）
第二节　主持人的基本功 …………………………………………（212）
一、有声语言………………………………………………………（212）
二、语言规范………………………………………………………（212）
三、吐字发声………………………………………………………（214）
四、表达技巧………………………………………………………（218）
五、个性特色………………………………………………………（222）
第三节　口语表达与采访提问 ……………………………………（223）
一、口语表达………………………………………………………（223）
二、采访与提问……………………………………………………（228）

第九章　节目—栏目—频道 ………………………………………（233）
第一节　作为单元的节目 …………………………………………（234）
一、节目与分类……………………………………………………（234）
二、一个直播实例…………………………………………………（235）
三、节目形式………………………………………………………（236）
四、规范操作………………………………………………………（237）
五、掌握创新与风格………………………………………………（238）

第二节　独立存在的栏目 ……………………………………（240）
一、如期有约……………………………………………………（240）
二、栏目形式……………………………………………………（241）
三、个性化生存…………………………………………………（242）
四、本地化生存…………………………………………………（243）
第三节　具有品牌形象感的频道 …………………………（244）
一、频道与形象…………………………………………………（244）
二、频道思考……………………………………………………（245）
三、包装原则……………………………………………………（247）
四、频道战略……………………………………………………（248）
五、再造“兴趣点” ……………………………………………（250）
第四节　大写的电视制作 ……………………………………（251）
一、网上制作……………………………………………………（251）
二、上网制作……………………………………………………（252）
三、互联永恒……………………………………………………（254）
四、跟上网媒，别掉队！（最新） ……………………………（256）

主要参考书目 …………………………………………………（260）
第二版出版说明 ………………………………………………（261）

第一章

电视制作概述

本章内容提要

◎“技术进步”和“现代理念”是推进电视制作的两大支点。没有现代的电视理念，节目制作陈旧老套；没有先进的技术平台，节目无法创新，理念无法体现。

◎电视传播是第一位的。而“再现”和“表现”间的相互渗透，成为电视制作所遵循的创作规律。

◎理解电视制作的时空结构：电视可以利用镜头来分解和再造“现实”；电视创造了特有的直播时空和视觉体验；电视与网站的互动，其创意时空是无限大的。

◎电视制作理念会不断更新，把电视的技术优势转变成生产优势，把理念转化成具有“卖点”的节目，是电视制作的根本任务。

◎支撑电视制作的技术平台是由不同的设备构建的。从设备布局和制作流程两个层面去认知你未来的工作环境，了解电视制作系统的构成。

◎“链接网络广播电视台”是此次第二版增加的章节，通过“网上播出机构”、“三个最基本的附加值”、“流程可以再造”等内容，向你介绍网络台这个全新的“未来媒体”。

第1节

点击“电视制作”

欢迎你加入电视制作的行列。电视是长青的行业，需要用你的热情来“链接”；电视又是创新的行业，更需要用你的智慧去“融连”。想成功吗？那么从你的习作开始，就尝试按照“运用最新技术、保持前位理念”的模式去操作，并不断地积累经验、修正不足，去探寻新的可能。

电视制作是一项操作性很强的创作活动，需要你的激情和你的智慧；又是一项创造性的劳动，还需要从理论和实践上去感悟、去探索。当前，电视节目逐步走向市场，你制作的节目需要规范，也需要创新，因为平庸的节目不会有市场，也将无法面对亿万观众。

因此，在书中我们将会详尽地对有关摄像的技巧、画面的编辑法则、声音的表达、光线的合理运用，以及电视美术、记者出镜采访、主持人吐字发音等与节目生产制作有关，并需要掌握的基础知识进行解释和指导，同时，还力求通过本章“电视制作”的点击和第九章“节目—栏目—频道”等内容的介绍，让你能够鸟瞰电视制作，使你在学习相关知识以后，知道如何运用这些知识去制作具有“卖点”的节目。

希望你能够在这里有所收获。

一、传播、再现与表现

“我是在电视的陪伴下长大的，我会摄影照相。”我们会非常自豪地这样说。不错！但这是不够的。

在婚宴上或是在旅游团队里，常常可以看到身穿马甲、肩扛摄像机的人，正在那里跑前跑后地忙碌着，人们常以为这就是“电视人”，其实，他没准儿只是一位摄影爱好者。

一旦成为电视人，加入到电视制作行列，除了应该知晓摄影等操作技能以外，应该对电视有更深刻的认知，要具备电视思维，具备现代的电视制作理念，这比掌握一般性的技巧更重要。因为你已不只是普通的摄影爱好者，而是电视制作的行家。

如果有人说：电视一是大众传播媒介，二可以再现其他艺术，三还拥有独特的表达，你说对吗？

答案应该是肯定的。

你也许知道这样的事实：

在地球同步轨道上，只要有三颗广播通讯卫星就能够把你制作的节目即刻传到世界的每一个角落。电视传播的全球化使电视成为一种超越一切的“世界性”语言。电视是大众传播媒介，电视的本质是传播。与电影不同，电视是以无线电广播为基础发展起来的，是一种广播形态。眼下，打开电视看新闻已成为老百姓日常生活的一个基本内容。为了抢时效，时常有些新闻即便是没有图像画面，以口播的形式也要抢发、抢播。这时，画面只是一种表现手段，尽管它是电视表达最重要的元素。因为传播信息是电视的本质，电视传播是第一位的！这是一。

第二，打开电视机，你可以在家里看电影、听名角唱戏、看维也纳音乐会，电视可以便捷地在屏幕上以“再现”的方式呈现电影、戏剧、音乐等艺术形式，转播像相声、小品、歌曲等观赏性的舞台艺术。电视作为他艺术“传送器”，能够将各种艺术原汁原味地“再现”在屏幕上。这种转播再现成为早期电视节目的主要形式。

第三，随后，电视突破了单纯对原作的转播，在积累试听经验的基础上，开始发挥个性化的制播潜能，进行大规模节目生产。电视具有了个性化的语言，获得了独特的艺术“表现”以及审美价值。电视确立了自己的时空关系（“电视时空”详见第二节）。

这样，传播信息、艺术“再现”与“表现”的特质对电视制作产生了重要影响。于是，在电视人的意识中，各种节目经常是交织在一起的：艺术类节目融入了采访和进程式的报道，带有新闻的特点；纪实性节目对摄像、灯光、画面编辑、特技制作给予了“超常规”的重视，带来较高的审美品格；众多直播节目最大限度地将新闻、专题背景、娱乐节目融合在一起……

其实，“传播”、“再现”与“表现”的相互渗透，正是电视制作所遵循的基本规律，也是节目制作将电视诸要素进行个性组合与整合的日常操作规律。

我们知道，电视与电影都是用镜头和画面来进行表意和传播的。由于电视综合性更强，它在电影表达的基础上衍生出了自己所特有的传播方式——“即时”表达（直播形式），而日新月异的电视技术又给电视制作不断创新带来许多新的可能。

这样，电视诸多要素的变化、组合与技术手段的不断更新，造就了电视节目多样化的品格。电视制作的千变万化与创造性给你带来挑战，也带来乐趣。

二、技术媒介

从电视的发源和本体论的认识上来看，电视是以技术为基础的，电视是技术媒介。也就是说，不了解电视技术，你就无法真正了解电视制作。因为电视的传播、再现和表现都是先于对这一“技术媒介”的理解以及在节目制作中能够实现的可能性。

我们说电视是“技术媒介”，一是电视发展进步与新技术的强力拉动直接相关：电视从黑白到彩色，制作由模拟到数字，节目覆盖从无线发射到卫星、网络等等；二是电视制作新理念层出不穷，其中新技术起着决定性的作用，比如，3D 特技的出现，并决定了节目制作的走向。因为从根本上说，电视的表现力很大程度上包含在电视的制作技术和工艺流程之中。

也就是说，“技术进步”同“现代理念”一样，与节目制作和生产有着紧密的联系，甚至时常处于先导地位。没有现代的电视理念作指导，节目生产便陈旧老套；而没有合理的技术平台来支撑，先进理念是无法呈现的。好的节目一定是前卫的电视制作理念与先进技术良好呈现在节目制作中完美结合的产物，这也是电视制作的特点。

“技术进步比我们预料的要快得多，电视这几年的变化是过去几十年变化的总和”，面对丰富多彩的电视，电视制作人感叹着。

此外，就传播而言，网络作为第四媒体在新的千年里已悄然而至，并呈“燎原”之势，为信息传播送来了“世纪大礼”。电视制作的未来更是难以预测的。

人们习惯于把活字印刷术作为第一次传播革命的象征，称报纸为第一媒体；接下来新兴的两大媒体——广播、电视从产生、发展到成熟都可以说是划时代的，是 20 世纪在传播上的一次真正的革命，电视迅速将各种传播功能集于一身，在时间上和空间上使信息和艺术传播的开放性都达到了前所未有的程度。

在新世纪的节点上，我们回头来看一下电视技术的发展。20 世纪 80 年代电视彩色化——电视制播从黑白过渡到彩色，人们能够看到彩色电视了——似乎电视已发展到了顶点。谁曾想 90 年代电视数字化——电视制播由模拟技术向数字技术过渡，又可谓“山重水复疑无路，柳暗花明又一村”，无论在电视的业内还是业外，人们对电视高画质的热情再次高涨起来。到了新千年，电视网络化——电视借助网络技术扶摇直上，网络中有电视，电视中有网络，一时间人们对传统观念中的电视定义又有了新的解释。可以这样说，“彩色化”、“数字化”、“网络化”是20世纪电视技术不同发展时期的“中心词”，自然也是电视制作的中心词。

在电视制作域里，模拟机、数字机、摄录一体机，录播、直播、非线编、文稿网、卫星回传以及网络制作等新概念、新机型不断涌现，致使节目的生产制作正在发生着一个一个的重大变革。因此，转变与过渡成为进入新世纪电视制作域里的中心词，就制作技术而言，大体上可以概括为三个转变和三个过渡。

三、三个转变和三个过渡

1. 三个转变

（1）前期采访，摄像机、录像机由分体工作模式向摄录一体机工作模式转变

早些时候，在新闻拍摄现场，你可以看到这样的情景：摄像师肩扛摄像机，后面还拖着一根长长的电缆，电缆的另一头连着手提箱大小的录像机。那时的摄像机、录像机是分体的，摄像师负责拍摄，录像师负责录制，分工明晰。这种摄录分体的工作模式，行动起来非常麻烦，机动性较差。随着摄录一体机的出现，电子新闻采访ENG（Electronic News Gathering）单机工作方式开始普遍应用，这给电视制作特别是新闻制作带来质的变化。由于摄像和录像一个人可以完成了，电视采访拍摄的动态范围更大了，给电视的再现与表现带来了更多的可能性。随后，在电视新闻域里，“突前采访”、“抢镜头”、“展示事件过程”等新的理念被提出来，并开始付诸实践。

（2）后期编辑，由VO/BVU模拟复合记录向BET－CAM/M2模拟分量记录，再到DVCPRO/DIGITAL－S等数字记录的转变

电视画面编辑（也包括声音编辑）与电影的剪辑不同，是磁带“复制”式的编辑。也就是，先用“磁带放像机”播放你拍的素材，把不需要的镜头和画面“放”过去，可以认为是“剪掉”不要的镜头，而把需要的和你看中的镜头留下来，之后“复制”到另一台磁带录像机上，用这样转录和复制的方法来完成画面编辑和声音编辑。不难发现，电视编辑是“磁带复制”，这又称为电视的线性编辑。

这样，在模拟复合设备上，节目经过多版复制精编后，画面信号质量的劣化就不可避免了。这时，分量编辑机出现了，由于分量录像机把亮度信号和彩色信

号分别记录在磁带的不同位置上，互相干扰减少，画面质量因此得以提高。这样，在多版复制和画面编辑制作时，电视编辑的质量也就改善了。而对于数字录像机，由于其数字技术本身具有很强的纠错和恢复能力，就从根本上解决了磁带多版制作和多代复制时画面质量劣化的问题。编辑机的进步，为精制电视节目、提高节目质量，在技术上提供了可能。

（3）电视直播由“串播”向一次合成和日常性直播乃至跨地域直播转变

由于电视节目的日常化播出，栏目大多是定期、定时的，这就要求节目的制作和生产必须是批量和标准化的。因此，电视制作也就具有了“流水作业”的一些工业化特点。节目制作讲究流程，节目生产是前期策划、编导、摄像、主持以及后期制作等多岗位相互配合和多方合作的过程，成为一种集体性的活动。

这样，流程是否合理、设备配置是否科学、人员构成是否能够协同，是电视制作和节目生产能否高效的另一个关键。

眼下，前期单机拍摄，后期“一对一”编辑系统，是电视制作域里最基本的硬件配置和工作模式。在随后的章节里，你可以学习如何进行画面对编、串编、加字幕和审片送播。在此基础上，如果再增加一些其他的诸如调音台、切换台、特技机、卫星接收及其辅助设备，就可以组合搭建成一个功能更为强大的复制电视制作系统，还可根据不同节目的播出样式要求和形态，对节目进行多机切换“一次性”合成制作，又称为不间断的直播式制作，在这里进行在线包装、引入外来直播信号，或制成播出带，或者进行现场直播，其中还包括跨地域的大型直播。

例如，新闻栏目大都是在新闻演播室里进行一次合成式的“带上直播”或者现场直播的。这样的工作模式，既保证了新闻节目播出的时效性和灵活性，还形成了多工种合作的新闻制作“环境”，一批导播、主持、音响、灯光、演播室摄像、字幕包装等专业电视制作人应运而生，并在实战中得到锻炼。

电视制作，一是依赖于技术硬件，二是融于节目生产流程之中。业内又有前期采访、后期编辑之分。前期记者关注更多的设备是摄像机和话筒；后期编辑关注更多的设备是编辑机、特技制作和播出方式。

2. 三个过渡

（1）后期制作由线性编辑向网络化非线性编辑过渡

目前，运用放像机、录像机构建起来的“一对一”线性磁带式编辑，是电视制作的主流模式。随着非线性技术的成熟，你现在可以把采拍回来的素材直接上载录入到由计算机模式构成的“非线性编辑工作站”的硬盘内，在键盘上进行声音、画面、字幕“集成”编辑制作。非线性编辑工作站，既可以作为编辑机、调音台，又能当字幕机、特技机，为后期编辑提供了“一次性”的解决方案。

非线性编辑工作站，简称非线编，它同线性磁带式编辑相比有两个突出的特点：一是数据化编辑，二是非时序（非线性）编辑。其编辑过程实际上是对素材的地址数码进行编辑，并不是像磁带编辑那样直接面对素材本身。此时，非线编硬盘内的素材有点像CD盘上的曲目，尽管“素材”在上载时是按1~10的顺序录入的，但你可以把先要听的1、3、5曲目同随后要听的2、6、8曲目进行“地址数码排序”，而暂时不听的4、7、9则不去管他。这样，编辑好的“素材”便按你的“排序”1、3、5、2、6、8播出了。而“上载”时录入的所有“素材”此时依然存在硬盘内。在非线编上，你可以随时对已编的“地址数码排序”进行修改，或者说是随意调用和跳跃式地安排播出。而“素材”究竟在硬盘里的什么位置上、本身的物理状态如何并不是最重要的。这也就是老师们常说的，非线编在节目制作中“数据化”和“非线性”的基本概念。

其次，由于在非线编硬盘内的素材是经过数据化的，你的内容还可以方便地在网上自由调用。因此，“非线编+网络”给素材复用、资源共享以及科学化编辑管理带来许多便利。这是以往磁带编辑所无法比拟的。

（2）文稿制作由以往写在纸上向电子版方式过渡

“文稿数据化”在电视制作中的运用早已开始。同期声的字幕、播音员使用的提词器、编辑写的导语（主持词），都是在数据化以后并在字幕机、提词器上呈现的。进入新千年，似乎节目中出现同期声一定要配字幕播出已成为标准，当前在直播中更有“字幕随着声音走”全程出字幕的新要求。其实，这绝不只是为了给聋哑观众带来便利，而是当前的电视越来越强调“可读”，并以此制成电子版，在网上复用，在库里存档。这些工作都是以文稿数据化为前提的。

未来在电视制作中使用大量的电子文稿，几乎会同使用编辑机一样频繁。因为在这个电子时代，网上除了有你和别人的文稿外，里面还会传来各种采访指令、背景材料、统计数据，以及观众发来的信件等各种有用的电子信息。进入新世纪，电视文稿手写方式或许会彻底改变。

至此，我们应该明确，无论是文字、画面、声音等各类电视制作所需的信息只有数据化以后，才能适应现代电视制作的要求，才能在节目制作域里面流动，并实现“网上制作”和“上网制作”，才有可能带来电视制作的高效。（“网上制作”、“上网制作”详见第九章）。

（3）电视制作向着或现实或虚拟的“双途轨道”过渡，向着两极化方向发展

毋庸置疑，新闻采访要求贴近生活，新闻栏目制片人一定会要求你“原创的再现”。“新闻演播室的背景能够同编辑工作室相连接”，新闻部门提出这样的新要求是认为，这样可以让观众从主持人背景上看到其他工作人员正在紧张工作的情境，以体现“团队”的效应。此外，2001年元旦特别节目《新世纪》播出时，中央台在世纪坛前搭建了一个透明的演播室，让人们在直播节目中感受到现实时间的流逝，获得“共时体验”……

另一方面，虚拟技术为电视制作开辟了新天地。虚拟演播室、动画片头和广告中的虚拟环境，甚至虚拟手语主持人已经登场，开始主持节目了。实践表明，虚拟技术可以创造更新奇的场景，为电视制作提供更多的可能，同时，还能降低节目制作成本。

综上所述，技术不仅仅是手段，更是全新节目的表达与展现。电视制作几乎集纳了所有新技术，其中包括无线电技术、电磁技术、光电技术、卫星技术、声光技术、有线传播技术，还兼容了传统及现代的艺术门类。电视成为高度综合的、能量巨大的新型传媒。正是由于有了电视技术的进步，才能为电视的发展带来更多新机会，为电视制作带来新可能。电视技术是电视制作的根基。

四、改版、整合、流动

毫无疑问，电视技术的进步与发展对电视影响是巨大的。而另一个与之相关联的新理念，即市场理念，也越来越强烈地影响着电视及其电视的节目生产制作。

眼下，在普通的城市家庭中已经能够看到40套左右的电视节目了，未来的规划是上百套。这样一来，以往聚精会神守着电视，收看寥寥几个频道的观众，可以拿着遥控器以“点击”的方式，挑剔比较着让人目不暇接的节目内容。进入新世纪，随着电视普及、频道增多，外加网络媒体加盟参与，加速了电视由买方市场向卖方市场的转变，电视台播什么观众就看什么的时代已一去不复返，以观众为目标的收视竞争，将会在媒体之间、频道之间全面展开。电视人，从来没有像现在这样迫切地关注自己的节目生产与媒体生存问题，关注着自己的上帝观众的需求。

于是，媒体间此前围绕“天上一颗星，地下一张网，入户一条线”以扩大自己节目覆盖半径展开的竞争，目前开始转变成突出特色、强调本地化的“个性化生存”大比拼，需要制作出更具吸引力的节目，以赢得市场。在电视制作的过程中，节目栏目化、栏目个性化、频道专业化，并全力锁定“目标观众”，已经

显得非常自觉。

随之而来的是，传统被打破。首先，以往从中央到地方对口设置部门和机构，如电教、科技、专题、青少、文艺和体育等，以及对口“克隆”节目的生产方式没有了市场。节目需要个性、栏目打出“特色牌”、频道突出整体优势等新的理念指导下的电视制作和节目生产得以全面展开。其二，节目作为“特殊商品”要适应市场变化、满足观众胃口，栏目要成为品牌，专业系列频道开始出现，媒体以整体形象作为“资源”融入市场竞争，以换来更大的效益，这一切开始扎根在电视人的心里。其三，主播制、采摄分离、采编分离、专业制作人、复合型人才等话题热起来。电视专业化人才，如制片人、策划人、导播、摄像、编辑、音响、灯光、主持、播音、美编、动画、置景以及化妆等分工更细，与之相关的称谓也逐步确定下来，专家制作人正在从“杂家”中脱颖而出……构成了电视制作以及节目、栏目、频道的新概念。

毫无疑问，这些变化的原动力，一是市场机制的催化作用，竞争带来电视业在整体上的震荡与变革；二是来源于网络技术的革命，因为网络平台打破了旧有的电视传播结构，使之各种可能能够非常快捷地同市场、同受众进行直接沟通。如今，电视领域的“震动”是剧烈的，是全局性的。当电视跨进新世纪的门槛时，我们看到了：

一是改版，如一场旋风“横扫千军如席卷”。中央台、省级台、市级台纷纷改版，一年一次，更有甚者一年两次数次，推出了“春季版”、“冬季版”。中央台作为强势媒体，在第一套节目中将早间《东方时空》新闻版块由原来的40分钟大胆扩版变成150分钟，同午间、晚间新闻板块相呼应，形成早中晚一天的新闻布局；与周末版的《直播新闻》、《世界》、《新闻调查》、《实话实说》又形成了一周的新闻布局。改版后的一套节目，新闻特色更加突出，显露出未来向着新闻频道发展的欲望与态势。随后，中央台三套也“大变脸”，文艺频道更名为综艺频道，增加了《岁月如歌》、《八面来风》等主打栏目，周末的娱乐节目《聊天》、《周末喜相逢》、《同一首歌》等也闪亮登场。改版，在追求“百年老店”吸引住老顾客的同时，电视更强调常办常新。

二是整合，成为新千年高出镜率的词汇。台与台、频道与频道在整合，部门与部门、科组与科组间也在整合。机动性很强的节目报道组出现了，面向市场的栏目制作组自己有了“造血能力”，具有市场功能的专业频道开始“下海了”……2001年元旦，浙江电视台先拔头筹，整合三台后以“一个台标、六套节目”的全新面貌亮相，迈出省级电视台多台合并改革的第一步。湖南电视台也抢占先机筹划对省属几家电视台进行整合，把每个频道的名牌和优秀栏目搬上卫星频道，并实施“借船出海”的发展战略，将触角伸向周边省份。

三是流动，当前电视业内的一种时尚和精神。电视人才瞄准了新的“制高点”，此处不留人，自有留人处，专业化的制作人流向更有前景的媒体。画地为牢的节目生产格局被跨地域的生产所打破，高收视率的节目流向更善于运作且资金雄厚的强势频道。

进入新的千年，人气和实力的聚合与凝集，将一定会促进电视新一轮的筛选、淘汰，新一轮的改版、整合、流动……

电视制作涉及的内容的确很多很杂。在开篇力求大视野，面向新千年，我们认为，具有大电视的思维并具备现代制作理念，对于电视人来说，这比掌握一般性的技巧更重要。电视是大众传播媒介，可以再现其他艺术，可以运用特有的方式进行个性表达。关注电视传播、再现与表现的特质，而转变、过渡、重组，以及改版、整合、流动等关键词构成了这个时期的“电视现象”。

在电视制作域里，了解一些必备的设备，掌握一些基本规律，第一步是能够制作出电视节目。但是，假如你还打算在这个领域里能够有所为，就须从电视生存所处的大环境中去理性关照电视。只有这样，你制作出的节目才会有观众，有生命力，才有可能成为真正意义上的好节目。这是本节的重点。

第2节 电视时空

一、时空结构

一切存在的基本形式是时间和空间。任何媒介也都是在一定的技术平台上借助特定的“时空结构”来实现个性化传播的，电视也不例外。其实，电视传播的特质其根本也在于其个性化的时空关系与结构：一是再现的时间和空间；二是再造的时间和空间，即时传播是电视所特有的。

简单地说，“现实”是由空间和时间构成的。在电视屏幕的画框内，任何一个场景都是由具体的空间“地点”和特定的“时间”构成的。例如，在屏幕的画框内，我们一是可以“再现”现实时空：通过镜头，观众看到了“天安门广场上的五星红旗在新世纪的晨光中冉冉升起”。二是可以“再造”非现实时空，通过荧屏，看到在摄影棚里一个历史上的或者未来世界的场景：“诸葛亮从茅庐内走出来了”，这是电视剧《诸葛亮》中的一个镜头；动画片《狮子王》中狮子辛巴的复仇，虚拟世界却让许多人感动得落泪。电视与电影具有“同根”的渊源，利用“画框”既可以再现时间和空间，又可以再造时间和空间。说影视艺术是时空艺术，可以结构时空，也是从这个意义上来说的。所不同的是，电视具有即时传播的特性。

因此，我们可以这样表述，作为大众传播媒介，电视通过个性化的时空结构，成为具有独特表达功能和艺术潜能的新门类。了解并掌握一些基本的电视时空关系，认识其个性化的时空结构，对于从理性上认知电视、认知电视制作，是有好处的。

其实，电视和电影的时空关系具有相似性。它们都可以利用镜头来分解“现实”世界：面对大千世界，摄像机可以分拍，一个镜头接着一个镜头地拍，之后，在后期编辑时再将这些零散的镜头重新组合成一个“屏幕现实”，在画框内创造一个你眼中的令人信服的几乎与现实相同的“时间”和“时空”。比如，上下镜头间即刻从北京到了广州；毫不费力地用镜头讲述过去和未来的故事；用意识流的手法在画框内展现人的思维和意识，等等。这种再造画框和屏幕的能力，使电视获得了同电影一样的审美价值。

然而，无法否认的事实是：电影由于技术上的原因，在拍摄与观赏之间存在着“时间差”，无法实现对事件发生、传输与观赏的“同时性”。电视却不然，可以即时传播。

电视可以“立竿见影”、“天涯共此时”，可以进行“即时”表达。因此，我们可以自豪地说，电视的发明是伟大的，电视是继电影之后具有更多和更佳时空形态的新的大众传播媒介。它确立了特有的直播形态，以及屏幕效果和时空关系。电视制作是个性化的。

二、电视时空

如前所述，电视是媒介，是一种传播形态。继电影在照相术基础上捕获到了“运动”这个要素之后，电视作为新的时空艺术又获得了“即时”的特质，创立了正在进行的“直播时空”。电视具有了与电影完全不同的个性化的表达与传播。

1. 立竿见影

由于胶片有一个化学处理过程，电影无法给受众即时提供可供观赏的画面，而电视可以立竿见影地在屏幕上再现任何场景。单机 ENG 方式可以，而 EFP 多机现场制作拍摄，还可以多视点、多角度、一次切成呈现，方便地实现“即刻编辑”：转播一场音乐会、一场足球，或在某个场景中拍摄室内剧。

在这个意义上，我们说电视在同一时间、同一地点把屏幕外的“场景”与屏幕内的“现实”在时空上合一，即拍即看、立竿见影，形成不同于电影时空的电视时空。

2. 天涯共此时

电视可以利用卫星、微波或光纤实现跨地域的信号互传和对传。这样，在屏幕画框内，就可以实现“多地共建”正在进行时的“现实”。中央台 1996 年的除夕晚会，是在北京、上海、西安，由三地电视台联合直播春节联欢晚会的。三家电视台信号互传、声画信号对切，在屏幕画框内整合了北京、上海、西安三地的直播时空。也正是在这个意义上，我们又说电视时空在同一时间里实现了不同地点的即时整合，天涯共此时。

3. 直播是电视最高的节目形态

此时，屏幕外的事件、屏幕内的再造与观众观赏在时间上同步：屏幕外的“第一现实”（客观时空：如天安门广场升旗现场）、屏幕画框内的“第二现场”（屏幕时空：经摄像编导处理后再现的升旗现场，还可以有不同地点其他内容，如来自磁带的录像内容等等）和电视机前观赏者的现实（观赏时空：观众家中自然的时间环境）三者在时间轴上合一，构成了电视特有的合一的直播时空。

其实，电视在早期由于没有合适的载体（磁带或光盘）记录所拍摄的声音和图像，不得不采用即拍即播的生产方式。我国第一部电视剧《一口菜饼子》就是演员在演播室里表演，电视直接播出的。不过，当时简单的时空关系、粗糙的直播构成，制约了电视制作水平和电视再造。

如今，电视已从初创时单一的直接播出中解放出来，构建了真正意义上的直播。直播时，可以方便地进入新闻的事件现场，切播演播室访谈，插播背景资料，制作出了诸如“香港回归”直播报道、“三峡工程大江截流”直播报道、钱塘江大潮现场直播、北京西老山汉墓开掘现场直播、横跨两个世纪的2001年元旦特别节目《新世纪》等一系列的电视大制作。电视制作与电视时空的运用上了一个台阶。

应该说，没有时间差的电视直播节目为观众提供了真实的“现场”，和与事件进程“共时”的体验，是最具电视特性的节目制播方式。电视兼容了即时制作（如多机工作模式）与非即时制作（如单机磁带工作模式），集纳了同步传播（如直播节目）与异步传播（如录播节目）。在操作层面上，电视有着比电影更广阔和自由的创作空间。

电视时空远远超出了电影1+1>2的蒙太奇算式。直播的“共时体验”是电视时空的特质。

当你明白了什么是最具电视特点的节目形式，或许你就知道了如何去制作“电视化”的节目了。当你掌握了电视时空的概念，其实也就有了打开节目制作之门的钥匙。“立竿见影”带来的传输快捷，——使你能够理解人们为什么对直播节目如此关注；“现场”介入与突前报道，——是让我们自觉地去运用“直通现场”、“目击新闻”；整合多元表达，——目的是努力在娱乐类和博采类节目中去营造与观众互动的氛围；电视的多机拍摄方式，——是你在电视节目生产时的秘密武器，会使现场采编非常便捷；电视声画字的捆绑，——给非线性编辑、网络化制作提出新的可能……

电视是具有更高时空形态的新媒介，不同的时空结构必然会带来特有的形式、个性的组合与不一样的传播。新的时空体验，这是电视制作得以自立能够创新的根本。

三、网络时空

综上所述，任何媒介都是在特定的技术平台上运用“时空结构”来呈现和传播的。正如电视运用声、画、字特有的元素和手段进行创新和表达一样，网络同样也是如此。了解网络，为电视制作融入新的创意。

应该说，网络集纳了以往所有媒介的优势：一是印刷媒介——可看可读，且随时随意；二是电话的人际交流——实现口头传播，且即时互动；三是广播的声频和电视的声画，具有广播特质，其还方便点看。网络作为媒体更有其原创性，可以超文本链接，实现了交互等。比如，在网上看到了某个报道，你便可以去“链接”相关报道来阅读，去点击自己感兴趣的相关跟帖，由此及彼地发现新的兴趣点，并可以实时发布自己的观点，了解别人对这个报道的看法。

因此，网络更具创意，其链接、交互、开放、随心所欲与身临其境，对传播的时空结构进行了合乎人性的再造。应该说，网络是集大成者，或者说网络试图运用更多维度的创意来完善自己的传播。

进入新千年，电视如何借助网络乘势而上呢？一是可以利用自己的网站，将播出的节目制成网络版在网上重播，使地面播出、卫星播出、网上播出形成联动，扩大节目影响；二是利用“上网制作”、“网上制作”加强原创内容的生产，寻求电视制作和节目生产的新模式。中央台 2000 年《东方时空七周年特别节目》，节目在直播的同时还进行了网上并播，电视和互联网结合起来，互联网实时反馈来自各方的信息，补缺电视“上传”实现播出反馈，并在“上传下达”之间实现网友、观众和主持人间的交流与互动。再如，横跨两个世纪、长达十小时的元旦特别节目《新世纪》，是将网上的内容传到直播室，由主持人将其融入节目，把网上的信号切到节目中，此外主持人还告诉观众在网上如何参与节目，和网友一起玩游戏，同步推出了大型网上游戏和网上拜年等，让电视同观众全互动。

电视与网络联手的这种“双途直播”是电视时空关系的一种新呈现，也是电视制作未来的一种新变化。电视与网络联手才刚刚开始，其交互性带来的创意会是无限大的。

了解掌握了电视的特性后，在电视制作域里，你便可以扬其长、避其短，在电视特有的“时空”里来“结构”自己对节目的创意，实现最佳的传播。

电视同电影一样可以利用镜头去分解“现实世界”，之后重组“屏幕现实”，创造令人信服的几乎与现实相同的时间和空间。电视又是继电影之后具有更高时空形态的新媒介，确立了特有的直播形态和制作方式，兼容了即时与非即时制作，可直播也可录播，有了更为广阔和自由的创作空间。网络传播的“随心所欲”，是对时空结构更高层面的延展，是更具创意的。与网络联手的电视，进入新世纪前景不可估量。

第3节

“电视制作”再点击

一、制作环境

通过上两节内容，或许你对电视已经有了这样的基本认识：传播信息对于电视来说是第一位的；最大的优势在于“立竿见影”为观众提供没有时间差的直播，和与事件的“共时”体验；强大的兼容性，电视制作会涉及众多领域。面向21世纪，电视生存的大环境还具有哪些特点，本节将以此进行点击式再梳理，进一步感知电视和电视制作。

十年前或更早一点时间，人们对电视的认识是好奇、神圣、看热闹，电视人更多的也还局限于“宣传”这样的层面上。随着大众的新需求、制作水准的提高、节目的多样化，电视传播开始贴近受众，开始有了品牌概念，市场理念也逐步得以确立。目前，以正确舆论导向为根本的宣传策略，以名牌栏目为核心的营销策略，以改制为动力的人才战略，以新技术为保障的科技战略，成为面向新世纪电视发展的新构架，构成电视制作的新环境。

1. 现代理念推动制播新变化

（1）节目形态更丰富，一批独特且具有创意的综艺、专题活动走进百姓家

① 出现了制作精美“直播感”的录播类节目。几乎所有精美的综艺栏目都是以一种“直播状态”呈现在观众面前，由于是录播，节目可以非常精致。

② 出现了时效感极强的“正在进行时”直播类节目，以及网上互动类节目。活动构成节目，正在朝着强调时效、凸显现场、丰富背景、共时体验的方向发展，而新闻内容的介入，突出了第一时效、亲历目睹，具体详尽成为新看点。

（2）制作手段更多样

小型化、机动性与网络联手成为方向，观众的需求在采、编、播流程中得到进一步肯定。

① 采编设备小型化，如掌上宝摄像机、便捷式笔记本非线编开始投入使用。记者回传信息快捷、便利，观众作为“家庭记者”开始视频的情况已经出现。网络媒体的参与，使得信息来源出现多渠道的倾向。

② 数字制作从字幕运动、题花片花、宣传导视片，到虚拟制作、双视窗、在线包装，以及网站上“视窗”并参与播出，推动电视屏幕更灵动、更靓丽。

③ 在非黄金时段开通热线电话，直播录播节目中网上开通论坛，积极寻求同观众交流，成为一种时尚和潮流。

（3）多途传播成为常态，寻找一切手段，强化媒体影响

① 覆盖正在通过开路发射、闭路有线、卫星传收、网上互动等多径并举，扩大影响。

② 省级台开始同地方台的新闻演播室互连，在突发事件面前，实现跨地域并播或插播。各地的新闻通过光纤和网络以最快的速度传向北京、传向中央台。

2. 市场机制拓宽制播新领域

（1）满足观众，追求效益最大化

① 转变观念：从“我做什么观众就看什么”，到“观众需求什么我就做什么”。

② 转变定位：节目栏目化、栏目个性化、频道专业化，节目、栏目、频道品牌概念开始融入到日常生产之中。

③ 转变机制：控制成本，对外追求效益最大化，对内推行制片人制、主播制，用新的机制调动从业人员的创造性和积极性。

（2）强化品牌，发挥自身优势

① 品牌策略：栏目名称、名优主持人、互动营销……利用一切有利于放大品牌形象的内容和手段进行推广，电视人开始知道了自己也需要“宣传”。

② 借网之势：开始在自己的网站上重播自创的节目，同时增加了互动内容；建立自创信息数据库，努力让受众在最短的时间里获得所需的信息；创造“网播”新方式，推动电视成为双向互动的多媒体。

…………

面向未来，电视正在以新的拓展理念、变革战略，从观众需求、新兴产业、

新技术与市场化等方面创造自己的媒体生态环境，并在诸多发展要素中寻求融合。而处在操作层面上的电视制作，也正在全力突围、更新观念，探寻如何生产“有卖点”的节目以满足观众的路径。

二、制片与策划

进入21世纪，市场经济的大潮无疑将会让电视面临更多的选择，处于重组“洗牌”阶段的电视制作域，台部体制下的行政机构开始被栏目制、频道制取而代之，而在制播流程中，前期策划、中期采编、后期制作的分工更加明晰。其中，执行中的正确“思路”和执行中的责任主体，一下子成为观念性的问题。

当下已经成为时尚的“节目栏目化”，使得以往零散的节目和编导队伍被有选择的集中在一个有固定名称的栏目里。在栏目的旗帜下，他们开始有了自己的“家”，并以观众和市场为导向，且像商店里的商品一样，开始关注自己栏目的质量和销售情况。同时，栏目“制片人制”开始盛行。

实际上，制片人制是节目栏目化的一种负责机制。制片人作为栏目总负责人，一要对节目生产和栏目定位负责，对采、编、播的内容负责；二要对栏目的投入、用人和财务等事务进行监管；三就是同栏目捆绑挂钩，栏目一旦失去对市场的吸引力或勒令停办，制片人便会立刻“下课”。在电视制作域里，制片人制也是体制内一种全新的用人机制，形成了人才竞争机制，促进了优秀的节目人才脱颖而出，并在台内外合理流动。责任带来压力，压力变成动力，打破了旧有的“铁饭碗”。栏目出现活力，开始关注诸如降低成本、提高劳动生产率等深层次的问题。

然而，业内对制片人制中出现的“有短期行为”和“缺少后劲”等问题也提出了异议，并进言改进。一是借鉴我国电视剧制片人制的经验，采用“以制片人为核心，制片主任负责商业运作，导演负责艺术把握，同时财会介入监督”的方式对其进行“控制”，并让这样的监管从计划制定到节目生产、销售，尤其是资金筹措和成本核算全程介入，在投入与产出关系上建立更加透明的运作机制和奖励机制。二是积极扶持节目制作公司中的独立制片人，让节目制作逐步走向社会，实现自我造血功能。三是加强策划，分析市场变化，把“策划”同市场紧密联系起来，推动其转化成具有卖点的节目，并形成盈利模式。

面对市场，无论是栏目还是频道的比拼，比的不再是一般意义上的拍摄技巧、主持人的把握能力、制作水平，更多的是比智慧、比创意。这就是策划以及策划执行能力。

所谓策划，可以理解为有创意且合理的“计划”以及制订这个计划的过程。策划包括节目设想、如何实施、必要保障（包括设备、人员、经费）以及节目对未来的影响等内容。当然不能少了执行层面的可行性分析，好的策划一定是能够引导你的团队，合力执行采访、制作和播出的计划。策划可以分为季节性和阶段性的，如半年的、一周的和当日的；主题性的，如“迎接新世纪演唱会”或栏目改版策划案。策划可以由专门的人员或机构来制定。专业策划人员（或称策划人）应该具有娴熟的业务技巧，能够掌握纵观全局，了解必要的资讯，确定策划方向，并根据市场变化拿出宏观和微观两个方面的“点子”。好的策划是一定具有“先导拉动”作用的，电视的策划其核心要以观众的需求为转移。

业内资深学者把当前电视观众的需求归纳为以下 15 个方面：

① 政策宣传——了解国家重大方针及走向；

② 新闻速递——信息成为人们的渴求；

③ 经济信息——改革走向、市场动态、致富经验以及生活所需的服务信息；

④ 揭露腐败——是社会绝大多数成员的共同要求；

⑤ 曝光丑恶——百姓会拍手称快；

⑥ 开心娱乐——其中进口大片、甲 A 联赛、综艺节目大行其道，体育、娱乐类节目还会继续走红；

⑦ 情感交流——情感、家庭、伦理类节目将成为新热点；

⑧ 健康——期待长寿，希望健康；

⑨ 科技——了解更多科技知识；

⑩ 解惑——困惑成为现代人的通病；

⑪ 精神宣泄——紧张疲惫的心理需要宣泄，郁闷压抑的心灵需要抚慰；

⑫ 文化揭丑——明星不光彩行径，文化行当中的伪劣产品；

⑬ 领导人的公众生活；

⑭ 感伤怀旧情怀；

⑮ 环保。

好的策划便是在观众的需求与节目生产、栏目拓展、频道品牌之间寻找合理又能实现的“契合”点。坐而论道，实现不了的、不能执行的，对于电视制作域来说，不是策划，只能说是畅想规划。

实际上，强调策划是电视制作走向成熟的重要标志。策划使电视制作更科学，实施更合理，凭感觉和想象的“行动”已经不能满足观众，不能适应市场需要。当下，无论是节目生产、新栏目推出，还是频道改版，准确的观众调查、收视分析以及市场数据是不可以少的，定性分析、召开研讨会、邀请有学识和思想的策划人或者专业公司直接参与，拿出具有前瞻价值的策划点子，已经成为常用方式。

强化策划摒弃了以往的粗放型运作模式，推动了高质量的前期拍摄与精美的后期制作形成了一个完整的链条，重策划设计，更重执行实施，也只有在精心组织有效实施你的策划后，才有可能给观众提供高水准的节目和栏目。毫无疑问，有“卖点”的节目是可以通过市场出售或交换的，是可以从中获得更大的社会和经济效益的。因此，专业的制片人、策划人以及电视制作人的产生，是未来电视生产和走向市场的需要，也是电视制作发展的必然。

三、强化优势与个性生存

NHK 日本广播协会是亚洲地区最早成立的广播机构，他们在介绍如何在国际传媒中占有重要位置时说，节目主要包括文化、教育、新闻、娱乐四大类，尤其重视提供准确、及时、客观、全面的新闻报道。国际传媒如此，国内传媒也正在如此。进入新世纪，各家电视台纷纷高举“新闻立台”大旗，以个性观点体现媒体价值；同时倡导“特色扬台”，以获得更大的市场份额，力求做强做大，并形成各自的发展特色。湖南电视台打起“综艺牌”，推出“快乐”节目系列；山东电视台大打“法制牌”，创办《道德与法制》、《金剑之光》等系列节目；湖北电视台亮出“公益牌”，《阳光行动》关心弱势群体，《幸运地球村》注重环保问题，《健康俱乐部》紧扣健康话题，成为进入新世纪的新亮点。

在操作上，强化优势，对于“主打”栏目以自制为主，而其他日常播出的大量内容则是把目光投向了市场和社会制作公司。资金运用上，改全面进攻为重点突破，推出了所谓的新“二八开”，用十成中的八成集中打造个性化的重点品牌栏目。

如今电视台不是唯一的节目生产单位了，节目的市场化推动电视制作域日渐成为一个独立的新行业，并把原有的自给自足的生产转变为社会化大生产方式。也就是说，在制作和播出上进行了分离，电视剧的生产播出更具有代表性。这种制播的非合一状态，使得内容生产资源配置更加市场化，更加有效率。但是，对于体制内的栏目来说，制与播不是简单割裂，要形成良性互动关系：台内要有懂得策划、制作和销售的专业制片人，台外要有可立足于市场的制片公司，同时，更需要培育良好规范的节目市场，以保证制片公司能够获得应有的利润，形成新的生产力。当下，尽管节目市场还存在不少尚待解决的问题，但是通过市场的优胜劣汰形成资源的优化配置，其积极意义更大，并可以在电视制作域带来新的机遇和可能。

未来，电视在本地区或跨地区开始大规模的市场化运作的态势正在形成，或已成为大趋势。这该是“市场经济体制逐步完善的要求，信息产业革命迅猛展开的要求，文化消费需求急剧增长的要求，精神产品生产方式变革的要求，整体资源配置亟待优化的要求”，业内如是说。

我们不难发现，在操作层面上电视的同行们已经开始了：新闻报道——或策划异地联合采访，互相提供便利；媒体行动——围绕一个主题分头拍摄、交换素材，各自编剪播出；文艺节目——或共同策划、联合进行大制作，或互相委托代拍、节目交换使用；重大事件——多台联动，或插播或联播……

进入新世纪，电视业方兴未艾，电视人面对市场和未来正在思考，正在行动，他们必须要有正确的分析和把握，因为优胜劣汰的法则同样适合电视人，适合电视。

第4节 节目制作与流程

一、进入制作间

初到电视台进入制作间，面对那些闪烁着不同颜色令人眼花缭乱的设备按钮，面对着由摄像机、录像机、切换台、字幕机、调音台、特技机、非线编等众多设备构成的制作系统时，你在兴奋中不免会感到有些陌生，但是用不着胆怯。这些设备的布局和摆放都是有规律的，它们相互间的连接是根据电视节目生产需求和生产流程来确定的。

流程是节目生产的需要，它决定着节目生产能否高效。这是一个方面。

另一个方面，电视在某种意义上具有“大众快餐”一次性消费的特点。为了保证节目的日常生产，节目制作和播出须讲流程，要求标准化，要能批量生产。即便是我们常说的“十年磨一剑”所谓精品节目，同样也遵循着策划、撰稿、拍摄、编辑、包装制作，以及合成播出等制作流程。电视制作具有流程特点，节目生产是按照流程来进行的。

这样，电视制作的硬件平台便是由功能不同的设备在特定的“流程”中进行互连搭建起来的，满足了不同节目生产的需求。如：或用于快捷的新闻节目制作系统，或配合精雕细刻的纪录片制作的。正是在这样不同的制作环境里，实现着你自己的理想，完成节目制作的。因此，在学习摄像技巧、画面编辑技法之前，有必要了解一下制作环境中的设备是如何布局的，流程应该是怎样的。本节将以三个不同层面上的制作系统为例——自编系统、复杂编辑系统、直播系统，和最常见的两个基本流程——制播合一、多版制作，带着你一起去熟悉熟悉你将来的工作环境。

二、制作域“三层面”

不同的设备布局与互连，便构成了特定需求的制作环境，又称为系统构成。目前根据节目生产的常态需求，除了自编系统，还应有复杂编辑系统和直播系统，构成了节目制作的三个不同层面，如图 1－1。

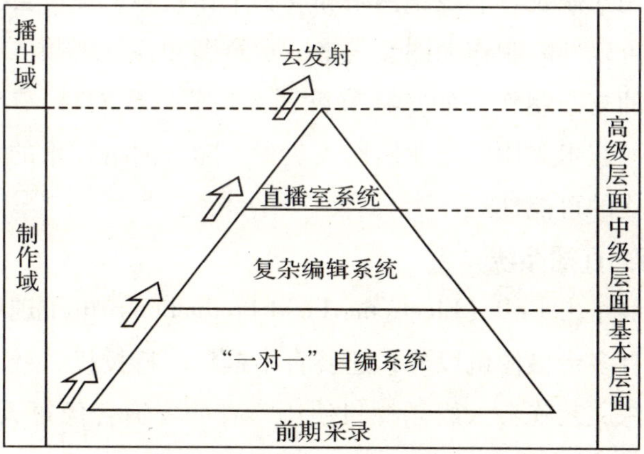

图 1－1　节目制作域的三层面

1. 基本层面：自编系统

由一台放像机、一台录像机再加上两台监视器，便构成了自编辑系统，这是电视制作域里节目编辑最基本的系统之一。当你结束前期采访拍摄，带着原始素材回来后，在这里可以进行编辑、配音，完成一般性的编辑制作，也称为初编。

在自编系统中，早期的模拟复合机型 VO/BVU、分量机型 BETCAM/M2、数字机型 DVCPRO/DIGITAL - S/DNW 等各样的录像机在当下的转型阶段，都是常见的录像机格式。

除了磁带编辑以外，你还可以将原始素材直接上载录入到非线性编辑机里，之后可以进行编辑合成，这也是非常流行的做法，“一对一”的编辑概念是一致。所不同的是，非线编可随机调用所需素材，同时又具备各种特技手段，给节目制作带来许多便利。由于非线编在编前需要将素材“上载”录入到硬盘内，编后又需要从硬盘里“下载”录出，对于类似新闻节目强调时效、快捷，单台非网络环境下的非线编是明显不合适的。因此，需要从编辑到播出的网络互连。

换句话说，非线编的优势在于它的集成编辑：是编辑机、是字幕机，又是特技机；还在于它的联机网络：大量分散又互相联系着的计算机协同工作，素材一旦“上载”便无须“下载”，多处共享，直接播出。“非线编 + 网络”是电视制作数字化，由磁带编辑转向非线性编辑的新的模式。

2. 中级层面：复杂编辑系统

复杂编辑是对“一对一”自编系统的发展。在这个层面上，更多考虑的是节目精做和包装的需求，有多台放像机，外加一台录像机便可构成“多对一”编辑，外加特技制作系统、非线编网络和动画工作站等，便可会战大制作。

在这里，你可以即时制作地图、表格、示意图和各种视频三维特技，完成一些需要精雕细刻的复杂制作，如专题节目、文艺节目或 MTV 节目，且多由一些既懂制作技术又懂艺术规律的专业制作人负责。随着网络技术的发展，复杂编辑有被网络系统取代的可能性。

3. 高级层面：直播系统

直播系统一般是由 EFP（Electronic Field Production）电子现场制作系统变化而来的。除了要有多台摄像机以外，还要有字幕机、特技机、音响和其他辅助设备。有的要适合像文艺晚会、娱乐栏目使用，有的要适合像每天多档节目播出，如新闻演播室直播使用。

有一点应该明确，新闻类节目大都要求实时制作或播出，于是在系统构成上便有了与文艺类节目有些不同的要求：

其一，新闻类节目由于“带上新闻”占有较大比例，一档 15 分钟的新闻一般要编排 10 - 20 条新闻，再加上片头、广告等内容，大都要操作 20 - 30 盘磁带以上，磁带录像机使用率较高，因此，会更注重 VTR 磁带录像机功能和数量，而文艺类节目则更重视摄像机的讯道数，即通道数量和摄像机的台数为文艺类系统构成的第一选择。

其二，新闻类节目制播不仅要在短时间内播放新闻磁带，还要对新闻进行声、画、字在线包装处理，也就是说，直播需要有更强的“制作”功能。

实际上，新闻制播系统一要有制作功能，二要有播出功能，是制播合一系统。此外，新闻制播最好能够与外来信号，如“卫星接收”连接起来，以便在突发事件出现时，可以实时调用外来信号。

从实例可以看出，设备组合与制作要求具有相关性，这一点你在构建和选择制作平台时应该注意的。假如你的理想是做一名电视制作域里的工程师，要告诉你，只有对电视以及节目样式、形态走向有正确的认识，你的硬件配置才是最适合节目生产的。一流的制作是在流程中实现和完成的。

另外，由于制作域具备工业化流水线生产的特点，合理的人员构成也成为除了科学的设备布局以外，能够降低运营成本提高效率的关键。

三、制播流程

电视制播流程，从广义上说，包括前期选题、拍摄计划、外出执行，后期为素材初编、精编配音、特技制作、串编合成，最后送审播出。从狭义上说，多是指从前期拍摄到后期初编、配音、串编、播出这样一个具体过程。“多版制作”和“制播合一”又是两种最常见的流程生产链。

1. 多版制作

多版制作的特点是，设备简单，无须团队配合，操作便捷。

当你完成前期拍摄回到电视台，进入后期编辑制作时，大都要经过对素材的初编、精编，之后配音、加字幕、做特技、录口播，再后是将编辑好的节目送审，并串变成一条播出带，送交播出部门。这样一个过程，如图 1－2 所示，是电视台生产节目的一个基本流程，图示了前期拍摄采录、后期制作播出两大部分。

在多版制作流程中，一般由磁带贯串其中，并在自编辑、复杂编辑、最后播出的各环节游走。其主要特点：

一是节目的磁带在流程中“陪伴着”你，你独立作战，自己说了算，显现出个体性的特点，后期制作和播出分为两个不同的阶段。

二是由于磁带的多版复制，相对来说要费时费力一些，画面质量因此也会出

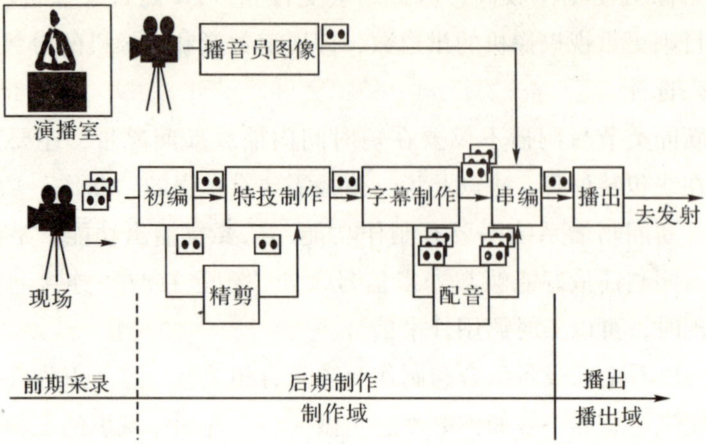

图 1－2　多版制/播流程

现劣化现象。

三是设备构成特点，小系统、多套数、全配置。对于省级媒体的一家新闻中心一般要配 20 套以上，每套单机“对编”系统里都要配特技机、字幕机。设备投入相对要较多，编辑记者单机占机率也较高。眼下，随着非线编和网络设备进入后期编辑，网络化的单机编成为一种新的模式。

2. 制播合一

多岗位团队执行，可以一次性从制作到播出，是直播的基本模式。

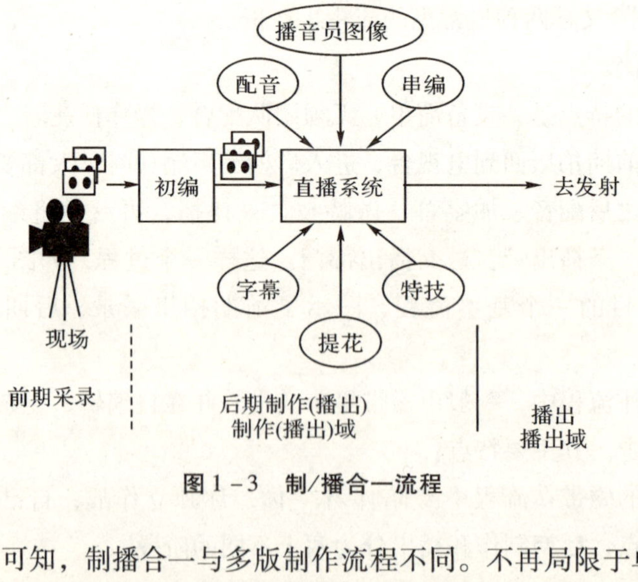

图 1－3　制/播合一流程

由图 1－3 可知，制播合一与多版制作流程不同。不再局限于单机“对编”，而是先将素材初编制成半成品后，便直接送上串播线，在切换台上同播音员口播图像、字幕、特技、提花，进行“一次性”合成制作、播出，完成于播出过程之中。目前，电视新闻的直播大多是采用这种方式来实现的。

“制播合一”尽管内容信号“流”依然是依靠磁带的，但在操作上注重了“系统”的概念，多岗位协同、团队生产的特点非常明显。以新闻制作播出为例，并表现出如下优势：

其一，在日常的新闻直播中，常常是依靠提前安排新闻磁带的排序完成的，因此，在播出中临时撤换或调整磁带前后次序是很便利的，为新闻播出的机动性在系统上提供了保证。

其二，理论上模拟专业录像机每复制 N 版信噪比便会下降 45 - 10lgN dB，而“制播合一”以较少的制作版数使画面质量得以改善；另外统一“模式化”制作，有利于统一包装风格。

其三，一批如导播、动画制作、直播音响、字幕包装等专业技术制作人从幕后走向台前，他们在制播（尤其是直播）中发挥重要作用。

当然，对于文艺类栏目，“制播合一”由于多是大段的文艺节目和演播现场，还应注意以下几点：

其一，为了在直播中让磁带内容直接参与，且与文艺演播现场“无缝连接”，要有不少于两台带动态磁迹跟踪（Dynamic Tracking）的 DT 机，解决一般录像机放带启动时“时基”不稳、走带晃动问题，如图 1 - 4。

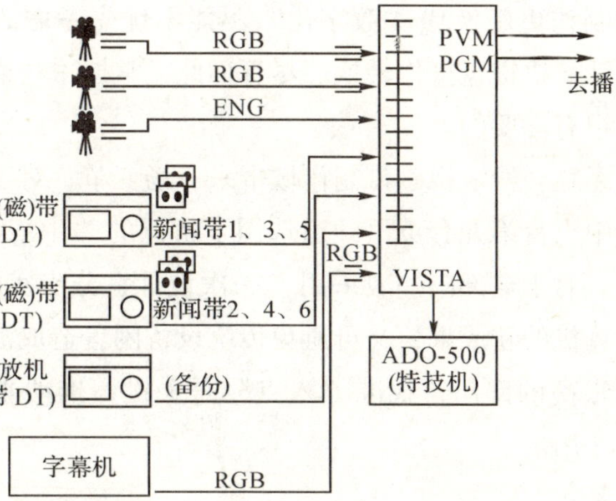

图 1 - 4　直播室系统（视频部分）

其二，字幕机、特技机等带有计算机的硬件设备，其软件要有固化“模块”，在应急播出时无须启动时间，满足在线包装的需要。

其三，切换台以及各级门控和监控应具有很强的预监功能，便于在线制作监看；此外为了各岗位和工种默契合作，方便可靠的多点通话是非常重要的，以利于直播中协调统一。

其实，以上只是提供了一种思维，以便使你能够尽快建立起电视制作流程与系统构成的关系概念。数字系统大体与其相同。此外，与之相关联的还有音频系统、灯光系统，还有如电源供电、时钟计时、文稿和播音员提词等其他辅助设备，在实际工作中可以慢慢了解熟悉。

四、面向非线编

以上介绍了“磁带平台”制播流程，其实非线编与网络制播正在逐步进入，作为未来的一种新模式被业内关注和运用。

非线编以“集成”对编机、字幕机、特技切换、配音等设备功能于一身，一度惹人眼热。目前从理论到实践，已完成了从传统磁带设备向采用非线编网络的过渡，期待逐步在生产、播出、储存、管理等方面普及。

电视制作数字化的途径还有多种，但就目前市场情况来看，选择非线编及其网络是一种简洁合理的思路：一是单机集成+多机网络，使大量分散又互相联系着的计算机协同工作；二是后前编辑制作由单一分时方式变为分散共时工作，素材一旦“上载”网上，可以多处共享，甚至无须“下载”，直接参与播出。非线编网络已成为电视制作更新换代“数字化”不能不优先考虑的方案。电视制作正在由磁带编辑向计算机键盘操作转换。尽管如此，掌握一些最为基础的磁带概念，对你来说还是很有必要的。

键盘式操作，无疑会给电视磁带制作域带来一场变革。对于新生部门可采用一次性投入建成，中央台第九套英语频道选用了所谓的“中华第一网”，实现了新闻制播的网络化。对于老部门一般采用“一次设计、分步实施”的渐进战略。这样既可以利用计算机的新成果，又可避免传统设备闲置造成浪费，尤其是像新闻这样多播出要求很高的部门，找准“入点”是关键，推动非线编逐步在原有流程和系统中发挥作用。

具体步骤可以是：

第一步：非线编引入播出。

将各档新闻栏目的广告、片头、片尾、宣传片等日常固定播出内容录入播出非线编，让非线编与 VTR 录像机上一同参与播出。

第二步：非线编参与制作。将非线编上载点设在播出线上，录入和制作“新闻导视”等内容，并参与播出。

第三步：非线编“点对点”互连对传。把磁带新闻“上载点”前移至审片间，在审片时同时完成新闻上载，随后再排好序并将精编后的新闻传给播出机待播。

第四步：非线编多点互传。用非线编取代录像机，还可把外来的经卫星回传的新闻传给审片机和播出机，建立动态接待外来信号的网上传输概念。

第五步：引入硬盘塔。实现新闻字、音、画的捆绑制播，提高新闻编播效率；之后“上载点”在流程里继续前移，非线编进入初编和精编制作域。

第六步：建立光纤传输，使制作域网络化；解决数据存储，向网络制播流程方向拓展。

…………

当然，实施的步子可大可小。最终完成网上传送建设，实现实时网络传输和网上管理，并一定要与网站实时链接，最终实现制作的全数字化和制播的全网络化，以及网友动态分享机制。

以上实例告诉我们，网络时代尽管来得很快，但是，电视制作域里的数字化、网络化，切记分步实施不能一蹴而就。

其一，网络设备在原有流程中的“责任”是逐步加大的，传统设备的负担逐渐减轻。这样不会引起编辑记者的设备恐惧症。

其二，网络设备应该同原有的磁带系统有“接口”，是相融合的，建议采用并播机制，会更方便和安全。

在电视制作域，非线编及其网络的运用只是数字化、网络化过程中的一个起点。目前，电视制作正在把基于“底层应用”的局域子网同“智能大楼”或主干网联系起来，同网上内容分享联系起来。当我们上了柏油路，还要上高速，只有高速才能带来“高效”。

由摄像机、录像机、切换台、字幕机、调音台等众多设备构成的制作系统，看起来似乎很复杂，你可以化繁为简，先建立设备布局和制作流程的概念，并明确非编编、网络化将成为电视制作的未来模式，但是，如同磁带的存储介质不会很快消失，或许只会被数字、高清更高标准的存储代替。

第5节

链接网络广播电视台（最新）

一、网络台：网上播出机构

网络广播电视台，一个全新的媒体态。目前，业内对其权威的定义是：以宽带互联网、移动通信网等新兴信息网络为节目传播载体的电台电视台，是新形态的广播电视播出机构，是网上视听节目服务的重要主体，是网上舆论引导的重要阵地。为了便于理解其中的具体含义，我们先来分析一个正在快速发展中的网络媒体的案例。

网台案例之：湖北网络广播电视台（http：//www.hbtv.com.cn/，简称湖北网台）。

湖北网台是国家批准的第三家省级网络广播电视台，是继安徽“剧行天下”、黑龙江“东北娱乐内容”定位之后，较早提出以“媒体定位”的网络广播电视台，2011年7月1日正式上线开播。

作为一个地区网络广播电视台，且可以辐射全国、影响世界的，并以广电视听内容为特色的官网和网上播出机构，目前既没有一个像传统媒体“四级办电视”那样有固定成熟可以照搬的模式，也不可能立刻像商业网站那样运用技术先导，推出如微博、QQ通讯、邮箱等某一个网络工具横扫天下。那么，他们又是如何起步和快速发展的呢？业界学术权威期刊《媒体时代》（2012年第08期总第24期）以《做新媒体阵地的开拓者》为题，日前专访了这家网络媒体的负责人。下面是其中的几段采访摘录。

问：武总，作为新媒体的网络广播电视台，较之于传统媒体，您认为是否具有更多的优势？

答：先说两个背景情况。其一，网络媒体，按照国家有关媒体网上播出机构的定位，网络广播电视台是同如城市大屏、移动电视、手机电视等网络传播新媒介，有着严格的区分和不同使命的。

其二，尽管目前国内网站有上百万个，但各有不同，主要可以分为三类：一是商业网站。其职能以网上服务和个性化网络功能为主，因此，他们所办的网站理应诚信为本、追逐利润；二是政府官方网站。其职能是以信息公开为主，并不具备网络媒体的发布资质；三就是我们网络广播电视台这样的网上播出机构。网台是集广播电视内容为一体的，具备网上播发资质和广电特有的视听资源，同时我的理解是，既然叫“台”，还应该具有广播电视公共紧急服务职能。

说到网络媒体具备哪些优势，首先，具有资讯权威发布的资质，是集媒体属性、应急属性、视听特色为一体的。此外，可以解决传统媒体传播稍纵即逝的不足，实现全国乃至全球的跨地域覆盖，可以锁定未来、锁定年轻一族，这些均是网络媒体优于传统媒体，是具有很高附加值和差异化价值的。

问：我们知道在您接手筹建湖北网台的时候，网台还叫火凤网，信息来源相对单一，面对这样的情况您采取了怎样策略？

答：我们是较早提出以“媒体定位”来申报网络广播电视台的，契合了国家网络媒体发展战略的新要求。抢占舆论阵地自然成为我们的第一要务，这也是历史赋予我们网络新媒体的责任。在具体做法上：

首先是从“搭平台、做内容、拓市场”这三个方面着手发力。策略上提出了“技术引领、内容为王、渠道制胜、管理出效益”的理念，并努力从“网站”向“网台”升级，从技术平台向传媒平台过渡。

其二是明确了“做主流网媒、全力服务网众、助推传统媒体转型”的一期拓展目标。我们以服务网众为要，在内容构架上首先推出了五大板块。打开湖北网台首页，一有资讯板块，有抢占第一落点的新闻资讯《看今日》(http://www.hbtv.com.cn/jinri/)。二有视听板块，有直接对接广电内容的《乐TV》和网络直播态的《长江TV》频道（http://tv.hbtv.com.cn/)。三有服务板块，有直接服务网众的《爱生活》（http://www.hbtv.com.cn/news/yszxyy)。其中，“我的i系列”生活网络宝典，一是衣、食、住、行、娱、游等六个图文服务频道，二是育儿、求学、婚恋、就业、健康、购物等六档视听服务频道，为网众提供直接的交互式服务。四有交互板块，有创新打造的媒体第二发布平台《论天下》（http://bbs.hbtv.com.cn/forum.php)

《楚汉论坛》和《大家有话说》栏目聚合了国内专家学者近百位，利用“热词我说”引导网众参与同专家互动；还有满足个人展示的高校、农友、朵朵、民警等个人系列台。五有点播板块，有聚合不同类别内容的《搜网事》（http：//www. hbtv. com. cn/news/hfws/）《网视长江》，实现自创内容的点播、时移选看，等等。

其三是确立“人人皆编辑，我办网络台”的全新制播模式。网络媒体与传统媒体最大的不同在于，其受众是以“寻找自己所需”的方式来这里消费的。我们清醒地认识到，网台是否有市场价值，一定要到市场里去检验。从全国的网络台发展模式上看，业界认为，或是聚合全国内容搭建传播平台，或者扎根本地做实内容。我们会积极地改变网络内容结构，变“看内容”为“用媒体”，我们会用如《爱生活》板块来对接市场，围绕营销、网友自创内容（UGC）把板块的内容生产、推广和营销同市场结合起来；通过内容链带动生产链，连接产业链，为网台内容建设的社会化拓路。其实，网络天生就具有市场属性，具有融资功能，从现在起步阶段就该做好准备。在机制上，我们还会探索配套实施继广电的“广播主持人制”、“电视制片人制”之后，适应网媒发展的“具有媒体属性的版主制”。

中国的网络电视台正处于机遇和挑战并存的关键发展时期，我们希望通过自己的努力给这个时代提供更多的借鉴和经验。

问：武总，您说网台要主动面向市场，这支年轻的团队缺乏什么？这时您是否有过担忧，有什么办法吗？

答：一个新生媒体就像一张白纸。从战略和学术层面上看，网络媒体是未来媒体，是直播态、复合态、融合态相结合的媒体，多样机会和可能性一定会很多。现在的情况是，尽管传统媒体的广告传播模式受到“到达率”的挑战，很多商家依然还是认可这样“用眼球换广告时间”的模式，而对于蒸蒸日上的新媒体，建立能够让广告商们都认可的且像传统媒体一样成熟的盈利模式还有待时日。尽管网络天生具有市场的基因，要想快发展必须走市场，但从全国的情况来看，依托母体、联手广播电视频道，是现阶段推动网络台快速发展，实现多赢，最明确且最简洁的方式。未来媒体立体战，上阵得靠我们广电网络媒体“子弟兵”。我们认为，网络媒体只有将抢占舆论阵地与抢占市场相结合，联动母体、集团作战，并把社会效益放在首位，网络媒体面向市场的步子才能走稳走好。

从来自一线的实践和上面采访摘要中，我们渐渐地明晰起来，也能够得出如下有关网络广播电视台的概念表述：

1. 网络广播电视台是网上播出机构

加强网上舆论引导，促进广播电视媒体与互联网等新型传播载体融合发展，提升网络广播电视台的传播力、辐射力和影响力，是其指导思想。

坚持融合发展，利用传统电台电视台在品牌、节目资源、广告经营和新闻编播等方面的优势，打造具有广电特色的网络视听新媒体，是其基本原则。

最终确立网络广播电视台在新媒体传播格局中的主流地位，是其总体目标。

2. 新媒介与新媒体不同

按照传播媒介的不同，新闻界把新闻媒体的发展划分为报纸、广播、电视等不同阶段，互联网与传统媒体相比，自然而然就成为“新媒体”。从这个意义上说，新媒体是指基于互联网这个传输平台来传播新闻和信息的网络媒体。而在“三网融合”背景下，围绕其中与运营有关的不同形态，如TPTV（互联网电视）、iTV（网络电视）、NGB（下一代网络电视）、手机电视，以及移动电视、城市大屏、车载电视，甚至于网络上的论坛、微博等，都应该统称为新媒介。

对于掌管内容的广电业看来，新媒介是“路”或者称之为渠道；而新媒体是“车”称为网络媒体，是网上播出机构。以湖北网台为案例，也正是在这样的背景下催生出的一批网络播出机构。在这里，广播是看得见的（http：//774. hbtv. com. cn/），电视是能互动的（http：//ws. hbtv. com. cn/）。

3. 同为网站，属性不同职责不同

（1）重点新闻网站

只有新闻网站才拥有新闻采访权，其原创报道是其他网站转载和信息汇编、检索的唯一合法来源，以责任树形象，承担主流媒体的社会责任，并以公信力赢得点击率，以点击率支撑传播力，以传播力产生影响力。

（2）政府门户网站

其职能是履行信息公开，为基层、为企业、为群众提供便捷服务，也是各级政府履行职能、提供服务的重要平台，是公众获取政务信息、参与社会管理的重要渠道，并以诚挚的服务赢得理解与支持。

（3）商业网站

为电子商务营造诚信环境，为人际交往营造文明环境的社会责任，是推动业态创新、促进资源配置、扩大消费的重要平台，并以诚信和品位赢得市场和网民，不断为社会提供更多更好的产品和服务。

二、网络：三个最基本的附加值

其实，网络作为一种更为先进的生产力和生产方式，以其跨地域、交互和个性化等特点，正在不知不觉中推动着以往传统概念下的媒体间、社群间、产业间，甚至国与国之间的边界开始模糊，产生了一种“消解边界”的力量。网络媒体，或者说网络广播电视台，在传播上与传统的电视相比，首先在内容上，集纳了广播和电视，资源不再单一；其二在形式上，聚合了自主与交互，不再是单项的，不再是你播我看。在传播效果上，起码有三个优于传统媒体的最为基本的附加超值概念：

1. 跨地域，全球覆盖

不难发现，网络广播电视台以其特有的流畅传播和覆盖半径，让以往只能在地面传播的一些专业频道，一夜之间享受了“卫视待遇”，而卫视频道实现了在世界“地球村”内更为广泛的传播覆盖。当然，这种跨地域的网上传播，对于与之相关的电视制作水准、内容掌控等等，随之也会带来新的更高的要求。

2. 实时点播，并非稍纵即逝

以往广播、电视按时收听收看的习惯，正在被网络电视台的网上点播所取代。登录湖北网台，我们可以用来自电视的《高清连连看》(http://www.hbtv.com.cn/tv/310/),以及来自大众推荐的短视频《草根＊网友推荐》(http://www.hbtv.com.cn/news/511/)等多样方式，非常便利地让我们不用像以往那样“过度依赖”电视节目表，弥补了传统电视“过时不候”的缺憾。商家的随片广告同样也可以随时点看。

3. 锁定未来，锁定年青一代

数据显示，在庞大的互联网用户大军中，学历高、收入高、年龄低“两高一低”的网众比例正在迅速增加，更为有价值的受众群已经形成，对未来媒体和传媒市场正在产生重大影响。

有人说，网络大佬级企业已经瓜分了网络业务和市场，其实互联网、移动互联网，后面还有物联网……网络市场的大门才刚刚打开。

当下，抢占互联网，占领PC机、移动屏和电视遥控器，是年轻的网络广播电视台主攻方向，只是他们在同市场机制强大的商业网站赛跑时，需要更好的装备、政策、人才和机制。与其说是广电媒体系里的未来媒体，不如准确地说是：

当下媒体。

因此，对于传统的电视和电视制作，需要与同根生的网络广播电视台“捆绑”营销，像中央电视台、中国网络广播电视台在全国“两会”上的联合采访，年度广告招商会上的联合招商，以及日常活动中的默契互动、联合推介，在市场化的引导下，应该成为未来全媒体发展的一种标准模式，省级媒体更需要借鉴，先人一步。

三、流程可以再造：网络首发，电视收官

互联网的发展正改变和培养着受众“消费资讯”的时间习惯，而网络电视台的出现，也在丰富着媒体的时空构成及其时空关系。电视通过“播”诠释着作为时间媒体的概念；网络以其海量呈现与承载，体现出了更多作为“空间媒体”的属性。此外，随着移动互联网的成熟，从传播学的意义上讲，网络媒体还拥有了“随身听”随时随地选择接收的便利，而传统的广播成为“车空间”的窄播，电视的份额依然来自受众晚间家庭收视的习惯。

这样，以广播、电视、网媒（也还包括有纸媒）构成的现代广电传媒集团（总台），在全媒体时代，自然会反观传统的制作流程，一定会自问，我们是否能够或者需要流程再造。答案是肯定的：流程一定要再造！

眼下，作为全媒体记者或者“网络记者”，面对一个事件和你的新发现，以不同的时间观和传播观，执行“一稿多发”，应该是一种标准模式。第一时间发标题稿抢占网络；之后，动态插播发广播，电视晚间收官进家庭；最后还可以发纸媒。全媒记者，以“自主推送”的方式“一稿多发”，正在一流的广电媒体里的流程中成型，它降低了媒体运营成本，提升了综合报道能力和生产率，并催生出传统与新媒体联动的融合媒体，产生了许多具体做法和模式。

1. 网络首发，电视收官

在湖北，作为全媒体记者你可以选择：一是“全媒体记者通道”，二是《链接市州，联播湖北》栏目回传通道，三是《爆料台》等上传方式，将你的“发现”用简短的文字、一两张照片或者短视频，第一时间在湖北网台发出推向互联网，随后广播记者可以通过广播来插播，电视记者可以晚间让采访对象和观众在电视机前收看。

2. 电视后的网上播

对于大众喜闻乐见播出后的电视节目上网点播，应该说，这是网络广播电视台对传统广电节目的第一贡献。你可以点击进入《搜网事》频道，它以“忆往

事，看网视，进入《网视长江》”的广告语与实践，为我们作了一个非常个性化的案例诠释（http：//www. hbtv. com. cn/news/hfws/）。

3. 电视中的网络版

点击网络台运用论坛和微博工具打造的交互平台《楚汉论坛》（http：//bbs. hbtv. com. cn/forum. php？ mod = forumdisplay&fid = 379），其中一个较有特色的栏目是《大家有话说》。目前，这个栏目已经汇集了近 120 位政经界、体育界名人专家，以及在湖北卫视《长江新闻号》和地面新闻频道《对话厅局长》出镜的学者、领导和他们的观点。网台可以联手栏目组主编，在节目中和节目前动态设置话题，让百姓大家与名人大家在《大家有话说》栏目里汇聚，进行网上对话。比如，跟进“钓鱼岛”事件，在这里邀请到国内的顶级专家，及时、深入分析钓鱼岛事件的最新动态，以主流的声音避免别有用心者误导网友，防止网友过激言行影响社会舆论。

4. 广电网融合模式

2012 年月 8 月 14 日“政风行风热线”来到湖北荆州，广播、电视、网络联手现场直播问政。其中，一是湖北网台三个月前搭建了一个吸引网民参与的“网上民主评议政风行风平台”，提前为此次直播造势。二是广播日常开通电话热线，对接收集听众意见，掌握民意。三是电视构建直播平台，广、电、网三家媒体随同主管部门明察暗访，积累大量一手视频素材，直接服务省市两级财政、水利、农业、民政和林业等五个厅局的现场直播问政，强化直播前的期待。而在直播的 90 分钟内，网民、听众和观众运用各自喜欢和熟悉的方式，踊跃向政府主管部门和领导提问，多渠道互动，异常热烈。对于网络平台在较长时间内的留存，让广播电视一次性的“政风行风热线”直播，能够在日常生活中依然发挥沟通、问政作用，提高了政府职能部门的公信力，让广电问政直播更有厚度，更令人信服。

四、角色悄然变化：是报道者，是文化传播者

2012 年 3—4 月间，在湖北鄂城区新庙镇英山村参加“百名记者蹲点基层调研活动”蹲点的当地网络台两名记者，发现富裕起来的村民十分喜欢电脑，喜欢上网。但是，当地的农民朋友苦于不会操作，于是，这两位记者专门从网台调来投影仪，还编写了简易的操作手册，一一发放到村民手中，并手把手地教他们电脑操作。在教会村民如何用电脑上网之后，湖北网台及时为每位村组长开办“农友个人台”（http：//bbs. hbtv. com. cn/forum. php？ mod =forumdisplay&fid =473）。此时，

农民朋友们可以利用网络存留自己想保留的资讯，可以发自己想知道的咨询，还可以找让自己致富的网络内容。农友汪厚银自家塘堰里睡莲出现问题，在记者的协助下上网发布了“如何在当家塘中种睡莲?”的咨询帖，之后，得到武汉植物园专家刘艳玲的网上回应和指导。如今，这个塆有一半的村民学会了上网，58岁村民汪海祥说：“现在可以和在深圳打工的儿子媳妇网上联系了，还收到了传回来的孙子的照片，说网络真是个好东西!”蹲点记者在总结时自豪地说：“我们不仅是新闻的报道者，还是先进文化的传播者。”

“在此基础上，我们开办‘个人台系列’，推出专业化的网络个性服务，有服务学生的高校个人台，服务孩子自我展现的朵朵台，服务老人婚恋的桃花台……推动‘人人皆记者，我办网络台’理念的具体实践。”这家网络媒体的负责人如是说。

不言而喻，网络媒体的崛起，给电视制作带来了多样的变化和可能，而全媒体记者的出现，正在推动电视向更开放、更积极的方向发展。电视制作成为大写的电视制作。记者做报道者，做先进文化的传播者；电视借力新技术正在从单一的“看电视”变为“用电视”；媒体开始扮演全新的角色。我们有理由相信，各种角色的转变一定比我们想象的要快。但是，其中有一条需要提醒，那就是，面对全媒体时代，以“内容为王”的广播电视其“视听版权”将是自己生存的命根子。各位制片人们，不能将栏目的品牌推广与内容的视听版权混为一谈，用视听版权“网上赚吆喝”的做法，最终或许将会失去广电网络商务谈判的话语权，直至广告定价权和生存权。这要格外注意。

本章学法指导

第一节和第二节从电视本体论上了解了电视传播，传播信息是其本质，可以为观众提供没有时间差的“现场”和与事件进程同步的“共时”体验。第三节对电视制作进行了点击式的梳理，它涉及众多领域。节目作为“特殊商品”要适应市场变化，满足观众胃口。第四节从设备和流程上对电视制作进行了解析。

通过先期导入，本章力图让学生能够鸟瞰电视及其电视制作所涉及的知识点，内容很多，建议集中引导学生应该如何把理念转化成节目，技术优势转变成生产优势，同时建立这样的概念，在面对市场时，电视人和电视制作要有超前思维。

电视制作是一项操作性很强的创作性劳动，在接下来的第二至第八章，学生们能够接触到许多非常具体的知识点，诸如摄像技巧、画面编辑法则、电视声音、光线美术，以及新闻采访技巧、标准的吐字发音等内容。第九章是关于“节目—栏目—频道”，内容上将再次回到观念层面，希望学生们能够更多地理解电视的创新精神。

本章思考与练习题

1. 电视与电影都可以用镜头来分解和重组“现实”。它们之间有什么不同，电视的优势在哪里？

2. 为什么说电视是“技术媒介”？简述它与电视表现力的关系。

3. 如何理解电视时空？如何理解电视兼容了即时和非即时制作？

4. 谈谈你对制片人、策划人和专业制作人的理解。

5. 做一次社会调查，收集电视观众的新需求。

6. 为熟悉本章介绍的制作流程，就近去一家电视台或者网络广播电视台参观实习。

第二章

摄像艺术

本章内容提要

◎电视画面的作用与造型特点，决定了它的地位和画面构成。电视摄像的基本活动是取景与构图，它包括景别、角度、画面布局等。

◎运动摄像是电视画面特有的造型手段。其运动形式有：推、拉、摇、移、跟、升降和综合运动。

◎摄像机的“眼睛”是镜头，镜头的光学特性决定了画面的造型。

◎意识决定着方法与手段。在电视摄像中，镜头调度、蒙太奇、同期声的拾取、长镜头拍摄等构成了电视摄像的意识。

第1节 电视画面

一、地位与作用

当人类发明了用电传输语音信息的电话和传输静止图片的传真机以后，人们开始梦想用电来传输活动图像，电视的产生使这一梦想成为事实。被摄景物的图像在传送过程中，被分解为许多像素，并由这些像素组成一帧画面，在电视屏幕上再现。根据人的视觉暂留效应，在电视屏幕上以每秒传输 25 帧画幅的速度传输，这样就形成活动图像。这些采用电子摄录系统摄制，由电视屏幕显现的图像，我们称为电视画面。由摄像机从开机到关机不间断地摄录下来的一个片段，我们称为一个电视镜头，也叫电视画面。由于现代电子技术的发展，电视可以将画面与声音同时摄录、同时传输。它不仅能传送语言和音乐信息，而且能传送文字、图片等信息。它传承了传统媒体的各种功能，不断扩大自身的优势。例如，利用卫星技术与互联网展示出高速传播与覆盖功能，使信息在短时间内传遍全球。

电视画面是电视节目内容的主要承载者。画面直观、形象，即使有时没有语言、文字、音乐等，也能传送信息、说明问题。电视画面是节目结构的主体，其他表现形式是依附于画面的。

电视同时传送画面与声音，人们同时从这两种表现元素中获取信息。画面直观却不够理性，声音理性又不够直观，声音与画面的互补关系使电视传送信息既直观又理性。自然界中有些物质具有共同的特征，如果没有声音叙述，单凭外表就无法分辨；加上文字描述，画面变得一目了然。因此，尽管画面在电视艺术表现元素中最常用，是电视节目的主要表现形式，但是声音也不能轻视。

电视画面不是孤立静止的，是连续运动的，所表现的内容互相联系、互为因果。一档好的电视节目除构思新颖外，还必须通过严谨的画面结构及其组接方式才能得以表现。此外，新技术的发展为制作出高清晰的画面奠定了物质基础，“高质”的画面表达也是吸引观众的一个重要因素。

二、框架结构

电视画面作为电视节目的基本组成部分，被屏幕的框架所局限，如何在小小的电视屏幕之间传递大千世界的众多视觉信息，并使其充满艺术魅力，这是摄像师的追求。因此，摄像工作不仅仅是简单的技术工作，也是一种创造性极强的艺术工作。

电视的框架结构对画面具有限制作用，也正是因为这种限制作用使得大千世界在电视画面中得以取舍，摄取能表达主题的主体，舍去那些与主题无关的内容以及影响画面构图的因素。然而对于画框内不利于主题而又舍不掉的东西，可利用摄像技巧，或虚化，或压缩，或巧用光与影，从而使所摄画面趋于完善，符合和表达创作意图。随着现代电子技术的发展，还可以采用图像处理软件对所摄画面进行后期处理加工。

电视框架可作为电视画面的参照物，用来判断画面内物体是否倾斜。如图2－1所示，画面中的人物在与电视框架边沿的水平与垂直线对比过程中，明显出现了倾斜，而红旗与框架水平边垂直。还可以感知画面内物体的运动速度及运动方向。因为人们感知运动与否，都要以一定的物体作为参照，电视框架两条水平线与两条垂直线是电视画面内运动物体的参照基准。如图 2－2 所示，画面内帆船的运动速度与运动方向，因船帆与框架存在的角度和弧度而被电视观众感知。通过以上实例，我们可以了解到电视画面与框架间是一种相互依存的关系，框架虽然制约了画面取景范围的无限扩大，但却使观众对画面外的景物 产生了无限的遐想。

图 2－1

图 2－2

三、平面造型

由于电视画面是二维的，决定了电视画面属于平面造型。用平面造型反映三维空间的现实生活，无疑是有一定难度的。如何增强画面的立体感呢？通常我们采用以下方式：

（1）人眼在获得立体感时，景物反映在脑中的色调是近浓远淡，物体是近大远小，线条的透视感是近疏远密。同属于平面造型的绘画艺术正是基于此而获得立体感的。在摄制电视画面时，可以选取大小成一定比例的物体来表现纵深空间，采用广角镜头、小光圈摄制物体，加强景物的纵深感；也可以通过选景与摄制技巧处理好景物色调的近浓远淡；还可以通过选取互相平行的线条使其消失在视平线的主点上，增强透视感。

（2）电视画面的摄制具有连续性。表现运动中的物体能够展示运动的轨迹，近大远小的梯度变化，时间与速度的个体差异，以上这些因素使二维画面中的景物看起来具有三维空间的纵深感。电视画面利用可连续摄制的特点来表现运动中的物体，在画面内部形成了具有动感的纵深画面，这是绘画艺术与图片摄影所无法比拟的。

（3）摄像机的纵深运动引导观众的视点发生变化，近处不断出画的物体与远处不断入画的物体使观众的视线由近及远，人们通过摄像机镜头直接感知纵深空间的连续变化，由此获得立体感。

四、电视画面

优秀的电视节目要有一个好的主题，然而主题在一定程度上是由画面结构中的主体传达给观众的，主体离不开陪体的说明，也不可能脱离环境而存在，因此在电视画面结构中，一般有这样几种元素：主体、陪体、前景、后景等，它们合理的配置（布局）组成了电视画面。

1. 主体

主体是画面要表现的主要对象，是主题思想的直接体现者，也是画面结构的中心。在拍摄取景过程中，首先要明确主体，其次要处理好主体在画面中的位置，突出主体。

2. 陪体

陪体对主体起陪衬作用，是对主体的补充说明。从画面构图上来看，陪体能够增加画面纵深感，也能使画面均衡。从画面的影调与色调方面看，能丰富画面影调层次，使画面色彩和谐，有美化画面的作用并能烘托主体。陪体有时可是前景、背景。

3. 前景

所谓前景是画面主体前的景物，也是画面空间上距离视线最近的景物。什么物体作为前景，一般没有限制，只要与主题内容或画面主体能够相互衬托、彼此呼应。凡属与主体无关且可有可无的前景，都应毫不犹豫地排除在画面之外。前景的处理可虚可实，虚则前景模糊，可突出主体，点明主题；实则可衬托主体，点缀画面，增加画面纵深感。如何选择前景，要根据作者的创作意图来定。

4. 背景

背景是位于画面主体后的景物，其作用主要是用来衬托主体、突出主体，向观众交代主体所处的环境及氛围，丰富主体的内涵。在拍摄时，注意背景要简洁，要选择富有特征的背景来说明主体，以便观众更好地理解主题思想。

第2节 取景与构图

一、取景

中央电视台新闻频道《面对面》栏目中常见的画面，如图 2－3。在这一画面中，摄像师采用了全景、前斜侧平角度拍摄。在画面中，嘉宾和主持人被安排在不同的位置，既有呼应又突出了主体人物。这就是摄像师取景与构图的摄影技巧。

图 2－3

无论是哪一位摄像师在拍摄电视画面时，首先遇到的就是如何用镜头准确、高质量地让观众看到他们需要看的和想看的对象，这就要求摄像师首先学会如何取景和怎样来构图。取景与构图，是两个关系密切而又有区别的概念。

取景是指在视觉空间内取用哪些被摄对象来构成画面以及如何向观众表现他们，包括镜头前人物的取舍，采取何种景别以及选用什么样的拍摄角度等。

构图则是指画面的结构布局，就是把摄像机取景范围内的各种对象进行艺术的真实的合乎情理的排列组合，使之产生视觉上的美感。

取景是摄像一项最基本的活动，是摄像师的具体操作，而构图则是摄像师的美学思维，构图往往通过具体的取景来实现。

先来说说取景。取景的过程既包含技术因素，也包含艺术成分。技术上要保证所摄画面的完整与清晰，摄像机运动时要稳、平、准、匀。艺术上要根据内容选择视点确定机位，在多远的距离拍摄，用什么景别、取怎样的拍摄角度，这些对于摄像师成功地创造视觉空间至关重要。

1. 画面清晰，主体突出

画面清晰、主体突出是取景时的摹本要求。在决定画面构成时，既要突出主体，画面清晰，又要通过画面的视觉形象向观众传递足够的信息，从而体现节目的主题思想。镜头信息含量的多少又与景别有关，因此对于具体镜头的要求和处理是有所不同的。

2. 景别

景别是指被摄主体在电视屏幕框架结构中所呈现出的大小和范围。景别是摄像师在创作中组织、结构画面，制约观众视线，规范画内空间，暗示画外空间，决定观众看什么，以什么方式看的一种极有效的造型手段。

景别的大小与两个方面的因素有关：一是摄像机和被摄主体之间的实际距离，二是摄像机镜头的焦距长短。距离的改变可使画面主体形象大小发生变化，距离靠近，则主体形象变大（景别变小），距离拉远则形象变小（景别变大）。当然，镜头焦距的变化也可改变画面主体形象的大小，焦距变长，

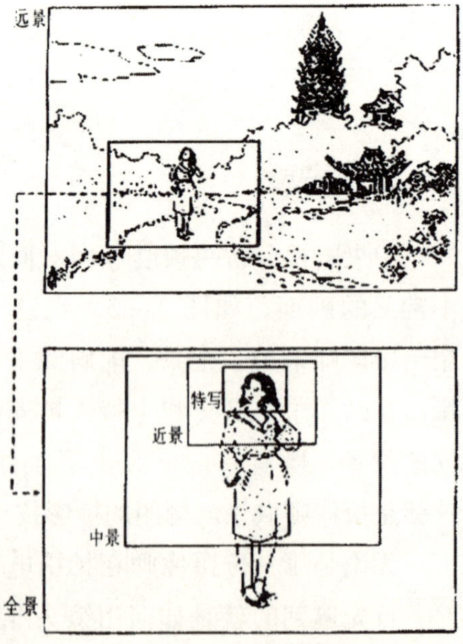

图 2－4

画面形象变大（景别变小），焦距变短，画面形象变小（景别变大）。

景别一般被划分为：远景、全景、中景、近景和特写。不同景别的表现内容和作用是不相同的。在实际拍摄中，景别的划分是以成年人在画面中被画框截取的身体部位多少为标准来进行划分的，如图2－4。

（1）远景

远景是表现广阔场面的电视画面。它包括的景物范围大，着重于整体气势，如自然景致、盛大的集会、地理环境等。远景画面内容的中心不明显，但取景时应寻找富有特征的景致，如图2－5。

图2－5

（2）全景

全景是表现成年人全身的电视画面，它可以使观众看清楚人物的形体动作及人物和环境的关系。全景往往是一个场面中的总角度，它制约着该场面分切镜头中的光线、影调、色调、人物方向和位置，常常也被称为“定位镜头”，所以，一般都应先拍。要注意：用全景镜头拍摄人体时，必须把被摄对象的脚全部拍下来，不要在足面以上开始分截，如图2－6。

图2－6（a）

图2－6（b）

（3）中景

中景是表现成年人体膝盖以上的电视画面，它能使观众看清人物半身的形体动作和情绪交流。拍摄中景镜头时，应以被摄主体富有表现力的局部为主，而环境则降到了次要的地位。应用中景视距，常需交代背景或动作线路，如果把它和展示全貌的全景镜头交替使用，会相得益彰。由于中景镜头在电视作品中占较大的比例，这就要求摄像师在处理中景时注意使人物和镜头富于变化。中景镜头处理得好坏，往往是决定一部电视作品造型成败的重要因素，如图 2 – 7。

图 2 – 7

图 2 – 8

（4）近景

近景是表现成年人体胸部以上的电视画面。用近景画面表现人物时的重点在于处理好眼神光，达到以眼传神的效果。近景是拍摄时经常采用的景别之一，它可以使观众看清主体的面部表情和细微的动作，展示人物心理活动。近景使观众仿佛置身于事件之中，容易产生交流。拍摄人物的近景画面时，一般多用平角度，镜头的视平线以眼睛为齐。拍摄时主要以突出面部神情或质感为目的。用近景画面表现物体时，应着重外部的纹理结构，以达到仿佛可触摸的真实质地感，如图 2 – 8。

（5）特写

特写是表现成年人体肩部以上的头像，常被用来细腻地刻画人物性格，表现其情绪。拍摄特写镜头的关键在于抓住值得特写的局部，其中最能获得鲜明和突出的心理效果的镜头，莫过于面部表情的特写，如表现人物的内心感情，应以眼睛作为特写的对象（又称局部特写）。通过对眼睛的表现，揭示出人物内心的喜怒哀乐。拍摄人物面部特写时，要注意表现其皮肤的质感。如果被摄对象是婴儿或少女，可选用柔和的散射光以表现其细嫩光润的皮肤。如果被摄对象是老年人，则宜选用侧光机位，以表现其粗糙的皮肤。但这只是一般的规律，在具体拍摄时，要根据作品情节的要求，灵活运用，如图 2 – 9。

图 2 – 9

景别的划分是以一个成年人在画面中呈现的范围来确定的。名称有一定的伸缩性，在应用具体的景别名称时，应视被拍摄的对象和题材而定。

由于电视屏幕尺寸的制约，想让观众清楚地看到被摄对象，必须在电视画面内让他们显得较大一些。换句话说，就是多拍摄一些近景、中景镜头。这种景别能充分地体现出电视中的人物特点，也是用镜头叙事的较好景别。

3. 角度

拍摄角度是电视摄像艺术中非常重要的造型元素，角度的选择反映了摄像师对现实生活的理解、主观意图、创作风格、艺术修养和画面取材能力。

拍摄角度是指摄像机的位置同被摄对象之间构成的实地空间中的角度，是现场拍摄时确定的视点。它包含拍摄方向和高度两方面的因素，如图 2－10。方向指在水平面上摄像机与被摄对象之间的相对位置，如图 2－11。高度指摄像机与被摄对象在垂直平面上的相对位置。它担负着交代情节内容，提示人物心理和构成画面造型的重要任务。

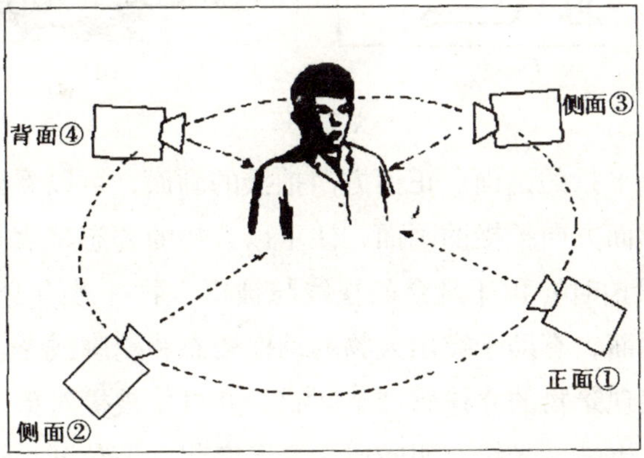

图 2－10

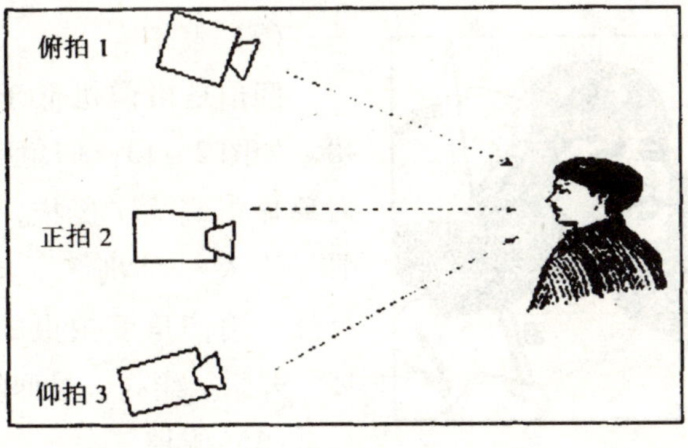

图 2－11

（1） 平拍

平拍是以人们日常的观察事物平视时的视点来进行拍摄。图 2－12 是从四个

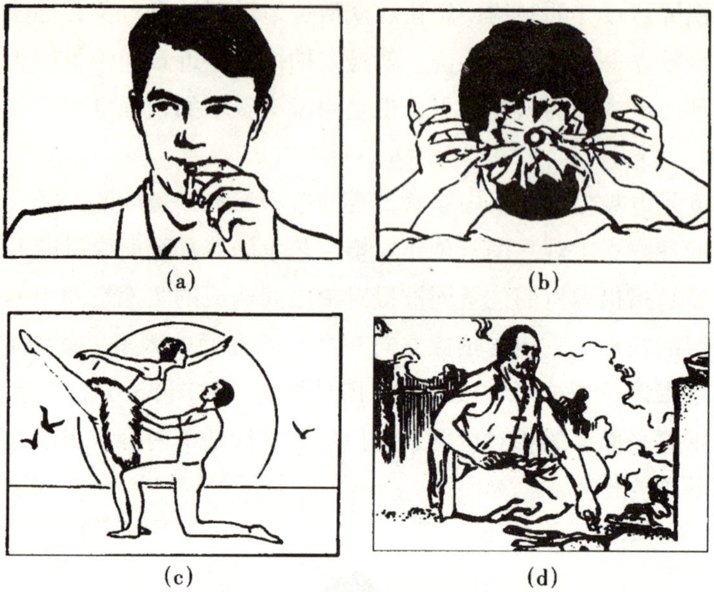

图 2－12

不同的方向来平拍的画面。正面方向拍摄的画面，可以看到人物完整的面部特征及神情。从背面方向拍摄的画面，注重以人物的姿态来表现内心感情，背面拍摄（特别是在跟拍时）由于观众的视线与被摄人物一致有身临其境的现场感。侧面方向拍摄的画面，有助于突出人物的动作姿态和轮廓线条。前斜侧方向拍摄的画面，有利于表现景物的立体感和空间感，并可使被摄对象产生明显的形体透视变化，形象立体丰满，光线有明暗层次富于变化。平角度拍摄客观真实，在运动拍摄时使观众产生一种身临其境之感。

图 2－13

（2）仰拍

仰拍是摄像机低于被摄对象向上拍摄。如图 2－13。仰角度拍摄可使被拍摄对象显得高大、挺拔，有较强的主观色彩，给人一种高大、威严、崇高之感。另外，用仰角度拍摄的画面，往往有舒展、开阔、崇高、景仰的感情色彩。

（3）俯拍

俯拍是摄像机高于被摄对象自上而下拍摄。如图 2－14。俯角度配以短焦镜头拍摄，给人以宽广、深远的画面效果。多用来向观众交代环境，展示宏大的场面。用俯角度拍摄人物时，宜于展示人物与环境的整体气氛，不适宜表现人物的神情及人物之间细致的感情交流。在拍摄以人物为主的中近景画面时，不要随便运用俯角度，否则可产生贬低蔑视的效果。

图 2－14

景别与角度在很大程度上决定了观众的观看范围，因此是取景的两个非常重要的内容。对此摄像师应多作研究，在实际拍摄中要根据不同的题材、内容、对象、场景等因素来灵活使用，使之为节目主题服务，给观众带去美感。

二、构图

电视框架结构限制了电视画面的取景范围，如何在画面中既表现出其纪实特点，又具有一定的艺术性，摄像师的构图技巧是关键，即在一定的取景范围内，如何筛选、组织对象，处理好被摄主体的方位与后继运动方向及光线、影调、色调等造型元素，还应考虑到画面最终的效果是否具有新意，表现内容是否一目了然，主题是否鲜明等。

画面构图的基本规则应遵循人们的审美要求、心理需求，首先保持画面的对称与均衡；其次要求画面的兴趣点集中，事物多样化和个性统一；还应采用对比、呼应等手法渲染气氛。对称与均衡给人以稳定、和谐之感。兴趣点集中有利于突出主体，构图处理得如何，关键取决于画面主体表现得是否成功，以及主体与陪体、环境和画框之间的相互关系处理是否得当。围绕着突出主体，有这样几种构图形式：

1. 画面中心法

最稳定和最突出的是画面中心位置，把被摄对象放在这个位置上给人以稳定感，对于一个静态的人物那就要把他放在画面这个位置上比较好。如：正对着摄像机的新闻播音员常常被放置在画面中心位置上，如图 2－15。

图 2－15

图 2－16

2. 对称法

如果把上例中的播音员放置在偏离中心位置上就会影响观众接收信息，因为这种非对称的构图使画面失去稳定，会分散观众的注意力。但是，在画面的另一边再加进一个人物，那么画面就会感到对称、平衡，画面就有稳定感。对于男女两个播音员常采用这种对称法来处理画面构图，如图 2－16。

图 2－17

3. 井字法

在给画面布局时，为了使主体鲜明突出，应该把主体放在画面的视觉趣味中心，画面的中心位置显然是视觉趣味中心，但是，主体置于这个位置上使画面呆板，滞重没有活力。当用四条线把画面分成九个均匀方格时，纵横线条的交叉点就是画面的趣味中心。若将主体置于任一交叉点上，主体鲜明突出，画面也显得生动有趣，富于动感，如图 2－17。

电视画面是一个二维的平面，它在反映现实的三维场景时，则是利用画面中线条的变化来实现。

以画面中呈现的线型结构来构图又有几种常见的形式：

（1）三角形构图

图 2－18

此构图通常以同性质的人和物或自然景观构成三角形，常见的有正三角形和斜三角形构图，它们的画面具有极强的稳定感。如广告摄影中叠放的酒杯、山村梯田，如图 2－18。

（2）横长形构图

横长形构图画面稳定、开阔。水平线常作为画面中主线条，适宜拍摄草原、海洋、大地等，如图 2－19。

图 2－19

图 2－20

（3）垂直式构图

垂直式构图能充分显示景物的高大，适宜拍摄高层建筑（如塔、高楼），给人以高耸之感，树木（如苍松）给人以挺拔、刚直之感，如图 2－20。

（4）对角线式构图

对角线式构图易产生动感与纵深感，有以实际存在的线条出现在画面对角线上，诸如公路、河流等，另一种以人或物的运动轨迹、视线等虚线条方式出现于画面，如从左上方向右下方俯冲的雄鹰、人的斜向运动轨迹等，如图 2－21。

图 2－21

图 2－22

（5）S 形构图

S 形线条处于画面中给人以优美感，引导观众视线向纵深方向移动，使主体与环境紧密地联系在一起。适宜表现有曲线的景物，如河流、曲径等，如图 2－22。

（6）圆形构图

指画面中主体是圆形，多因被摄对象是圆形而采用圆形构图。如太阳、圆形建筑物等给人一种强烈的向心力，如图 2－23。

图 2－23

图 2－24

（7）弧形构图

大多由于景物的轮廓呈弧形而采用弧形构图，如拱桥、半圆结构门等弧形，使观众有流畅与韵律感，如图 2－24。

（8）布满式构图

构图是将被摄体布满整幅画面，用于表现数量较多，适宜拍摄水果、粮食、禽蛋、工业制品等等，如图 2－25。

图 2－25

（9）散点式构图

是以分散的点状构成画面，给人以疏密有致感，常用来俯拍草原上的牛马羊群、平原农场上的拖拉机及仰拍天空上的鸟群等，如图 2－26。

图 2－26

以上是常见的几种构图方式，摄像师应本着构图为主题服务的原则，创作出主题鲜明、艺术感染力强的作品。在摄制过程中，我们既不主张只注意内容而忽视表现形式，也不主张只求构图美而不注重所拍摄对象的做法。画面构图应该是内容与形式的完美组合。

三、几个应该注意的问题

如何准确地取景、构图不仅要依赖于你对画面的理解，而且还要与你对节目构思的认识有关，而灵感和才气也是摄取画面的重要因素。对于初学者还应注意这样几个问题：

1. 净空高度

在实际的取景活动中，你所要表现的人物无论是在室内还是室外，无论是拍全景还是拍近景，人物的头顶要给画框上边留出合适的空间，称为净空高度，如图 2－27。如果缺乏净空高度，如图 2－28，人物在画面中就显得拥挤；如果净空高度留得过多画面就失去平衡，如图 2－29。一般较好的画面效果是人物的眼睛位于屏幕上沿三分之一处，见图 2－27。

图 2－27

图 2－28

图 2－29

2. 前方空间与引向空间

画面表现的人物望着、指向或移向某个特定方向时（而不是径直朝向摄像机），一定要在所望（指、移）方向上留有足够的空间。对于静止人物所望所指方向的空间称为前方空间，如图 2－30、图 2－31。人物朝着屏幕一边，运动的空间称为引向空间，如图 2－32。

图 2－33 的由于没有前方空间，人物好似面对墙壁，画面显得失衡。而图

2－34中，运动的人物紧靠在右边沿，好像人物运动被画框阻挡住。

图 2－30

图 2－31

图 2－32

图 2－33

图 2－34

3. 背景的处理

在拍摄一条好消息和一个有趣的镜头时，容易忽视主体后面的背景。然而，常常是背景出乎意料地毁掉了高质量的画面构图。高出人物头部的景物和一条水平线都是最常见的构图问题。如图 2－35、图 2－36，观众看到的背景变成了人物的一部分而不是背景。植物和路标，好似从人物的头部长出一样。特别是用长焦距镜头拍摄时更加明显。处理这样的背景，你在取景时，调节一下拍摄的角度就能避免这种现象的出现。图 2－37，虽然前景中的记者好像站得笔直，但是那条水平斜线的房屋表明画面是斜的。视觉上的倾斜会给人带来心理上的不稳定感。

图 2－35

图 2－36

4. 纵深安排

电视屏幕是一个二维平面，若要逼真地表现三维立体空间，应安排画面的纵深突出画面的立体感。构图时，可利用透视原理（近大远小、近浓远淡）和在画面中安排必要的前景（过肩镜头、框架构图、树叶做前景）等来表现画面的纵深感，如图 2－38。

图 2－37

图 2－38

取景和构图是一个摄像师最基本的工作，也是必须具备的能力，不能忽视。电视画面是运动的，取景与构图应该考虑运动的因素，不能照搬构图的一般性规律与方法，应在运动中取景、构图。让观众看到真实完整、富有韵律和运动美感的画面形象，使节目的主题得到鲜明、突出的表现。

第3节 运动摄像

一、运动

运动摄像是电视画面特有的造型表现手段。运动扩大了观众的视野，同时运动产生的节奏和韵律给他们带来美的享受。例如，“中国’99 世界昆明园艺博览会”开园的镜头就是采用航拍，向观众展现了世博园的规模、景点和场馆。

运动摄像有助于描述事件发生、发展的真实过程，交代事件的环境、规模及气氛，给人以真实感。如《焦点访谈·寻找小王丽》栏目中采用了很多的跟拍运动摄像技巧，客观地展现了事件发展的过程，给观众极大的感染力。

运动摄像使得拍摄的方向、角度、景别不断变化，摄像机从多个层面、多个角度和在不同的视距来表现被摄对象，观众通过画面的变化从形到神对被摄对象有一个全面的了解与认识。

所谓运动摄像，就是在摄像时，当摄像机的机位、镜头的光轴、镜头焦距三个因素中有一个发生改变时所进行的拍摄。通过这种拍摄方式得到的画面称为运动画面或称运动镜头，一个完整的运动镜头包括起幅（3－5 秒）、运动（与节奏相关）、落幅（3 秒左右）三个部分。运动摄像分为：推、拉、摇、移、跟、升降和综合运动几种形式。

二、运动形式

1. 推镜头

推镜头是指摄像机向某个主体靠近，让主体逐渐在画面上占有越来越大的面积，用来突出主体或表现某一个局部。

在实际拍摄中，推镜头有两种运动方式：一种是改变摄像机和景物之间的实际距离，利用移动轨或肩扛向被摄体靠近。这种推镜头的方式，主体和背景之间的空间关系不断发生变化，空间透视感很强。另一种方式就是机位不动，利用变焦距镜头来推。这种方式的拍摄，空间的关系不发生变化，只是越往前推，空间背景的范围越小，似乎要靠在一起，但主体比较突出。采用哪种方式要视情况而定。在一些摄像机难以靠近的情况下，用变焦距拍摄比较方便。如果可以靠近被摄对象最好是靠近，以强调出空间变化及向人靠近的真实感受，如图 2－39。

图 2－39

2. 拉镜头

拉镜头是和推镜头相反的一种运动方式。就是摄像机的机位从拍摄主体的一个主要的局部慢慢向后拉出，让周围的环境不断地进入画面，原来的主体慢慢变小，融入到周围的环境中，如图2－39。拉也有两种方式：一种是改变摄像机和主体之间的（图2－39）实际距离；另一种是利用变焦距来拉。

实际拍摄中，推镜头的用途往往是将观众的注意力引向特定的主体，并保持该主体在画面上的位置。当某一特定的主体对下一个画面有意义的时候，拉镜头便发挥了作用。拍摄时，推入和拉出的速度应符合电视节目的节奏要求。快速运动适合表现明快、欢乐、兴奋的情绪，还可以产生震动感和爆发感。而缓慢的运动常用于表现悲哀、悬念或宁静的气氛，也可产生紧迫感。

推镜头和拉镜头分为起幅、运动、落幅三个部分，在一般的情况下，落幅画面是表现的重点，对它的构图要严谨、规范、完整。拍摄时要注意，如果不是特殊的需要，应当让主体形象始终保持清晰的图像。当摄像机纵向运动时，要注意保持主体在画面结构中的位置，使其一直处在趣味的中心。起幅和落幅当做固定画面对待，保持适当的长度，有利于给后期编辑提供足够的选择余地。

3. 摇镜头

摇镜头指的是机位不动，只是镜头的光轴做上下左右或环摇运动。左右摇摄一般用来展现比较宽阔的场面，介绍环境，如图2－40。当做左右摇摄时，要注意两脚叉开与肩同宽，腰部扭动自如，保持机身的水平位置。起幅和落幅要稳定一段时间，否则，所摄的画面将会给人一种没有结束和不完整的感觉。上下摇摄时，一般用来表现高大的物体或表现事物上下的联系。上下摇摄要遵循的规律和左右摇摄是一样的。另外一种就是环摇摄，即以摄像机为中心，进行360度的环摇。环摇往往用来表现某种特定的环境和情感的抒发。摇摄是比较自由的，但是一定要把握的是，在摇的过程中一定要有吸引人的东西将镜头引导过去。当镜头开始摇动时，观众就会产生期望，因此落幅一定要有趣味点。

图2－40

4. 移镜头

移镜头是指摄像机的机位沿水平面朝各方向移动时所拍摄到的画面，可借助于移动轨或摄像师扛着摄像机移动，或将摄像机置于汽车、飞机、自行车等运动工具上拍摄。移动镜头中主体和周围环境之间的关系不断发生变化，有利于连续交代环境空间，产生巡视或展示的视觉效果，如图 2－41。当拍摄运动对象时，

图 2－41

移镜头可在画面上产生跟随的视觉效果，人们常常又把这种主体移动、摄像机也跟着移动的拍摄称之为跟镜头。跟镜头摄像机的移动与被摄对象的移动同步同向，画面在运动之中景别基本保持不变。这种镜头非常接近于人们生活中的跟随视觉效果，能很好地满足观众的好奇心理。

5. 升降镜头

升降镜头是指摄像机借助于升降装置作上下运动时所拍摄到的电视画面。升降拍摄是运动摄像中非常富有表现力的一种方式。升高以后是一个大俯角，视野比较开阔，前后的景物交代得比较清楚。机位降下后，先平视，再仰视，视点变化丰富，角度的变化产生了视觉的美感。

6. 综合镜头

在实际拍摄中，摄像机的运动往往不是一种单独的运动，而是几种运动配合起来使用，产生一种综合运动的画面效果。如大型演唱会《同一首歌》就是采用吊背摄像机的综合运动来表现演唱会的宏大场面和演员表演时的神情和优美的舞蹈动作，渲染了演唱会的气氛，扩大了观众的视野，有一种身临其境的感觉。伴随着音乐声，画面的运动更富有节奏，产生一种韵律美。

运动镜头可以产生节奏给观众带来美感，也扩大了观众的视野，但“盲目”

的运动无休止的乱动，既不适合观众的观看习惯，也不利于对内容的叙述和对人物的表现，更产生不了节奏和韵律，还破坏了画面的美感。

第4节

镜头的视觉功能

一、你的“朋友”

当你第一次接触摄像机时，那些冷冰冰的陌生“面孔”，那些开关、插孔、不熟悉的字母，会让你感到不知所措，即便是老摄像师，当他接触新型设备时也有这样的感觉。你必须主动地花一些时间来消除这种隔阂，尽可能地了解你的这位新“朋友”。你们一旦熟悉了，它会在与你的合作中发挥出自己的全部力量，会加倍补偿你所付出的劳动。

今天的电视摄像机已经高度自动化，操作变得简单易学。在别人的指导下，你花几个小时便能操作起来，但是，如果你满足于这样的了解，你渐渐地会发现，虽然是使用同样的设备，自己拍摄出来的画面总是不如别人。原因可能是你并没有把这些设备潜力发挥出来。

镜头作为摄像机的眼睛，在参与画面创作时起着决定性的作用。你想成为一名优秀的摄像师吗？那就必须掌握它。

二、镜头的光学特征

摄像机镜头的光学特征有焦距、视角和相对孔径三个因素，这三个因素对摄像师拍摄的画面都会产生影响，它们的技术性能及组配关系直接决定了摄像师所能达到的技术可能性和艺术可能性。

1. 焦距

摄像机镜头的焦距是指焦点至镜头中心的距离，如图 2－42 即为该镜头的焦距。

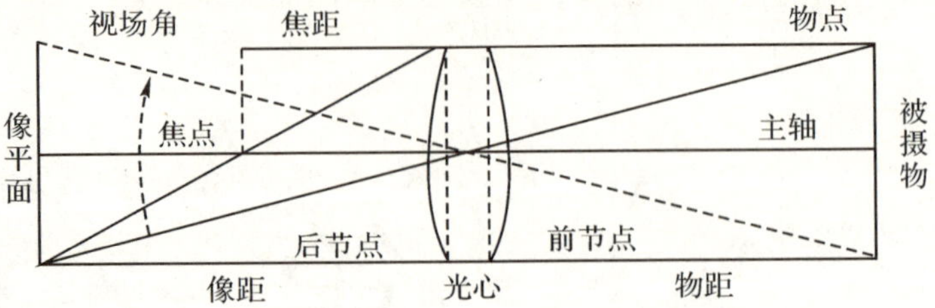

图 2－42

镜头焦距的长短与被摄对象在 CCD 器件（光电转换器件）上的成像面积成正比。如果在同一距离上对同一被摄对象进行拍摄，镜头焦距愈长，那么成像面积越大，放大倍率越高；反之，镜头焦距愈短，则成像面积越小，放大倍率越低。焦距与像平面对角线接近或相等的镜头称为标准镜头。焦距大于像平面对角线的镜头，称为长焦距镜头。焦距小于像平面对角线的镜头，称为广角镜头。焦距可发生变化的镜头，称为变焦距镜头。

2. 视角

镜头的视角是指 CCD 器件有效成像平面边缘与镜头节点所形成的夹角。从造型角度上讲，镜头视角反映了摄像机记录景物范围的开阔程度。镜头视角与被摄对象在画面中的成像大小成反比。视角愈大，被摄主体成像越小，画面视野越开阔；视角愈小，被摄主体成像越大，画面视野越狭窄。

3. 相对孔径与光圈系数

镜头的相对孔径是指镜头的入射光孔直径（D）与焦距（f）之比，其大小表明镜头接纳光线的多少。相对孔径是决定镜头透光能力和鉴别力的主要因素，其倒数被称为光圈系数（F），被标刻在镜头的光圈环上。常见的有 1.4、2、2.8、4、5.6、8、11、12、16、22 等若干档。F 值变化一档，相当于摄像机镜头的通光量变化一倍。在摄像时，我们说开大光圈，实际上是从光圈调节环上大 F 值向小 F 值的一端转动，即减小了光圈系数值；而缩小光圈，则是从小 F 值向大 F 值一端转动，光圈系数值加大。比如，从光圈 8 调到光圈 5.6，就是开大了光圈，光圈系数减小，通光量增大一倍，曝光值增加一级。反之亦然。

对相对孔径和光圈系数的调节决定了镜头的通光量和镜头景深。对摄像机的镜头进行光圈选择，实质是一个曝光控制的问题。现在的摄像机通常都有手动光圈和自动光圈两种控制方式。自动光圈只能对被摄场景的曝光控制作出技术性处理，而有意识、有目的的动态用光和艺术处理只能由手动光圈才能更好地表现。在拍摄同一照度下的同一场景时，光圈越大，景深范围越小；光圈越小，景深范围越大。对镜头的曝光有意识地控制和不同景深的选择性运用，是摄像师实现创作意图，取得最佳画面效果的有效手段。

焦距、视场角和相对孔径（光圈）这三个表示镜头光学特性的参数，它们之间的关系是彼此联系又互相制约的，它们都直接构成了对画面造型的影响。不同焦距、视场角和相对孔径的镜头所能记录的画面及其造型效果是大不一样的，为摄像师准备了技术基础，提供了创作上的便利条件。在这三个因素中间，对画面造型影响最大，实际拍摄时作用最为突出的是镜头焦距的变化。因此，要想做好摄像工作，就必须了解和掌握不同焦距镜头所呈现的画面造型特点。

三、聚焦与景深

1. 聚焦

聚焦是指为了使被摄对象在画面上有清晰的图像，必须根据它与摄像机之间的距离，调整镜头的焦点，使景物能在成像平面上清楚地成像。聚焦的方法是：将景物画面推成特写，转动摄像机上的聚焦环，使图像清楚，然后拉开到所需要的景别进行拍摄。

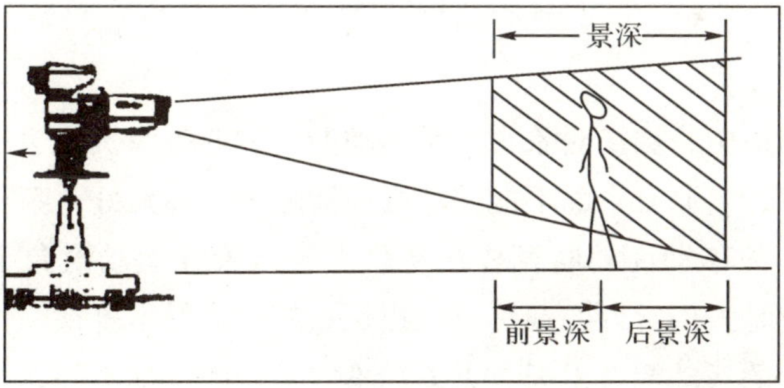

图 2－43

当你给一个物体聚焦时，你会发现，画面上不仅仅只是物体清晰，而且在它前后的一定范围内的景物也很清晰，这一区域被称之为景深，如图 2－43。景深的大小与光圈、物距和焦距三个因素有关，如图 2－44。焦距越长，景深越小，如图 2－44（a）；光圈越大，景深越小，如图 2－44（b）所示；物距越大，景深越大，如图 2－44（c）。

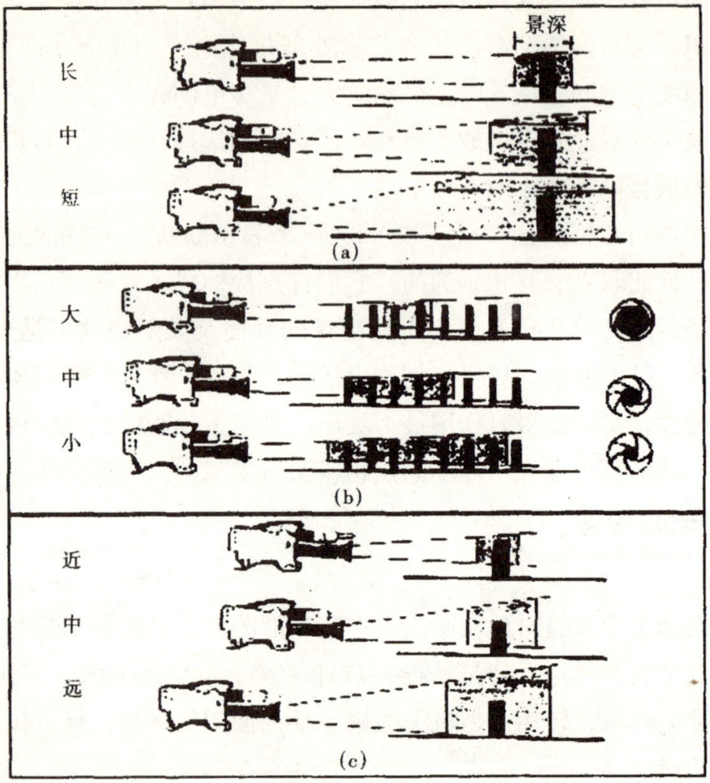

图 2－44

2. 跟焦点

在实际的拍摄中，被摄对象常常是运动的，你的摄像机也会运动，这样原来的焦点就改变了，当原有景深不能保证画面清晰时，你只好重新不断聚焦，即不断根据被摄主体的移动而随时调焦，使焦点始终聚在运动对象上，保持画面清晰。这种方法就是人们常说的跟焦点。跟焦点的道理并不复杂，但是要使焦点的调节与被摄主体的运动配合得天衣无缝却不容易。跟得好不好，主要取决于操作的熟练程度和摄像师对主体运动方向、速度的判断正确与否。在拍摄中，摄像师要十分注意主体的运动方向，要能够预计到可能出现的变化，一旦主体的运动方向发生变化应能够立即作出反应。

其次，调整聚焦环（焦点）的速度要匀，要与主体的运动速度相吻合，否则就会造成主体成像不清晰。要掌握好，只有一个方法，就是多练，熟能生巧。

3. 移焦点

在你日后的摄像工作中，还会遇到移焦的概念。移焦是指当被摄对象与摄像机都固定时，将画面上表现的重点在两个人物（物体）之间转换，时而甲人物清楚，乙人物模糊，时而又是甲人物模糊，乙人物清楚。这种虚实转换，可达到画面视觉中心的转移，有强烈的主观意识。

聚焦不仅是技术问题，也是技巧问题。你可以对准一朵小红花聚焦，并利用小景深，使花朵后面杂乱的背景成为模糊，突出小红花。当然你还可以利用大景深，近处的花朵和远处的山峦都清楚，如果需要，也可以使远处山峦清晰，近处花朵模糊。聚焦是支配观众注意力的一个重要手段，它既能创造清晰美，也能创造朦胧美。

4. 定焦点

这是最常用的方法。对准被摄主体进行聚焦，被摄主体处在景深范围的中间，被摄主体的前景和后景都比较清晰。这种方法最接近我们的眼睛在观察物体时盯着看的效果，非常符合人们的观察习惯。然而在光线变弱的情况下，或是由于受光圈与焦距的影响景深较小，而且主体还在作前后运动，那么画面就会变得模糊。在这种情况下，你应采用跟焦点的方法。

四、镜头的功能

1. 长焦距镜头

长焦距镜头：视角窄，放大倍率高，景深小，被摄体周围很小区域清楚，前景、背景均模糊。其透视效果为：前景物体、背景物体看上去大小差别不明显，它们之间的距离似乎缩短了，物体间显得拥挤；画面纵向上运动的物体，视觉上感到比真实的要慢。由于空间深度被压缩，使人难以判断真实距离及被摄体的位置。

长焦距镜头适用于拍摄远距离的局部放大画面，拍摄对背景、环境要求不高的特写，所摄局部细节清晰，可以造成虚实效果，以突出主体，也可产生压缩、拥挤的画面效果，适用于远距离的偷拍。

长焦距镜头不宜用于手持肩扛拍摄，因为摄像机的抖动会被放大，而且对调焦的要求也高，所以应尽可能地采用三脚架等支撑物协助拍摄。

2. 中焦距（标准）镜头

中焦距（标准）镜头：视角接近人眼，放大倍数中等，景深范围适中，只是最前面、最后面景物会模糊。其透视效果为：正常的透视感与眼睛直接看几乎是一样的，不具有各种夸张效果。由于它与人的视觉一样，所以在纪实性节目中使用，给人以真实感。

3. 短焦距（广角）镜头

短焦距（广角）镜头：视角宽，放大倍率低，景深范围大，画面中几乎全部是清晰的。适用于对突发事件的抢拍。其透视效果为：前景物体显得比背景物体大得多；空间距离显得比实际大，夸张了透视感、纵深感。物体与摄像机的运动，显得比真实的要快；当被摄体太接近镜头时，会产生变形失真，如图2－45。

图2－45

短焦距镜头的图像抖动率小，适用于摄像机运动拍摄、手提肩扛拍摄，适用于视野广，但环境不允许摄像机随意移动时拍摄，对于远景、全景及表现画面和气势的拍摄，非常有利。能有意造成大小、高低、对比强烈甚至夸张的画面效果。

短焦距镜头不宜拍正常情况下的特写，不易使观众注意力集中于视觉中心。

4. 变焦距镜头

摄像机上的镜头其焦距是可改变的，它可从短焦变到长焦，同时具备长、短、中焦距镜头的造型功能。

变焦距镜头具有可在一定范围内连续变化焦距而成像位置不变的性能，在拍摄中对景物画面取景的大小可相应地连续变化，即景别可以从大到小、从小到大连续变化。

变焦距镜头的最长焦距与最短焦距之比，称为变焦倍数，它是变焦距镜头的一个非常重要的性能参数，常用的倍数有14倍、16倍、18倍以及更大的，某些镜头上有扩展镜，可以扩大镜头的变焦倍数，常用“2×”表示，如附加在变焦倍数为14倍的变焦镜头上，则其变焦倍数就被扩展为2×14＝28倍。焦距增长一倍，会使曝光量有所下降，要保持原照度，就必须相应地加大光圈。

变焦距镜头在造型表现上的特点主要有以下几个方面：

第一，一个变焦距镜头可以替代一组不同焦距的定焦镜头。在实际拍摄过程中，不必为变换焦距而更换镜头，加快了现场摄制速度，便于摄制人员对拍摄中的意外情况作出现场应变和快速反应。

第二，在摄像机机位不动的情况下即可完成变焦距推拉，实现画面景别的连续变化。在同一个位置即可拍到场面的全景和人物（物体）特写。

第三，可以跨越复杂空间完成移动机位所不能完成或不易完成的推镜头和拉镜头，并且还能完成仰角度或俯角度的推拉镜头。如在机位不前移的情况下，我们可以用变焦距镜头推到河流对面的山坡上，拍摄牧羊人的小景别画面。再比如仰拍攀岩运动员的登山过程时，变焦距镜头能够非常方便地完成从悬崖大全景画面到运动员手部特写画面之间的推、拉镜头。

第四，摄像机镜头上的电动变焦距装置可以使景别的变化平稳而均匀，如用手动变焦，可以完成急推和急拉，产生一种新的画面运动，形成新的画面节奏。

第五，在摄像机机位运动的过程中，变动镜头焦距可以构成一种更为复杂的综合运动镜头。它的主要特点是机位运动与镜头焦距变化的合一，产生一种人们生活中视觉经验以外的更为流畅多变的画面运动效果。

第六，运用变焦距镜头，一个人就可以完成既移动机位又变化焦距的综合运动镜头，有力地增强了画面造型表现的艺术性和灵活性。

第5节 摄像的意识

一、摄像师

作为一名摄像师在实际的拍摄过程中，应该对拍摄现场的环境条件迅速作出反应，比如：采用什么拍摄方式，如何调动各种视觉和听觉元素为画面造型服务，为表现节目的主题内容服务。摄像师具备的这种本能是在长期的工作实践中形成的。

当你和一位资深的摄像师外出采访拍摄之前，他常会问你带上录像带没有？电池充满电了吗？记住别忘了带上话筒，还有灯具与三脚架。当你们提前到达现场，他又会问你：“你觉得我们应该怎样来拍？机位如何设置？镜头该怎样调度？用什么景别，采用何种角度？”起初你可能会觉得他很“烦”，但几次以后，你会从心里敬佩他。因为当接到一个突发事件的报道任务后，你会看到他不顾一切地冲到事件发生的现场，第一时间对事件作出报道，同时，也表现出他的摄像意识和素质。

二、镜头调度意识

在一个具体的场景中如何设置机位、进行调度，可按照摄像师的意图来调动，这样有利于内容和主题表现，创造出典型化、富有概括力和表现力的视觉形象，并尽量使这种画面表现形式更加真实自然而又富有创意，从而活跃并推动观众的联想和想象，满足观众的审美享受和欣赏要求。这就是人们常说的电视场面调度。场面调度包括两个方面：一是画面中人物的调度，二是镜头的调度。

1. 镜头调度

镜头调度指摄像师运用不同的拍摄方向、不同的拍摄角度、不同的拍摄景别和不同的运动，获得不同的视角、不同的视距、不同景别的画面。

在大量的纪实性节目特别是新闻节目中，都是以镜头调度灵活、动态地去捕捉生活中的“瞬间”。应该说，电视镜头调度是电视摄像师应当掌握的要点。镜头调度是摄像师塑造形象，进行画面造型的重要手段，是一种造型语言，它直接影响着镜头组接和内容表达。

2. 轴线规律

轴线规律是摄像过程中镜头调度所遵循的一般规律。所谓轴线，是指在运动的物体或对话的人物之间存在着一条看不见的线，它影响着屏幕上物体运动的方向和人物之间的相对位置。当保持在两个人物的一侧拍摄时，上下画面中人物的位置不会改变，如果是在人物的两侧来回拍摄，则上下两画面中人物位置就会换位。

由此可见，在实际拍摄时，你应保证被摄对象在电视画面空间中的正确位置和方向的一致，摄像机要在轴线一侧180°之内的区域设置机位。这就是摄像师处理镜头必须遵守的“轴线规则”。如果拍摄过程中摄像机的位置始终保持在轴线的同一侧，那么不论摄像机的高低俯仰如何变化，镜头的运动如何复杂，从画面来看，被摄主体的位置关系以及运动方向总是一致的。倘若摄像机到轴线的另一侧区域去进行拍摄，则称为“越轴”。此时，被摄对象与原先所拍画面中的位置和方向是不一致的。一般来说，越轴前所拍画面与越轴后所拍画面无法进行组接。否则，就将发生视觉上的混乱。

遵守轴线规则就能保证画面方向的一致。如果你拍摄了越轴画面，为了不造成剪辑后带来的视觉上的混乱，你应该多拍几个中性的画面，以便于在组接两个越轴画面时使用。

3. 基本机位的设置

在今天众多的电视节目中，访谈性节目越来越多。那么拍摄这类节目时机位是如何确定的呢？我们通过图 2－46 来给你分析。

镜头①②用近景重
点在表现两个人物的交流

镜头③④用中景重点在
表现人物的外貌特征和动作

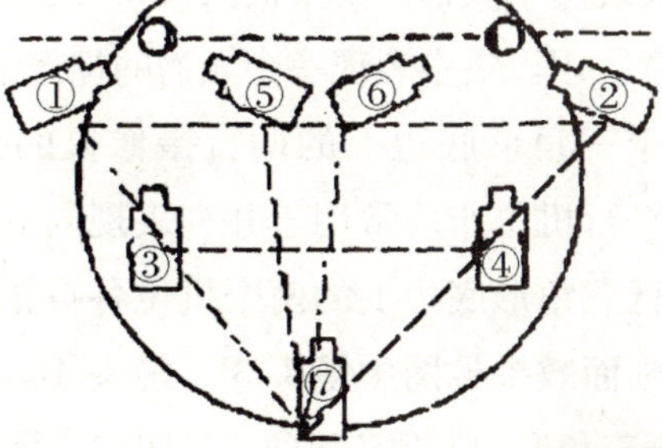

镜头⑤⑥用近景分别
表现人物的神情

镜头⑦用全景重点是对两
个人物的方位与环境进行交代

图 2－46

摄像时的基本机位设置首先要遵循轴线规则，保持在关系轴线一侧拍摄，可以选择三个顶端位置，这三个顶端构成了一个底边与关系轴线平行的三角形。三个顶端位置上的摄像机，形成一个相互联系的三角形机位布局，它是镜头调度中最基本的机位布局，有外反拍机位、内反拍机位、平行机位和顶角机位等。运用得当，会使画面的内容显得连贯、生动、真实，并能产生最佳的造型效果。

外反拍机位是位于三角形底边上的两台摄像机分别处于两个被摄人物的背

后，向里把两人拍入画面。机位见图中①、②号摄像机，画面效果见图中镜头①和镜头②。外反拍三角形机位布局具有两个优点，其一是底边上的两机位所拍得的画面中，两人物可以互为前景和后景，呈透视关系，增加了构图的主体效果。其二，两个被摄人物一个面向摄像机，另一个则背向摄像机，使面向观众的人物能得到充分的突出和引起注意。

外反拍三角形布局的底边顶端上的两个机位（1 号机位与 2 号机位），是一种客观性拍摄角度。当我们拍摄主持人或出镜记者采访某人时，经常运用这种客观性的外反拍拍摄角度，这也就是通常所讲的过肩镜头。因为从画面上看，摄像机是在记者的身后越过其肩头拍摄接受采访的人。有一点需要指出的是，拍摄过肩镜头时，背向观众的人在画面中所展现出的脸部侧影，一般应以不露出鼻尖为宜。

内反拍机位是三角形底边上的两台摄像机处在两个被摄人物之间，靠近轴线向外拍摄，机位见图中⑤、⑥号摄像机。内反拍机位可以利用位于底边上的两个顶端位置的机位，分别表现两个人物。由于被摄人物分别在画面中出现，所以观众能够予以较为充分的注意，用以集中表现一个人物的神态语气，带有主观视点的色彩。

平行机位是位于三角形底边上的两台摄像机的视轴相互平行，机位见图中③、④号摄像机。平行机位布局常用于并列表现同等地位的不同对象，比如拍摄两个人的对话。平行三角形底边上的两个机位各自拍摄一个人物，它带有客观和同等评价的含义。画面效果见图中镜头③、镜头④。

顶角机位是位于三角形的上顶角机位，见图中⑦号摄像机。它常用于表现对话场面的开始和结束，是一种常用来交代环境和人物关系的机位，画面见图中镜头⑦。

上面我们所谈及的外反拍、内反拍可以组合成一个机位多 样的大三角形布局。在一个大三角形内，包含七个摄像机视点，除内反拍和平行位置（如 1 与 3，4 与 6）外，所有的机位均可成对组合，用以拍摄两个人物或多个人物。

当我们拍摄一个场景时，至少要从两个摄像机视点来拍，而且必须在某一视点上拍下整个场面，这样，后期编辑时就能通过对在不同视点所拍画面的组接得出整个场面的视觉印象，镜头调度的三角形设置能够比较经济实用地达到这一要求，如在电视访谈节目中，主持人与被采访者“面对面”地交谈。

处理面对面的两人谈话场面时，最简单的方法是拍一组外反拍角度画面。在外反拍三角形底边上的两个机位所拍的画面中，主持人和受访者互为前景和后景，构图比较富有纵深感，是最常用的一种方法。如果想要突出被采访者，想让他成为画面的中心和观众注目的焦点，可将一个内反拍镜头与一个外反拍镜头结合使用，从而使被采访者处于画面的显著位置，如图 2 –47。

(a) (b)

图 2 –47

从图 2 –47 中可以看到，1 号机位是一个外反拍角度，画面效果是记者为前景的过肩镜头；2 号机位是一个内反拍角度，画面单独表现了被采访者。在这两个镜头中，主持人处于相对次要的位置，接受采访的人处在比较突出的中心地位。

三、蒙太奇意识

也许你有过这样的经历，在学习电视摄像的初期，曾按照学到的摄像技术和构图原则拍摄了许多自认为很美的画面。但在编辑台上把它们剪辑成一个节目时，却又很难将这些画面组接在一起，形成一个电视节目。这是什么原因呢？这是因为你在拍摄时没有考虑节目的构成因素，把镜头“孤立”起来了，这样的镜头即使取景、构图再完美，在剪辑时仍然是“废品”。

今天我们从电视屏幕上所看到的电视节目不是一个镜头完成的，它是由许多在内容上相关，在视觉上连贯，符合日常生活逻辑和人们观察、认识事物时心理变化的镜头组接而成的。在节目的制作中，镜头的组接是按照创作思想，根据一定的剪辑规律连接在一起的。镜头的组接涉及镜头匹配问题，以及轴线规律、景别的衔接、角度的择取等多方面的因素。因此在前期拍摄时，不能只考虑单个镜头的摄取，还要考虑节目的构成，拍摄每一个镜头都应该注意承上启下、相互关联，用蒙太奇思维指导具体的拍摄。

作为一名电视摄像师，你应该掌握节目制作中的蒙太奇技巧，理解节目的整体构思，掌握镜头组接的基本规律，在拍摄中形成蒙太奇意识，并在画面的造型中体现出来，为节目的制作做好前期的服务。

四、拾取同期声意识

电视节目中的同期声是指拍摄画面过程中的人物语言、环境音响、现场音响等多种声音。由于同期声增加了电视传播的信息，增强了画面内容真实感，活跃了画面，表现了环境特点等，因此它已经是电视画面中不可缺少的重要表现元素。同期声的拾取对于摄制人员就显得更为重要。

拾取同期声的主要工具是话筒，话筒按照与摄像机连接的方式分为随机话筒和外接话筒。随机话筒安装在摄像机机头上，它非常适合于拾取现场音响。如：工地的机器声、赛场的呐喊声、孩子们嬉笑打闹声等等。对语言拾取要求较高的采访型、谈话型节目则可采用外接话筒录音。如：手持式话筒是现场主持人常采用的话筒，对于大型现场直播节目常采用无线话筒；对于有隐蔽要求的采访可采用胸针式话筒。在具体的同期声录制现场中，除了要求语言的拾取要清晰以外，还要注意：

1. 尽量使讲话的人不产生被拍摄的紧张，保持原来的自然状态

许多人在摄像机和话筒的面前都会感到紧张和不自然，这时，你应该看看他是属于哪种类型的人物，然后再决定采用什么方法进行同期声采录。对那些适应能力较强的人可以手持话筒直接采访拍摄，而对于不能适应的人，则应该尽量减少摄像机和话筒对被拍摄对象的心理压力。例如，使用长焦距镜头与超指向性话筒或用胸针式无线话筒在较远的距离上拍摄。有时甚至采用偷拍的方法。让被拍摄对象保持原来的自然状态非常重要，只有在这种自然状态下的讲话才是真正有价值的。

2. 画面拍摄要服从语言的完整性

完整性是指画面的总长度必须长于实际使用的同期声讲话的时间总长度。在现场拍摄时，摄像师应该在说话人开始讲话之前至少提前 5 秒钟开机，所录的第一句话才能完整地被记录在录像带上，当一段话讲完再停机。在拍摄时应该尽可能使用三脚架，这样能使画面质量得到保证。如果只能用肩扛拍摄时，画面景别应该以中近景为宜。

3. 画面的拍摄要考虑到同期声剪辑的需要

有些同期声语言在后期编辑时要进行删节，这时虽然声音可以做到天衣无缝，但是观众会明显地从画面上感觉到讲话被删节了。为了避免这种情况的产生，摄像师应该专门拍摄一些备用镜头用来修补删节的痕迹。比如，可多拍一些看不清讲话者口形变化的全景镜头或讲话现场一些与讲话内容有关的景物特写镜头，剪辑时把这些镜头插入在删节的衔接处，可以使观众感到同期声讲话是一气呵成的。要注意，这些备用镜头最好在拍摄同期声讲话之前或之后拍摄。

五、长镜头意识

在丰富多彩的电视屏幕上，纪实节目以其真实、生动感人的客观形象，连续完整的时空原貌，给观众以亲切、自然、身临其境之感。如《东方时空·直通现场》栏目《爱让冬天别样美》就是用纪实的手法拍摄了昆明人成群结队看望来自西伯尼亚的候鸟红嘴鸥的情景，画面展现了人与动物和睦相处的友好关系，把人与自然和谐的美展现在观众面前，鲜活的画面形象，正在进行的事实，使观众感到真实、亲切，有一种身临其境之感。

在节目中画面所展现的是真实的场景、真实的人物以及正在发生的事件，是从现实生活中提取的鲜活素材，因而它受到观众的喜爱。这种纪实摄像要求与生活同步，并完整记录生活的流程，在生活的流动中把人物的形象、声音，以及人物之间的关系和心态完整地记录下来，以“场”信息的结构形态让观众从中观察体验，获得鲜活的素材。长镜头特有的纪实本质特征，实现了这一要求，所以在现代纪实节目中得到了广泛的采用。

长镜头是现代电视纪实的一种拍摄方法，它是指在一个统一的时空里不间断地展现一个完整的动作或事件。如：1998 年抗洪“营救小江珊”的镜头画面就是采用长镜头拍摄的，惊心动魄的画面给观众强烈的震撼，让人们深切感受到生命的可贵，令人难忘。

长镜头记录的是现实生活的原形，平实质朴，让观众有一种生活的亲近和参与感，如《焦点访谈》栏目《寻找小王丽》。摄像机采用了一个长镜头捕捉到了小王丽的父亲内心慌乱、急于逃走的过程，以及继母回答问话时的一连串表情动作，活生生地表现出这一人物的个性特征，记录下一个狠心继母的形象，表现出鲜活性和戏剧性。

长镜头保持了时间和空间上的连续，在这一过程中，人物的行为、动作、交流能形成一定的环境氛围，能够展示人物的生存状态。在现代纪实中，人的生存状态、生活的环境、相互交流的心态，都是观众非常想看的，体现了现代纪实的美感。在纪录片《半个世纪的爱》中，表现一对金婚夫妇的生存状态时，选用了老人相依相伴去自己的菜地拔萝卜这一平平常常的事情，把这一过程记录得非常完整，充分显示了长镜头的优势。我们看到两位老人一前一后地走，这正是农村老夫妻外出时的一种距离感，非常富有表现力。在过沟的时候，老头停住脚步，回过头来，照料着老伴过沟。当两位老人拔完萝卜，镜头又是长时间的跟随，当他们再次过沟时，镜头再一次地记录了他们相互搀扶的动作，这种生活片段，具有丰富的细节、情感的变化和前因后果的关系，给了观众思考的时空，富有含蓄的美感。

此外在纪实节目中，同期声是一个很重要的形象元素，运用视听结合来表现人的生活条件、环境氛围、生存状态，运用声音来记录人们互相交谈和诉说心里话；回忆过去，使得电视纪实更加厚重、更加鲜活。为了保持声音的完整性，在纪实节目中也需要长镜头。如在《寻找小王丽》节目中，用长镜头捕捉继母的神态时，继母的声音也完整地被记录了下来，声画合一，充分地揭示了继母的形象和她失去人性的灵魂。

长镜头在电视节目中常用来抒发情感，尤其是在一些高潮段落和一些大的场面之后，应该有一个比较长的镜头，给所记录的事件一些情感抒发的时空，给观众一种回味的余地，达到感情上的延伸和内容上的拓展。

一个摄像师要对长镜头的这些本质特征有所掌握，在实际的拍摄中利用好长镜头，确立长镜头摄像的意识。

本章学法指导

本章从电视摄像活动中最基本的取景与构图出发，讲解了拍摄的技巧。取景包括镜头前景物的取舍以及采取何种景别、选用什么样的拍摄角度等。构图是指画面的结构布局，就是把摄像机取景范围内的各种对象进行合乎视觉逻辑的排列组合起来，使之产生视觉上的美感。两者既有联系又有区别，在摄像中共同完成电视画面的造型。

运动摄像是电视画面特有的造型表现手段。在拍摄中，当摄像机的机位、镜头光轴、镜头焦距三个因素中有一个发生改变，就称为运动摄像，其运动形式有：推、拉、摇、移、跟、升降和综合运动几种。

“镜头”——摄像机的眼睛，其光学特性由焦距、视角和相对孔径三个因素组成，它们的技术性能及其组配关系会直接影响摄像艺术可能性。在具体的操作中要掌握聚焦、光圈调节等，确保画面质量；通过使用不同焦距的镜头达到艺术表现的功能。

摄像应遵循的规律与要求是构成摄像意识的基础，镜头的调度、表现真实的长镜头和同期声的拾取等是摄像技巧，更是一种意识。

本章思考与练习题

1. 通过你所看到的最令你难忘的电视节目来说明画面的地位与作用。

2. 在实拍训练中，通过对不同对象的拍摄，找出取景构图与画面造型的关系。

3. 在摄像训练中掌握调焦的方法，写出调焦的过程。

4. 找一个拍摄对象，用固定摄像表现运动对象，再用运动摄像表现被摄对象，分析两种运动，说明各自的特点。

5. 试着运用各种运动方式拍摄一组镜头，分析每种运动的表现作用。

6. 用长焦镜头、广角镜头和普通镜头拍摄同一个场景（最好有主体），说明各种焦距镜头的透视效果。

7. 什么是轴线？何为“跳轴”？为了保持画面方向的一致性，在拍摄中要注意什么？

8. 拍摄记者采访的镜头，通过实例说明外反拍和内反拍有什么作用。

第三章 电视光线艺术

本章内容提要

◎光线的运用是一个艺术创作的过程。除了满足摄像机基本照度的需求外，光线在完成画面造型、营造视觉空间、渲染现场效果、引导受众情绪、刻画人物心理、烘托节目氛围等方面发挥着越来越重要的主导作用。你能在电视屏幕上看到的一些节目的成功，正是光线科学设计与紧密配合的精湛范本。本章主要介绍这门视觉艺术的基本特点，通过对光线特性的学习，使你在电视艺术创作上能够充分运用它。

◎和在纸上作画不同的是，光线设计是在立体空间里，具有技术性与艺术性的特征。本章将从确定光线的监视器、镜头捕捉光、光线营造空间、光线表现时间等方面探讨光线是特殊的语言艺术；从三点式布光、虚拟演播室的光线处理、三基色冷光源的光线处理、综艺节目的光线设计、电脑灯、外景光线的控制、新闻栏目光线设计等方面论述光线在电视节目中的基本运用。最后提出光线设计要与时俱进，不断创新表现形式，满足受众心理需求等内容。

第1节 特殊的语言艺术

一、光线是流动的画

电视画面和电影画面一样，都受到画面框架的制约。框架界定创作的空间，提供了无限的想象和表现的潜能，框架给人们一种独特的观察方式。

电视光线的创作也是这样，最终效果体现在“框架”里。光线是流动的画。设计者根据节目（栏目）的创作意图和对光线的认识，对光线进行调节、控制、渲染、改变、增加、营造、变形、修饰、强调，使之达到预期的效果，表达特定的含义，这就是电视光线设计，是一门特殊的语言艺术。

电视画面离不开光线。从技术角度来看，电视将拍摄对象进行光电转化，把转化的电信号发射出去，电视机收到信号后进行电光转化重现声画，其中光线起到非常重要的作用。光线满足摄像机的照度要求，提供必需的景物亮度和反差。此外，光线揭示被摄体的形状、质地，揭示被摄体与周围环境的关系，影响画面的影调和色调，表现时间、渲染气氛，引导观众注意力。

光线设计是对画面明暗、影调、色彩、光比的操作，设计者的技能来自他对光线的认识和利用。一个好的设计者在创作中必须发展自己的个性，摆脱思维定式，这样才能创作出视觉空间感，表现“流动的画”，产生出视觉的美感和韵律。

二、确定光线的监视器

光线的照射范围、大小、形状、强弱、色彩、影调、投射方向、角度、运动方向、变化节奏等元素都是重要的造型要素。这些要素的载体就是“画面”，即观众面前的视觉效果。其实，你在节目现场看到的光线效果与最终播出的光线效果是不一样的，原因有两个：

第一，你观察的视点和摄像机拍摄的视点不同。目前 EFP 工作方式在现场至少有三台摄像机（大型节目有更多游动机位），即有三个视点，而作为光线的设计者只有一双眼睛。

第二，由于人眼有亮度的适应能力。人眼中间的瞳孔可以随着外界光线的强弱而收小和张开。强光时可以收缩到2毫米，弱光时可以张开到8毫米。人眼所能感受到的最低光强与所能耐受的最高光强之间约差二百亿倍，也就是说，我们人眼对光线变化的敏感程度很低。摄像机则对细微的变化反应很敏锐。

因此，设计者对光线的控制必须以播出画面为主，对光线的设计效果是通过监视器来体现的。

在光线设计中我们可以常常利用监视器上所见的“真实”进行创作。比如揭示一个人物的外观、隐蔽外观的不足，“迷惑观众的眼睛”，伪造一个现实中不存在的效果，这些都是光线在画框中的作用。即用光线吸引人的注意力。

观众通过监视器看到了真实的现实世界，电视满足着人们的审美要求；同时，电视培养着人们对美的理解。

三、镜头捕捉光线

这里讲到的“镜头”并非是蒙太奇中的“镜头”，而是指摄像机的镜头。镜头中的一切艺术效果都是来自人眼的观察，每一个摄像师对画面的理解都不一样，镜头表现也会不一样，对光线的选择也就不相同。所以光线在参与画面创作时，应与摄像师紧密配合。

由于摄像机变焦镜头、运动摄影和多机位切换等手段为光线设计带来了新的创造空间，也带来了创作难度。光线创作是一种感情活动，需要借助镜头来表现。比如，由于演播室的灯位相对固定，是不能够运动的，而摄像机是可以运动的，这样镜头在运动中对光线进行捕捉、选择、取舍，使其影响到观众对画面的审美感受。

光线具备表现功能，设计者利用它与观众进行交流：一方面光线需要通过镜头来展示和表现，同时镜头需要光线参与画面造型。光线作用于现场，表现于现场，摄像机的作用就是对现场光线进行捕捉、提炼。因此，在节目光线设计时，与摄像师进行协调、沟通是非常重要的。

如果给了三束不同颜色的光线，你该如何进行光线设计？

摄像师拍摄歌手演唱时，你可以利用这三束光线（电脑灯投射）从上向下不断变化颜色、方向，如图3－1所示。此时，摄像师逐渐把镜头拉至全景，人物在画面中变小，你可以改变光线。刚才处在人物头上的光束消失，在人物后面隐藏的六台电脑灯打开，分别投下三束互相交错的色光，并且在空中转动。也就是说，光线的设计应该考虑到镜头变化，如图3－2。

图3－1

图3－2

再如，在拍摄歌手与观众交流的镜头时，你可以通过运用位于观众席方向投射来的两道光束，划破镜头的画面，展示光线空间，如图3－3。可见镜头与光线的关系，在整台节目中必须注意配台、协调，否则好的想法和表现形式也难以实现。

图3－3

四、光线营造空间

光线是生活中的一种物质现象，它的存在使你看清世界万物的外部形态、表面结构、距离和色彩。在构成电视画面的诸多元素中，光线是第一位的。离开光线，形象就无法在电视屏幕上显现。光线具有造型作用和艺术表现力。电视要在一个二维平面上营造三维的立体空间，是要靠光线的线条、透视、影调来获得的。

在单一的画幅中，要突现画面的空间，简单地说就是使被摄人物与背景脱离开来，避免造成人物贴在背景上。如你可以选用逆光来实现（逆光就是从人物背后逆着摄像机直射过来的光线）分割开背景与人物。在一些电视剧的拍摄中较多地选择空气透视好，由雾尘、水气来营造立体空间，如《水浒》、《三国演义》等武戏中在树林中添加烟雾，利用光线穿透烟雾产生的效果营造立体空间。

例如，图3－4中综艺节目现场，设计者在多个区域安置了电脑灯，增强了光线的空间感在画面中的表现力。这种设计可以是“随意的”、“无规律的”。一旦有非常规的效果出观，在视觉上便会给观众一种新鲜感，吻合了观众“猎奇”的心理。具体的办法就是改变灯具的角度、投射方向、色彩颜色转换，以及选用高科技灯具、有意识的穿帮、不规则设置灯具等，目的是能传递更多的信息，营造丰富多彩的视觉空间。

图 3－4

五、光线表现时间

光线可以营造空间，光线也可以表现时间。

在黑暗的空间中你分不清东南西北，在顶光下你可以知晓此时是正午时分，这便是光线的时间概念。人对光线最直接的感触来源于太阳。特定光线效果的运用，会给观众带来强烈的时间概念。

早间的光线与中午光线区别很大，光线的变化最大的感觉就是时间在变化。“光线等同于时间”，人类在长期的生活中逐渐把光线和时间联系起来，形成了一定的思维定式。这种定式为光线这一特殊的语言来表现时间得到了观众在心理上的认同：利用光线模拟的时间能够与观众所想的时间基本一致。例如，夜晚发生的剧情用偏蓝色的光线基调来模拟后，观众不会认为是白天。

但是，由于地球纬度和经度的不同，人们对光线的认识又有一些细微的差别。以下午 5 点钟为例，在北京地区接近黄昏，夕阳正红，而新疆地区是中午，光线直射。此时室外太阳照在建筑物上的阴影也不相同。所以，室外的光线经验是一种相对的经验，而不是普遍的经验，具体在哪个地区拍摄节目，都应该细致研究当地的光线特征，以免穿帮。

在我们所接触的电视剧制作中，有一些是在室内拍摄的，并且相当一部分情景如《我爱我家》、《新七十二家房客》等都用光线来模拟自然界的时间。

《新七十二家房客》剧中有表现上海弄堂傍晚的时间，是用聚光灯在“弄堂”的墙壁上分别投射一些较暗和较强的光线，通过光线的对比，观众就会联想到此时的时间，不需要用大白话告诉观众“这是发生在傍晚的一场戏”。光线设计者利用光线在“墙壁”

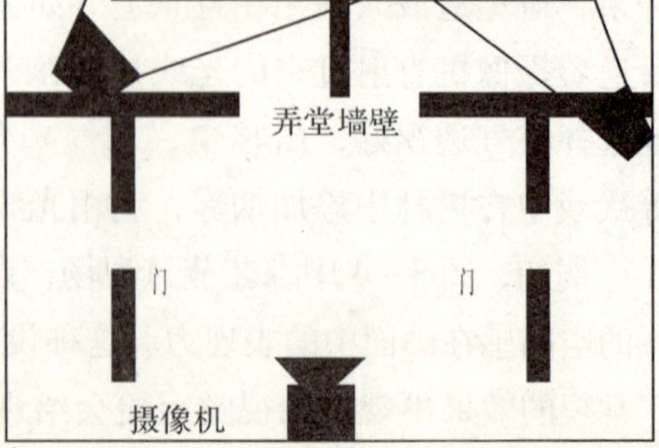

图 3－5

的投影这一细节表现时间，模拟“时间”，如图3－5。

电视光线的表现力是技术与艺术的结合。设计者要根据每个场景的不同艺术要求求得“技术”与“艺术”的适当平衡。光线是一种与观众交流的特殊语言，在画面的表达、镜头的捕捉，以及营造空间、表现时间等方面，你可以尽情地发挥，以获得完美的艺术表现。

第2节 演播室内光线处理

一、三点式布光

光，就其本质而言是一种电磁波，是宇宙中存在的一种物质运动形式。人眼能够看到的可见光仅占目前人类所认识的电磁波谱范围的一小部分。可见光波长范围约为380nm～760nm（纳米）。波长小于380nm的紫外线和波长大于760nm的红外线，人们用肉眼是无法感知的。

国际照明委员会（CIF）于1931年公布，作为三基色系统基础的三原色的单色辐射光波，其波长分别为：红色光为700 nm，绿色光为546.1 nm，蓝色光为435.8 nm。

为什么把“三点式布光”首先讲出来？因为它是布光设计的基本理念，对于每一个初学者来说就是“拐杖”。

三点式布光的“三点”是指“主光、辅助光、逆光”三种光源，是光线设计最基本的方法。我们把光线按用途又划分为主光、辅助光、轮廓光、背景光、装饰光等。

1. 主光

布光的第一步是确定被摄对象的主要光源——主光，主光又称为“塑型光”，是塑造形象的主要光线。不论照射方向如何，主光起到主导作用。主光多为直射光，又叫做硬光，有较强的亮度和明确的方向性。

主光的位置和角度的选择，决定我们所追求的艺术效果。在拍摄对象外观时，主光一般应放在摄像机的左或右的某一个顺侧光的位置上，如图 3－6 所示。主光是与摄像机在同一个方向，且正面和倾斜方向。它是造成人物光线阴影的主要“决定者”，揭示了被摄主体外部形态、表面结构和特征，并且基本上决定了曝光量。

主光的位置一般在被摄对象左或右两侧的位置上。下面是光线与摄像机在纵向水平面所形成的不同角度（如图 3－7）所产生的效果，供你在实践中使用。

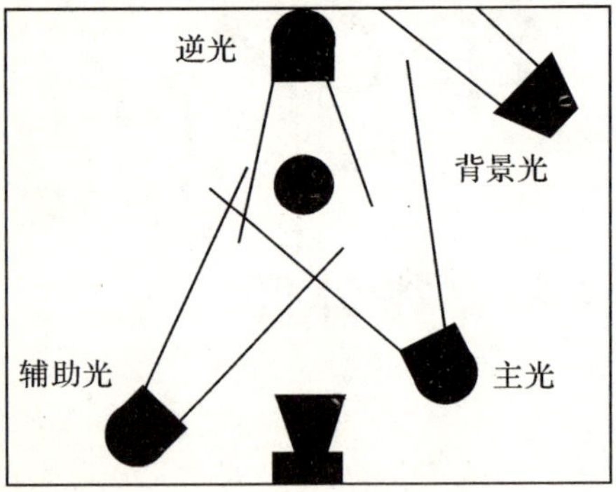

图 3－6

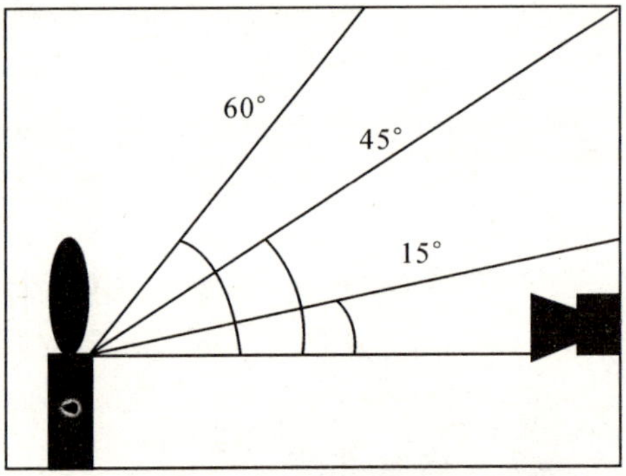

图 3－7

主光照明特点

角度	适用范围	特点	注意事项
15°	适用于脸部立体感不强，需要强调其质感的被摄主体	能够使被摄体有良好的亮暗过渡层次	防止出现“阴阳脸”明暗各半现象，主光力求突破脸部中分线，均衡两边的光线
45°	较为常用	被摄对象能表现出立体形态、面部表情、轮廓姿态等	根据剧情、人物脸形合理安排
60°	脸部偏瘦形人	可以强调人物脸部的面积，加宽人物脸形	表现立体、质感时较弱

举一个例子，如果被摄对象的脸部较瘦，我们就可以从 60°的方向投射主光，这样在画面上形成的阴影可以弥补脸部，使人看起来脸部“变”大了。

2. 辅助光

第二步就是确定辅助光，辅助光又称“副光”、“补助光”，是一种无阴影的软光、散射光，目的是提高暗部照明水平，调整画面反差，用来减弱主光所投射的生硬粗糙的阴影，帮助主光造型，减弱强光部分与阴影部分的反差比，揭示阴影的细部。

辅助光可以是一个亦可以是多个，在拍摄场景小的节目中，有一到两个即可；在拍摄场景大和人物多的场景时，通常采用多个辅助光。主光在人物脸部投射下来的生硬阴影，辅助光可以模糊光影的亮暗分界线，使人物脸部由亮到暗有比较细腻的过渡层次。

辅助光亮度不可以超过或等同于主光。

3. 轮廓光

第三步是确定轮廓光，轮廓光也叫“逆光”，是用以勾画被摄主体的外部轮廓线条的光线，是从被摄主体的背面或侧后面逆向照射的。轮廓光能强调空间深度，交代远近物体的层次，人为区分被摄体与环境的关系，形成被摄体与被摄体之间的立体感。

轮廓光能割破电视画面平面空间，在大多时候，轮廓光起到一种“修饰”作用，给观众带来视觉美感。轮廓光的亮度有时允许比主光的亮度强，控制的原则是不破坏整体用光。

光线高度控制在一定范围内，不能超过人物的肩和头，否则变成了破坏性的顶光。轮廓光的光斑应该落在人物的正后方，不能偏左或偏右，不然就会造成一边亮一边暗。

4. 背景光

背景光又称为“环境光”，是用来照明环境背景的一种光线。环境光一般由多盏散射光灯组成，用来交代时间、地点和环境，可以调整被摄主体与背景的色调对比，达到突出主体的目的。背景光在投射到背景上时要注意背景材质“反光”的问题。由于背景材质的不同，其反光性能也不一样，在选择背景材质时应尽量选择反光系数好的材质，即光线投射到背景上时要做到光线均匀、和谐，亮度保持一致。

综艺节目通常用背景光的变化来产生一种气氛，如香港凤凰卫视《杨澜工作室》节目的背景是在一个蓝色的大幕布中加入了模拟运动云彩的“云彩灯”，产生了新的视觉效果。对于各种新闻、访谈性节目，背景光则力求做到简单、干净。

5. 装饰光

装饰光又称为“修饰光”，是用来修饰被摄主体某一细部的光线，是对前面所讲光线的一种增补。装饰光是有目的的弥补，有针对性的修正，使表现的效果更趋完美。这种弥补是局部的、小范围的。饰光的运用原则是合理、准确，不破坏其他光线的照明效果，达到修饰、弥补的作用。

此外，如果从光的照射方向划分，光线又可以分为顺光、斜顺光和逆光。

光的方向是指光源位置与拍摄方向之间所形成的光线照射角度。

1. 顺光

光源处在被摄对象的前方，照射方向与摄像机镜头光轴方向一致。顺光可以使被摄对象表面均匀受光，能防止多余的或者是具有干扰性的阴影。但是，顺光照明效果均匀平淡，景物没有明显的反差，不利于表现物体的立体感和表面的质感。

2. 斜侧光

斜侧光是光源处在被摄对象的左侧或右侧，照射方向与摄像机镜头光轴方向大约成45°角。运用侧光可以得到对比强烈、景物亮度反差较大的画面效果，且光能细腻地表现出被摄对象的质感。

3. 逆光

光源处在被摄对象的后方，照射方向与摄像机镜头光轴方向相对。逆光可以突出被摄对象的轮廓线条，形成表面暗淡、轮廓明亮的高强反差画面。

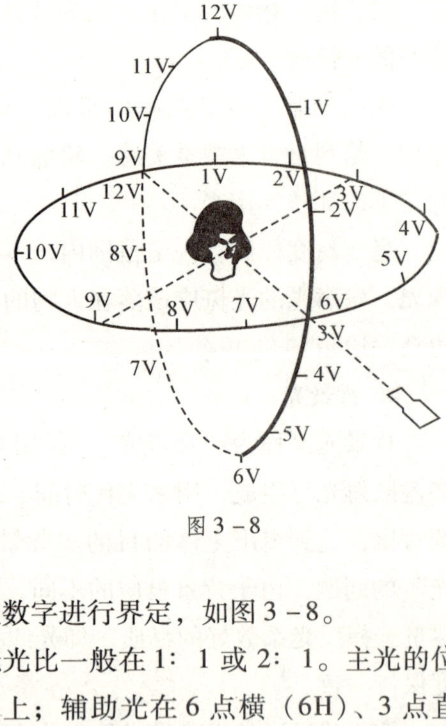

图 3－8

光线设计是在一个三度空间内调整光线的方向、确定灯具位置的。为了方便，我们可以对水平钟平面和垂直钟平面的方位数字进行界定，如图 3－8。

例如，三点式布光设计，主光与辅助光光比一般在1∶1或2∶1。主光的位置在4－5点横（4H～5H）、1点直（1V）上；辅助光在6点横（6H）、3点直（3V）上；轮廓光在11－12点横（11H～12H）、10点直（10V）上。当主光灯位升高时，人物的眼睛、鼻子、下颏都会出现一定的阴影，虽然一定程度的阴影是合适的，能增强人物的质感。如果人物面部有很多皱纹时，可以使用比较正面的主光，减弱布光明暗对比，使用比较柔和的低辅助光；当人物的面部比较宽时，在人物的一边使用较硬的主光，加强布光明暗对比；而面部较窄的人，在离脸稍近的一侧布低主光，要注意鼻子的突出程度，减弱布光明暗对比。

下面是根据具体的人物面部特征，光线调整一览表，供参照使用，使人物造型较为完美。

	头 发		眼 睛
发亮	减弱布光明暗对比，减小逆光，使这个区域变暗	深陷	降低主光，避免硬主光
发暗	加强布光明暗对比，增加头发光	鼓出	使该区变暗，突出其他特征
稀疏	使用局部柔光纸，并通过布光突出其他特征	没神	加强眼神光
秃顶	减少主光，使用局部柔光纸，使该区变暗，突出人物其他特征		
摄像机	摄像机使用低角度拍摄	摄像机	人物在拍摄时不要仰头
	鼻 子		嘴
较大	避免硬主光，主光的位置应靠近正面，降低其位置，减弱布光明暗对比，拍摄时应采用正面位置	偏大	用较正面的比较柔和的低主光，使用局部的柔光纸或柔光纱
较小	采用相反的布光方法，突出鼻子的质感，拍摄时人物略微低头	较小	使用偏斜、有质感、较硬的高主光，加强布光明暗对比
长、塌、弯曲	采用较正面的比较柔和的低主光，摄像机避免广角镜头		
	额 头		颈 部
突出	降低主光，不使用偏斜的逆光使前额区域暗一点	较粗	使用较正面的主光，避免使用偏斜的逆光加以突出，不要使用双边轮廓光
宽	使用偏斜的硬主光加强布光明暗对比		

看着这么多的“公式”或许初学者会“找不着北”。光线设计看起来很难学，其实并不尽然，照明虽说是一种很难捉摸的艺术，但还是有方法可寻的。相信你能够成功。

光线设计的学习往往遵循三种主要方法：

一是常规法，按照书本上讲到的方式把灯光安排在一定位置上，这种方法从技术上说是可以接受的，但产生的画面缺乏吸引人的魅力。

二是经验法，即在实拍中移动灯光进行反复试验，直到获得满意结果。但这种方法费时费力，需要耐心。

三是有创造性的分析法，是在真正理解了光性能的基础上，有步骤地进行照明处理，创造性地运用光来达到所要追求的效果。

光线的设计可以还原生活，也可以创造出非现实的效果，但核心是要符合大多数人的收看审美和收视习惯。

二、虚拟演播室（蓝室）的光线处理

虚拟技术在电视中的应用，极大地拓展了电视人的思维。如中央电视台《科技博览》节目大量应用了虚拟技术，它给观众带来了新的视觉冲击及全新的视觉感受。虚拟技术其实是将实拍的人物素材和通过多媒体电脑制作的虚拟景物有机地结合在一起，它与传统的抠像不同。抠像是通过滤掉被摄人物身后的蓝色背景，叠加所需要的景物、图片，这是电视新闻制作以往通用的方式。它对光线的要求是突出人物，加强逆光。前景的人物和背景不能实时地同步变化，抠像合成的图像显得不太自然。而虚拟演播室就不同了，它在计算机技术的支持下，前景的人物可以同背景保持同步的推、拉、摇、移运动。因此，虚拟演播室成为当前运用较多的一种新的抠像制作方式。当然，虚拟演播室系统“抠像”不局限于蓝色，但蓝色有几个优点：一是蓝色能更好地保护人体的皮肤颜色；其次，物体周围的蓝色弱色调不太显眼；三是演员们在蓝色环境中工作要比在绿色或红色环境中愉快。

在虚拟演播室节目制作中，光线作用是十分关键的。为了消除多余的阴影，保证色键效果，光线布置要合理调配光线，使前景与虚拟背景的照明亮度及方向匹配。主持人及真实道具在蓝室中投下的影子也要一起进入虚拟空间，如果播音员在演播室中不能投下相同的阴影长度，虚拟场景的设计就应有长的阴影。为了更好地提取阴影，光线的设置应使阴影处的蓝色电平与背景蓝幕布的蓝色电平有较大的区别。影子的方向也要和虚拟空间中的光源方向一致。在虚拟演播室中，实际光源和虚拟合成光源之间的同步变化很重要，演播室光线的控制要计算机化。

通常情况下，蓝色舞台需要被照得非常均匀。在虚拟演播室中通常用冷光源（在下一节中介绍）。如果没有冷光源，有时可以用蜡纸盖住演播室通常用的灯具来代替，以保证光线的均匀。光线越均匀，虚拟演播室“抠像”的效果就越好。

在布光时，光线应该保持足够高的角度使拍摄人物的阴影落在地面上，避免落在实际背景的墙上。因为地面上的阴影可以使观众看到比较真实的画面效果，使真实景物与虚拟地面“天衣无缝”地连接起来。

在光线设计的过程中，可以加入来自地面的辅助光线。为了更好地提取阴影，灯光的设置应使阴影处的蓝色电平与背景蓝幕布的蓝色电平有较大的区别。影子的方向也要和虚拟空间中的光源方向一致。由于地板与墙相对于光源有不同的方向，因而会有不同的光强，沿边界的部分将表现得最为明显，前景的被摄物光强和色调应与背景协调。所以，把墙与地板间设计成一个弧度，比起直角来，能减弱光线上的差异，获得更理想的效果。虚拟演播室中的影子效果一般只限于地板，但如果要求演员或真实道具的影子投射到虚拟空间的墙壁上，就要在蓝室中相应于墙壁的位置上放一个大的蓝色物体以产生这种阴影效果；如果要求影子投射到虚拟空间的不规则物体上，实际很难在蓝室中用灯光模拟出逼真的影子效果。另外，在蓝室中可以放置蓝色的物体，再用虚拟物体覆盖它们，并要做到允许虚拟物体支撑或碰撞实际的物体。

三、三基色冷光源的光线处理

在接触三基色冷光源前，我们应对光源有一些了解。光源包括人工光源和非人工光源。常见的人工光源是电光源和气体放电光源，包括高色温、高功率和低色温、低功率的灯。

人工光源的方向和光的高度、光的强度及明暗对比不受时间和环境的限制，可以按需要创造出特定的光线效果。非人工光源是太阳光，亦叫自然光，可以分为直射光和散射光两种：直射光即阳光，它的特点是光亮度强，光具有方向性和时间性，对景物会造成强烈的反差；散射光即天空光，它的特点是光亮度弱，光不具有强烈的方向性，对景物会造成小的反差。

在一些室外 MTV 音乐节目和人物专访的拍摄现场，常常利用反光板借助太阳光线进行照明。

通常所讲的“电视照明”和“电视灯光”说法的区别就在于利用不同的光源。

电视照明是使用人工光源和非人工光源；电视灯光仅指利用人工光源（电光源和气体放电光源）。

灯具主要起着对光源发出的光进行再分配的作用，按用光方式可分为聚光灯、泛光灯和效果灯等，按控制方式可分为手动灯具和机械化灯具。

聚光灯是一种硬光灯，它是对太阳光效果的模拟。这种灯具可以造成明显的阴影，它常用来做人物的主光、逆光、造型光等。泛光灯是一种软光型灯具，如同阴天时对天空的模拟，这种灯具可以减弱硬型光。

有一个定律对光线设计者来说很重要：入射光的强度随着光源本身的强度和距离而变化，即“平方反比律”，如图3－9。

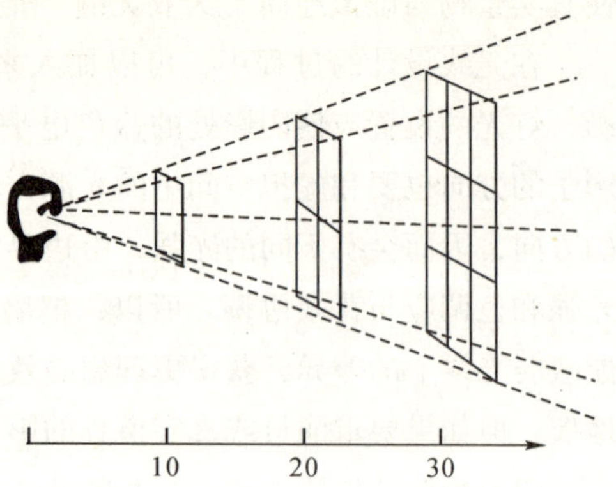

图3－9

随着距离增加，从点光源发射出来的光线就会迅速降低，分布在逐渐增大的面积上。这种亮度级的减低与距离的平方成反比，即$1/d^2$。把灯具离物体的距离（d）加大一倍，光线就会减少1/4。所以，灯具与被摄对象之间的距离是有一定限制的，发光强的灯具可以适当离人远一些，而柔光型灯具则必须在离人较近的地方。

现代新闻演播室内多数采用三基色冷光源作为主要的光源，这是一种较为理想的新闻光源。三基色冷光源的运用，打破了多年来新闻布光卤钨灯一统天下的局面。它是一种非常适合高清晰度摄像机拍摄，并能为人物形象添彩的柔光灯具，所发出的红、绿、蓝光柔和，对于人物面部的照射显得非常细腻。

与传统使用的卤钨灯相比，三基色冷光源具有以下一些特点：

1. 灯管寿命长

传统使用的卤钨灯泡，寿命只有一百小时左右，而三基色冷光源灯管点燃寿命可达一万小时以上，大大延长了使用时间。

2. 显色性好

冷光源灯的显色指数高达90以上，色温为室内使用的3200K和室外使用的5500K两种，完全符合现代电视技术的要求。

3. 节能

冷光源灯管的发光效率高，在同等照度下，用电量为卤钨灯的1/8，节约了用电费用。

4. 安全性好

三基色荧光灯的灯体温度较低，不会因灯具过热而产生火灾等问题，极大地增加了现场人员的安全感。

5. 改善工作环境

采用冷光源可以使主持人避免了红外线的灼烤，使其始终处于一种较为凉爽的环境里，从而有利于节目制作和播出。

光线设计时可通过调节冷光源的强弱或调节灯的距离来控制光比。由于三基色冷光源发光真实，容易表现出景物的不足，所以光线不宜太强，光比不宜太大。主光与辅助光光比控制在 2：1.5，人的正面光与逆光光比应为 1：1.6，人与背景光光比应为 2：1.25。主光离主持人近些，副光稍远些，逆光可采取双灯位，一个近些，一个稍远，以增加光强度来适应中国人发质硬而黑的特点。另外，在灯具上加灯光格栅，可使光源具有方向性，避免因光线刺镜头而在摄像机镜头内产生眩光的现象。

由于三基色冷光源的光线很“平”，可以增加小型聚光灯作辅助眼神光线，或者人物的逆光，增强画面的立体感。

三基色冷光源突出的一点是质感强，它发出的光非常柔和，使观众如身临其境，获得与在节目现场观看相同的效果。出镜人员在化妆时必须慎重，宜轻不宜重，宜浅不宜深，宜细不宜粗。口红不要描得太重，化妆时多用紫色、茶色和咖啡色为好。

三基色冷光源灯具对红色敏感，出镜人员穿红色服装时，要注意脸部色调。衣服的红色会增加灯光的亮度，反射到面部使脸色发红，这时可以把正面灯具抬高，减少对衣服的曝光。出镜人员不宜穿太灰、太旧的衣服，可多穿些质感强的服装。

四、综艺节目的光线设计

综艺节日的光线设计可集中展示光线魅力与综合效果，是设计者对光线认识的综合、集中、具体反映。

光线节奏变化是综艺节目常用的方式。光线的节奏是通过改变构成光线的元素形成的，即通过光斑、光束大小、颜色、投射方向、运动方向、变化快慢和频率、强弱变化、明暗变化等各个不同元素规律或不规律的改变，使观众的心理和视觉产生节奏、辅助音响等手段，构成了综艺节目强有力的光线节奏。

图 3－10

摄像机所拍摄到的光线在一个角度完成，而观众在电视机中看到的都是多角度的，这与现场多机位切换技巧分不开。光线的节奏是为节目服务的，不同的节目可以设计不同节奏的光线变化。

节目现场通常架设了吊臂摄像机、轨道摄像机、游动摄像机等机位，综艺节目因此具备了十分丰富的光线表现形式。当《同一首歌》、《幸运千万家》、《快乐大本营》等综艺节目出现时，观众被深深地吸引住了。见图3－10。

五、电脑灯

提到综艺节目，不能不提到电脑灯。电脑灯是效果灯的一种，最早出现于1985年前后。它多用金属卤化物作为光源，是集光、机、电为一体的智能化效果灯。这种灯具在设计上采用了新的数控传动、电脑编程技术和开关电源技术，由于灯体本身是一个发光的高温体，故在光学器件、电子元件、滤色片图案等元器件的设计加工方面均采取了许多高新技术。

电脑灯具有一灯多效的功能，传统的效果灯往往只肩负一种效果功能，如筒子灯：若需要四种颜色就要四组筒子灯，即使加上换色器，在操作和安装上都很费事，也增加了工作人员的劳动强度，远远不能满足电视文艺节目千变万化的需求。而电脑灯则可以创造一灯多效，既可以改变十多种至上百种色彩，又可以实现图形的变化。

电脑灯还具有强大的频闪功能。电脑灯实现了光的自由移动：传统效果灯多为固定装置，无法实现光的移动，而电脑灯射出的光柱可按事先编好的程序改变光柱位置、方向，且转动自如，可将光线打到你所需要的任意位置，并且色光均匀、持久。传统效果灯的滤色纸经长时间使用易变色、变形，且色光常出现黑芯。电脑灯的滤色片的色光均匀，色饱和度高，可以长久使用而不变色。

电脑灯的功率一般低于传统灯具，在电视综艺晚会中使用电脑灯可大大降低总功率。另外安装简单，减少了电线数量，安全性高。

电脑灯的品种繁多，从光线的投射方式上来说，可分为镜片反射式和直射式两大类。它将光源光束经过一个可自由移动、反光率极高的镜片反射出去，能形成窄角光束和界限分明的光斑。既可灯体旋转，亦可镜片旋转，还可以镜面运动加灯头旋转，能变化两百多种色彩。

另外一种电脑灯是光束由光源经反光瓦反射后直接发射出来的，如电脑追光灯、电脑换色灯、电脑束射灯、星空回转灯等。电脑追光灯比传统追光灯轻便灵活，电脑换色灯二聚光灯＋调光器＋颜色变换器＋镇流器，灯头可在二维空间运动中变换不同颜色；星空回转灯能发射出数十道光束，X轴旋转有三档速度可调；电脑束射灯能发出高强光束，分单头、三头、四头多种类型，功率从2000W

至10000W不等，多在室外综艺晚会中应用。

这些电脑灯都是传统效果灯智能化的重要表现。还有一种由电脑控制的激光表演系统。激光表演系统就是以激光为光源，通过计算机控制完成舞台的图案效果。整个激光表演系统由激光平台、控制平台、舞台灯具三部分组成。典型的激光是由激光器发出的窄小的接近平行的高强度的光束，这种光束可在空中变化十多万种颜色和十万种图案，并任意切割舞台空间，创造各种三维效果和精美图案。在2001年春节联欢晚会上，中央电视台使用的电脑灯为晚会的节目增色不少。

科技的不断发展，促进了舞台技术和设备的现代化，使电视灯光发展呈现出日新月异的面貌。如今灯光的发展已从简单照明变为艺术布光，从灯光随音符的跳跃表达，演进到灯光设计人员更深层的创作意境，电脑灯的出现使舞台的表现力度大大增强。电脑灯可称得上是“流动的景片”，它具有参与置景的功能。

舞台上景片一般是固定的，往往有不少地方表现不到，但这正是灯光便于发挥的地方。电脑灯以它的色彩、节奏、图案变化，创造出不同意境的场景，让观众产生一种“舞台是不断流动”的幻觉，而“创造流动性的舞台”也正是现代舞美的一个基本要求。

近年来，电视综艺节目的舞美设计逐渐出现了淡化实景而采用“灯景”的趋势，即用光线的变化产生出来的光线效果模拟舞台的景片，不少晚会利用电脑灯来创造气氛和渲染场面。电脑灯以它光斑可静可动，图案多姿多彩，光色绚丽独特，给人耳目一新的感觉，满足了过去文艺节目中难以做到的光色在运动中的复杂造型和色彩变化。

随着高新技术的应用，在设计上，光线设计者可以用生动的三维电脑图形来创造场景和灯光设计，可以预先在计算机上编好图案、位置、颜色等，并在使用时下载到灯光控制板上，通过逼真的渲染效果，很容易仿真场景和灯光设计，非常接近现实效果，可以在电脑上改变亮度、颜色、图案、运动、光圈、镜片、聚集、换色等参数来控制现场的效果。

人是画面的主体，节目是晚会的主体。绝不能单纯为了表现电脑光束和激光花纹而降低全场人物面光的亮度。灯光的设计应该是以晚会节目为中心，以导演阐述中提出的要求为依据，在把握节目基调的基础上，运用灯光的各种表现手法，创造出与节目的主题思想相吻合的艺术效果。

第3节

光线的应用实例

一、外景光线的控制

我们讲对外景光线的“控制”，而不说“设计”，这是因为外景光不受人为的约束，是一种变化多端的“东西”。外景为摄像机镜头提供了真实、生动、自然的空间。地球绕太阳公转和自身旋转的特性，使得外景光线变化很大。外景光线受客观条件限制，不是所有的光线都适合拍摄，来为你的创作所用。不同的光源，色温是不同的。在拍摄实践中，如果把摄像机从演播室移到室外阳光下，不加以调整而直接拍摄，那么画面将呈现出严重的彩色失真。所以，作为一名合格的摄像师，要随时注意环境光线的变化，并及时调整白平衡来适应不同光线的色温。

每天的光线都不一样，一天中随时间变化最快、光线变化最大的是在早晨日出前后和黄昏太阳落山的时刻。在拍摄这类镜头时候一定要做好准备，对同一场景的镜头最好同一时刻拍摄完，否则在后期的编辑将造成光线的“跳点”，即光线的方向不一样、反差与亮度不一样、时间不一样等。

自然光的光线随时间、方向、气候而变化，十分不稳定。在外景拍摄时，有时候需要我们等待，等待适宜的光线、气候条件出现。

人的眼睛之所以能够看见物体，是因为物体把光源给它的光经过一定吸收后又反射到人的眼睛里，任何一个被光照射的物体对人的眼睛来说是一个光源，个光源必然要波及它周围的物体。这个由物体反射光所构成的光源，称为“环境光源”。处在环境光源中的任何一个物体，即是环境光源的组成部分，其颜色又受到环境光源的影响。也就是说，它的颜色是由照射到它的光源（主要光源）和环境光源决定的。因此在室外拍摄中，一定要避开环境光源对拍摄主体的影响和干扰。如图3－11，人在绿树中运动，人穿的是白色的服装，人身上的光线除了

图 3 – 11

太阳光之外，还有来自树木反射过来的绿光。无疑，由树木反射过来的光线必定干扰我们的视觉效果，所以在拍摄时要避开树木反射光线对人服装的干扰。

外景光线要选择能再现时间概念，能表现气氛效果和空气透视的光线中拍摄。

在太阳初升和日落时，太阳的光线要透过浓厚的大气层，穿透晨雾和傍晚的灰尘照射到大地，由于空气介质的作用，到达地面的光线被大量散射，此时的光线比较柔和。一天中这段时间的照明条件不稳定，色温比较低，变化比较大，地面物体投影长，明暗对比反差强，光线偏橙红色，透视比较好。拍电视剧时常选择这个时段拍，能够用光线表现气氛和心情。太阳初升和日落时，光线的运用贵在变化、有创意。中午时刻的光线比较稳定，可以满足长时间的拍摄要求。因此这个时段也是拍戏较多的时间。

在谈到室外拍摄的时候，不能不提到“反光板”。反光板是一种不“耗电”的“灯具”，它提供、补充被摄体深暗阴影区的照明，减少明暗对比，照亮阴影。反光板可以作为主光或辅助光。实际上任何的反光材料都可以作为反光板，但反射光的色彩和性质取决于所选择的表面，像金属板、表面贴箔板、镜面塑料板等可以反射出轮廓界限分明的硬光。反光板的表面不平，它反射的光线则比较分散。用布面的反光板和白色聚苯乙烯反光板可以获得柔和的漫射光。反光板的效率和照射范围是随自身尺寸的大小而增加。在拍摄时，使用反光板可以获得灯具所不能产生的效果。

二、光线再现生活与表现生活

光线创造荧幕上的“虚拟”生活，却能够引起人们对现实生活的感慨，现实的美与虚拟的美给观赏者带来不同的感受。

人物对色彩的感受都自觉或不自觉地遵从了色彩心理的规律。光线设计者对周围的视觉世界必须耐心观察，才能用光线再现生活和表现生活。

光线是对电视节目起到画龙点睛的作用，在一些优秀的纪录片中更为多见，它体现了编导的艺术追求和对光线的审美。

纪录片要真实记录生活而不破坏生活本身，在一些现实生活场景中并非所有的条件都适合拍摄，这就需要我们充分“调度”现场的光线。

湖北电视台拍摄的纪录片《舟舟的世界》里有这样一个场景：剧团的乐手给舟舟理发，这是充分展示乐手对智障儿童舟舟的特殊关爱，此时屋内光线很暗，不利于拍摄。如果加灯光的话就破坏了现场的真实，于是编导进行现场调度，在不破坏真实的情况下，让乐手把理发的椅子搬到大门口，巧妙地借用直射到室内的阳光进行拍摄。于是在镜头中我们看到这样的一个场景：大门口，舟舟围着白色围裙安静地坐在一张很旧的木椅子上，从门口进来的阳光均匀地照射在旁边，乐手用把老式推子细心地给舟舟理发，光线表达感情，展示场景，与画面内容融为一体。这是光线的再现生活。

在该片中的另一场景里，舟舟在剧团演出，编导利用一盏聚光灯在后面作逆光，为舟舟展示个人的形体动作提供了条件。也许有人会问，为什么纪录片也要加入灯光，对于这个问题的解释是，光线可以在不破坏生活形态的基础上进行创作，是符合要求的。这就是光线的表现生活。

三、新闻栏目光线设计

新闻播音员用眼睛神态、面部表情、语态与观众交流，在画面构图中出现的是新闻播音员的上半身，因此，光线设计的重点是上半身。

现在的新闻演播室一般是两人播新闻。这种主持形式在各级电视台都非常普遍。

设计时首先要分别布光。主光从人物某一前侧大约45度角投射过去，两个主光要来自同一方向，否则会造成虚假的主光投影。而辅助光应是摄像机轴线附近。轮廓光放置于和主光基本对应的角度，用以勾画两位主持人的轮廓。背景光的位置应该是和主光放在同一侧，用来照明周围环境和背景。

以湖北电视台《新闻联播》为例，主光用440W灯，辅助光用220W，正面眼神光用192W小方灯，逆光用220W～300W灯，背景光用78W或110W。由于灯具发光面积大，但射程近，所以人的正面灯离地面2.6米，离人3米；逆光灯具离地面2.5米，离人2.8米。对于男播音员来说，相对面部较暗，所以适当增加光量；而女播音员的头发较厚，所以可以在逆光上增加光量。

由于人物的服装是经常变化的，所以无形中对光线设计增加了难度。通常有以下四种方法来对人物进行布光。如图3－12中，图1当人物的服装颜色相对人脸较深时，可以上面的一盏灯给全身光线，并用另一盏灯增加服装的光线，即加强服装的照明；图2是分别照明，这种方法较为常用，利于各种颜色的服装；图

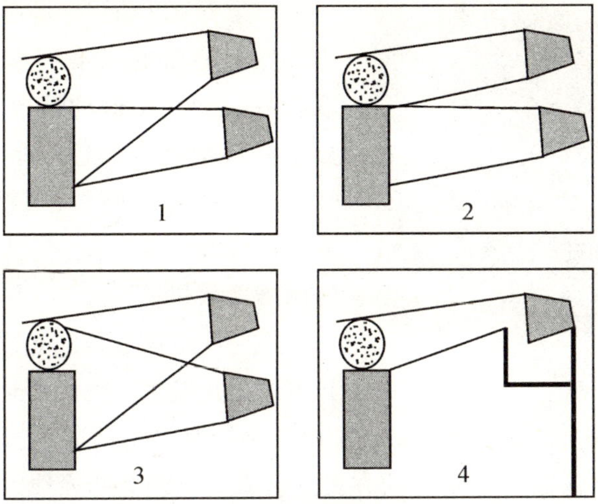

图 3－12

3 是给人物脸部和服装都给补光，增强各自的质感；图 4 是利用挡板遮住照得过亮的区域，通常服装相对人脸较亮。

第4节

光线语言与收视心理

一、新风格新形式

每个时代观众都有特定的价值观和对美的理解，也会有不同的电视收视心理，光线的设计必须突破原有的光线定式，创造新的光线反应心理。

例如湖北电视台《新闻早班车》栏目，2000 年改版后一改传统新闻的面目，从主持人的语言风格、片头、字幕的色调、音乐的风格入手，体现清新、自然、幽默，极具有人情味的风貌。这档新闻是面对普通老百姓的，反映的是现实生活中的所见所闻，老百姓认为是“自己的新闻”。

光线设计如何与栏目相配合呢?

图 3－13

如果照搬以往新闻栏目布光的定式，则必然与栏目的风格不相符，也难契合受众收视心理。在这种情况下，设计者设计出与栏目相吻合的色彩基调，如用柔光对场景进行处理，模拟早晨的阳光照射，在光线的角度控制上，不产生阴影，达到较好的屏幕效果。

在一些电视节目的光线设计上，光线设计概念正在发生悄悄的变化。以往的电视剧和文艺晚会，光线大多是普通照明，即整个场景都“亮堂堂”。这与当时人们的收视心理有关，观众认同这种照明的方式。后来文艺晚会的光线设计呈现出万紫千红、异彩纷呈的效果，效果灯的充分应用，使观众被光线变化深深吸引住了。大家对这种效果逐渐产生认同感，而对“大平光”也渐渐冷淡了。光线设计也开始多样化，例如，对每一个人物进行单独设计光线，更注重画面效果，如图 3－13。

现在电视节目光线设计可以说进入到一个成熟的阶段。新闻类节目的光线力求平实、自然；访谈类节目讲究清新，像在家里一样；综艺节目由于高科技灯具的运用，表现力更为丰富。光线的新形式、新风格，给观众以全新的视觉体验。

二、色彩元素

光线是一种自然现象，没有光线就没有色彩。人们根据自然界中的景物在其色彩显现过程中对三原色光（红光、绿光、蓝光）吸收特征的不同，把色彩分为七类：属于消色的有黑色、白色和灰色，它们的吸收特征是能等量的吸收组成白光的红、绿、蓝三原色；属于彩色的有纯色、浊色、洁色和彩灰色，它们对红、绿、蓝三原色的吸收特征均为非等量吸收，而余下的色光又根据物体的吸收特性的不同，通过反射式透射的方式形成了特定的色彩。理想的纯色不含消色成分，如黄、红、粉这类色彩。洁色是在纯色的基础上加入了白色成分，给人一种明快、洁净的感觉，如浅灰、浅绿等色彩。彩灰色是指既含白色成分，又含黑色成分的色彩，如灰蓝、黄绿等。色调是颜色的主要特征，同一色调的颜色不是指一个颜色，而是一类色彩。如深蓝、浅蓝、纯蓝显现的彩色成分都是蓝色，所以称为蓝色或蓝调。

人们的生活与大自然息息相关，各种各样的色彩不知不觉就在人的脑海中留下印象。如大海是蓝色的，葡萄是紫色的，菊花是黄色的，这种心理上的印象使人们自然的把蓝色与大海等同起来，产生一种对应情绪和色彩感情。色彩感情产生的客观原因是人对于生活实践的联想。当人接触到某种色光的刺激时，会本能地产生相应反应，形成一种色彩感情，并给心理上带来影响。

人们对颜色的感受主要可以分为两大类：即冷色和暖色。冷色，如青、蓝、绿等，冷色会使人联想到水、冰、夜色、绿荫等，冷色趋向抑制，令人感到收缩、退避、宁静和低沉；暖色，如红、橙、黄等，暖色会使人联想到炽热的金属、阳光、火焰、炎热干燥的沙漠等，暖色趋向兴奋，令人产生活跃、突出的感受。

色调不仅有冷暖之分，还有轻重之分。如白、淡青、淡绿、淡蓝等色，使人联想到白云、嫩叶、蓝天，这些色彩给人的感觉就相对较轻；而黑色、暗褐色、暗青色等，会使人联想到金属、土地、岩石等，这些色彩给人的感觉就相对较重。

色调与联想感受不仅是不可分割地联系在一起的，而且具有一定的普遍性。以下是一些画面色调与联想感受方面的例子。

红色：热情、力量、火焰、太阳、兴奋、权力、血液
橙色：温和、喜悦、丰富、明亮、热烈、轻松、自私
黄色：阳光、豪华、金子、地位、欢悦、智慧、猜疑
绿色：春天、宁静、新鲜、生机、安全、神秘、阴惨
青色：海洋、广漠、冷淡、沉着、内向、消极、寒冷
蓝色：优雅、天空、无垠、冥想、深刻、冷漠、安详
紫色：高贵、庄严、神秘、奢华、不安、欲望、成熟
黑色：死亡、阴郁、恐怖、绝望、诡秘、沉默、罪恶
白色：雪、和平、高尚、明快、神圣、纯洁、寒冷
灰色：温和、平凡、朦胧、衰老、暮色、忏悔、忧虑

上面给出的例子，在表现上只是一种潜在的可能，不可以把它看作是一种公式。因为观众对色彩的感受是具体的，是与整个画面的其他元素融合在一起的，不能孤立地谈论色调。再者，有些联想属于世界性的，而一些联想只属于部分国家、民族或地区的人。

在生活中，你或许有这样一种感觉，在观看暖色和冷色时，暖色明显的向前移动，冷色则显得往后退，所有的色彩根据它们所出现的背景，似乎都有它们的相对距离，这种“彩色立体感”能够帮助你去创造一种立体和距离的错觉。

眼睛察辨色彩细节的能力是有限的，眼睛的视觉敏锐度随着色调而有所变化，对橙色和青色的敏锐度比绿色和品红色的敏锐度大。

在以白色为背景的一系列色彩，按下列顺序造成一种空间的错觉：蓝绿（看起来最近）—蓝—紫—红—黄—黄绿（看起来最远）。

在以黑色为背景的场合，色彩产生的相对距离感则有所区别，红色看上去最近，其他颜色则依次向后远离：橙—黄—绿—蓝绿—蓝—紫。

有些色彩比其他色彩具有更大的吸引力。饱和的颜色比色彩饱和度减少的颜色更容易吸引注意。如五星红旗在画面中出现，观众一眼就能看到，并且强烈地吸引我们的注意力。

电视是一门用二维图像来表现三维空间的艺术，只有重视空间造型，才能极大地丰富画面的表现力。用光线描绘塑造镜头前的形象，作为学生，你应该“墨守成规”，但作为光线创作者，你却不能拘泥于主光、逆光、辅助光位置的公式化概念，不能“经验主义”。光线设计是一种艺术创造，是创作者内心活动的轨迹。这里所说的“光线设计方法”是我们学习设计知识的基本原则，但同时也会成为我们在创作上的“阻力”。习惯性的和经验性的意识可能在一定时期管用，但不变的光线设计模式会让观众产生“疲劳”。你应记住电视光线设计是一种创新的、突破的艺术。

三、光线与收视心理

人们对光线理解实际上就是对光线的感触，就是一种心理认知活动。而且这种感触、认知是随着时代的变迁而变化的。但是，又是相对稳定的，有规律可遵循的。这样，对光线的控制一方面是有规律的，另一方面是由设计者能动创造的。而个性化的创造，又是千变万化的，也可以说是没有规律的。所以，理论与实践、继承与创造是相互融合，又是相互联系的。

人对光线的认识在一定的时期基本保持着某些稳定的因素。认识会随着社会的发展而具有时代的、民族的、区域的特点。不同时代、民族、区域的人对光线的理解、认识有所不同。作为个体来讲，又有自己的主观爱好和趣味，而其学识、生活经历、环境、年龄、工作、受教育程度等等都会影响到他的认识。随着人类社会的不断进步，人们对光线的感触会不同，也会探索、创造出更多的艺术形态、艺术魅力。

就像世界上没有一棵丑陋的花朵一样，世界也没有一种丑陋、难看的光线，美与丑的认同是建立在个体或群体的认识习惯和具体的场景中。环境、场景的具体情节会影响、左右人的认识。

另外，人类在进化过程中所处的地理位置不同，对同一个色彩、光线的理解也会不同。因此，人对光线的认识有可能是片面的，实际上就是心理和生理作用的结果。光线不仅能给人带来特殊的愉悦心情，也会带来悲伤、痛苦、恐怖的心理感觉。

光线的设计者必须认识了解色彩、光线的这一规律，从中感悟光线及色彩形成的根源、变化规律，以及对人的生理及心理产生的影响，从而利用技术手段去自觉地制造某种“影响”，以便在视觉艺术创造中充分发挥色彩的表现力。

电视光线的设计，必须对现实生活的光线素材进行提炼、组织和加工，创造出与节目贴切、比现实生活更完美的艺术表现，绝不能“生搬硬套”现实中的光线作为你的光线设计依据。

光线设计要从表现具体的时代特征、生活气息和人物个性出发，要力求贴切、合理，并具有创造力，而不是机械的模仿；只有从光线的基本规律和基本方法上吸收有益的东西，理解你的设计对象，并不断地从实践中积累丰富的经验，才能逐步成为一名称职的光线设计者。

本章学法指导

短短的一章内容并不能把光线设计全部包括进来，但是要让学生认识到光线设计是技术与艺术的结合，学习过硬的技术和光线设计原理后才会游刃有余。

从“三点式布光”、“虚拟演播室的光线处理”、“综艺节目的光线设计”、“电脑灯”、“外景光线的控制”、“新闻栏目光线设计”等方面来介绍光线设计，希望学生们能在实际应用中做到学以致用。光线设计的灵魂在于创新，照本宣科是大忌，这里提供的仅仅是一种方法，真正的设计是在实践中。

本章“三点式布光”是学习光线设计的基础，对它的理解可以通过由学生具体实践来加深理解。

“外景光线的控制”这一节要注重学习与实践，可以针对学生所在地的光线特征进行课外练习。

光线设计离不开观察，离不开生活，要让学生逐渐学会观察生活场景的光线变化，“光线表现时间”就是这个道理。

光线设计贵在实践，贵在动手，贵在实践中总结经验。对于初学者一定要强调自己动手，加深对光线的控制能力。

高超的电视光线设计者是建立在对光线技术和艺术充分理解的基础上的，随着电视科技的飞速发展，像电脑灯、三基色冷光源、虚拟演播室（蓝室）的出现，对光线设计者提出了更高的要求。

电视栏目的变化对光线设计提出了更高的要求，现代电视技术为光线设计提供了创作的平台，所以你作为一个电视人一定要认真学习光线设计，利用这支神奇的“笔”从容地驾驭电视画面，完成自己的艺术追求。

本章思考与练习题

1. 谈谈主光、辅助光、逆光的定义和作用。

2. 观察屏幕光线与生活中自然光线的不同，分析两者具有哪些不同的特点。试着在演播室内做一个表现晨光的小品。

3. 结合你所在地区四季光线变化的特点，描述一下当地的光线季节的特征，把它记下来，作为你设计外景光的资料。

4. 如果让你来负责一台晚会的光线设计，你准备选用什么样的灯具，运用哪些光线表现方式吸引观众？

第四章

画面编辑

本章内容提要

◎镜头是构成电视节目的最小单元，视觉语言——蒙太奇是镜头组接的基本法则。

◎叙事与表现的编辑是两种基本的叙述形式：叙事的编辑是对客观事实的叙述；表现的编辑则在于编导的情感抒发。前者注重“写实”，后者重在“写意”。

◎编辑台上的工作有两个：一是要了解编辑的作用，二是要掌握编辑的方法。

◎现场制作与即刻编辑是现代电视节目常用的手法，它是最具有电视特点的制作方式。

第1节

视觉语言——蒙太奇

一、镜头与蒙太奇

镜头是电视节目最小的基本单元，是活动在电视屏幕上的声像结构，是电视节目制作的原创素材。当把镜头与镜头组接在一起形成一个蒙太奇句子时，镜头则可以用来进行叙事和表意，对现实作客观的叙述。

1. 镜头的特性

作为视觉语言基本元素的镜头有这样三个特性：

（1）记录性

摄像机拍摄到的画面是对现实存在对象的记录，记录真实时空中具体对象的存在方式（如：形状、颜色、状态）和运动方式（如：直线运动、曲线运动、快速运动、慢速运动等），以及对象与环境的关系，对象与对象之间的关系。由于镜头记录的对象是一个非常具体的形象，再现时观众看了便一目了然，确信屏幕上再现的一切是客观存在的现实。

（2）不确定性

镜头再现对象的含义具有不确定性，可以作多种解释。比如，一对男女在公园的长凳上并排而坐窃窃私语，你可以理解为一对情侣在喁喁情话，也可以理解为一对拐卖儿童的人贩子在密谋行骗的计划，还可以理解成其他的关系。由此可见，镜头只能用于展现、再现，而不能作其他确定性的解释，更无法进行论证。镜头具有不确定性和多义性。也正是由于镜头的这种不确定性，才为镜头组接后产生全新意义提供了可能。

现在有些影视作品中也有用一个连续不断的长镜头表现一个完整叙事的段落，表达相对完整意义的做法。然而，这个镜头只是物质形态上的一个镜头，而从视觉语言的叙事角度上来看，镜头通过对场面的调度已经在镜头内部作了蒙太奇处理，又称为镜头内部的蒙太奇。

（3）选择性

镜头的选择性包括两个方面：一是镜头前的对象选择。电视节目中镜头所表现的对象是预先被选择和处理过的，人和物都是经过导演精心计划和选择的。这种选择在电视新闻节目中也是客观存在的，如（拍摄）新闻现场中“那一个人物”或“那一群人物”都是经过摄像师选择了的，此外，在拍摄角度、方向、景别、运动上也是可选择的，也包含了主观因素。在艺术类节目的电视画面中就更显突出。二是镜头素材在编辑时可进行的选择，在编辑过程中，可以通过整理镜头和组接镜头形成蒙太奇句子，用来叙事和表意。选择，是为了表达节目的主题思想，也是为了叙述上的自然和流畅。

2. 蒙太奇

视觉语言之所以能通过画面说话，影视能成为讲述故事的叙事艺术，是因为它们具有一种最基本的视觉语言——蒙太奇。按照一定的视觉语言对镜头进行组接的工作称为剪辑或称画画编辑（简称编辑）。

（1）蒙太奇的含义

蒙太奇原是法文建筑学上的一个术语，意思是装配建筑与构成。影视艺术借用这个词则指画面的分解、组接与构成。如电视节目在采访报道时是把人物的动作、事件的发展分解成若干个镜头拍摄，然后再分别将这些镜头重新组接构成一个完整的电视节目。

就编辑而言，蒙太奇就是根据节目的主题思想、情节以及观众的关注点，把一个个分别拍摄到的镜头与声音有机地、合乎逻辑地组接、编辑在一起，使之产生连贯、对比、联想、衬托、悬念，并富有节奏，最终形成能表达一定思想内容，反映现实生活，并能被广大观众理解的电视节目。例如，每天晚上19点中央电视台《新闻联播》前播放的《国歌》电视片，全片长47秒钟，共用了16个镜头，向我们展现了伟大祖国壮丽的山河、悠久的文化，不愿做奴隶的中国人在共产党领导下把国家建设成为一个繁荣富强的社会主义新中国的含义，国歌声中飘扬的五星红旗象征着祖国的强大和神圣。该片通过镜头与镜头的组接形成了《国歌》的视觉语言，赋予国歌新的内涵。这就是蒙太奇的意义所在。

蒙太奇不是想象出来的，而是以现实生活为依据的，它是人的视听感受在电视中的具体化，是对素材进行选择、提炼、概括、集中、加工，使之典型化，成为富有美感的艺术表现形式的过程。

（2）蒙太奇的基本原理

不知道蒙太奇概念的观众也能看懂电影电视，究其原因是蒙太奇符合人们在日常生活中观察和理解事物的习惯。首先它符合于人们视觉感受的规律。人们都有这样的体验：我们在观看周围事物时，目光不会固定在某一点上，而是根据视觉感受和心理变化的需要运动于“远景”、“中景”、“近景”之间。在观看时往往又不是以同一速度进行的。当你心境处于平静安详的时候，视觉运动缓慢而悠闲；当你内心激动或受到刺激时，视觉运动的速度就会大大加快。影视画面调度和画面转换的节奏正是基于人们这种视觉感受的基本规律而进行的。电影理论家格林伦在他的《论电影艺术》中也曾说道：“蒙太奇作为一种表现周围客观世界的方法，它的基本心理学基础是：蒙太奇重现了我们在环境中随着注意力的转移而依次接触现象的过程。”

其次，蒙太奇符合人们思维活动中联想的习惯。人的意识活动，除了观察和理解的一般过程外，还有联想、想象和幻觉等。通过各种镜头的组接，同样可以在电视节目中给观众以想象。蒙太奇技巧正是遵循了这一思维的规律，因而观众才能像在生活中认识客观世界那样，清晰、流畅地看懂电视。

第三，蒙太奇符合艺术对生活进行反映的要求。电视要对生活作艺术的反映，就须进行必要的选择和提炼，电视没有必要对现实作如实记录，相反通过强调和省略，才能达到高度概括。电视节目中删除一些次要的东西，目的是要把观众的注意力引向更重要的细节。所以“蒙太奇的重要意义就在于去粗取精的可能性”。

学习、掌握蒙太奇是电视节目编辑工作的需要，也是构成节目的方法、技巧与结构，它指导着你的编辑思维。

二、镜头组接的规律

镜头组接是以节目的叙事清楚、完整、连贯为基础的，在一次具体编辑中，除了要熟练掌握编辑技术外，更重要的是要将一些编辑的规律、蒙太奇技巧贯穿于编辑过程中。

例如在优秀纪录片《舟舟的世界》中，舟舟在乐团排练场指挥交响乐队演奏《卡门》的情节，就用了一组镜头来描述舟舟指挥的动作。

画面内容	景别	角度	技巧	音乐
舟舟指挥乐队	中景	正面平角	固定镜头	《卡门》
舟舟指挥乐队	中景	前斜侧，略仰角	固定镜头	《卡门》
舟舟指挥演奏	全景→中景	前斜侧，平角	推镜头	《卡门》
小提琴演奏员 整个乐队	近景→全景	俯角 前斜侧平角	拉摇综合运动	《卡门》
舟舟指挥乐队	中景	前斜侧，略仰角	固定镜头	《卡门》
舟舟指挥乐队	近景	正面平角	固定镜头	《卡门》

这组镜头组接得连贯、流畅，观众看到的是音乐声中舟舟表现出的令人惊奇的指挥“才能”和他指挥时的神情，你几乎察觉不到编辑的痕迹。在这一组镜头中，有景别、运动、方向、色彩、声音和节奏这样几个因素影响着镜头的组接，因此在编辑时必须要综合考虑。

1. 景别的安排

一个叙述段落中如何安排不同的景别，在画面编辑时并没有一个模式化规则。对于一个有经验的编辑来说，他往往能够巧妙地运用景别的变换来达到不同的叙述和审美效果。一般来说，在编辑时考虑景别变化的依据主要是叙述清晰、视觉流畅和与情绪气氛吻合。

在一个叙述段落中，为了达到清晰有层次地向观众展现事件和动作的过程，常常采用多个不同景别的镜头来描述。由于不同的景别有不同的表现力和描述重点，因此它们在叙述时的功用也不相同。

（1）远景

画面视野宽阔、深远，主要表现气势、气氛。如地理环境、自然风景、战争场面、群众集会、田园风光等。在远景中人物往往很小，人物动作在画面中无法具体表现，只能表现出人物的某种动势。因此远景在电视节目中常用来作为开篇或结尾画面，或作为过渡镜头，也常用来抒发情感。如纪录片《龙脊》就是以远景开篇，向观众交代龙脊村寨所处的地理环境。

（2）全景

全景是一种最基本的介绍性景别。一个事件场景中的所有元素都包含在全景中，它在一个叙事段落中是不可少的。常用来介绍事件发展的空间范围，以及物与物、人与物之间的关系，所以又被称为“定位镜头”。在剪辑时，全景往往是场景中光线、色调、影调、人物的方向及位置的总体基调。后面连接的画面都要注意在各种元素上与之相符合，以保证视觉的流畅和环境空间的真实。

（3）中景

由于电视屏幕大小的限制，中景在电视中运用最适合，观众在中景画面上能看清人物的形体动作、情绪交流和人物之间的关系，有种满足感。中景在表现两个人物时，能让观众清楚地看到他们面对面说话并由此形成的关系或人物具体的动作。如纪录片《舟舟的世界》中，舟舟在话剧院学朗诵时就采用了几个中景镜头，来表现舟舟的动作以及舟舟与老师之间的关系，因此在电视片中经常使用这种景别的镜头来叙述情节。在编辑时，可以在一个远景（全景）交代活动环境后接一个中景展开叙述，也可以在一个特写之后接回到中景，以便把人物的位置看清或重新确认。

（4）近景

近景是一种表现人物表情或物体表面特征的景别。由于近景能逼近对象作仔细观察，人物在画面中呈现较大范围，背景退居次要位置，视觉感较强，它常常用来展示人物心理活动和面部细微的表情。近景景别与人们生活中人物交谈时的视距是相同的，这一景别极容易与观众产生交流感，因此在语言类节目或是对话的段落中是最常用的景别。如新闻节目中播音员以及谈话节目中的主持人都使用这一景别，它也是在各种电视节目中使用最多的景别。

（5）特写

把人或物从环境中完全脱离出来，让观众更集中、更强烈地去感受人物的面部表情和内心活动，突出特定的人物情绪，细腻刻画人物的性格。人物面部的每一个微小的动作均能把心灵的信息传递给观众。特写用在一个电视节目或一个段落的开始时，具有强调的作用或产生某种悬念，把观众的注意力一开始就吸引住了。如纪录片《舟舟的世界》就是以特写开篇的，连续的几个特写镜头的组接在音乐的伴随下给观众一种震撼。由于特写画面没有背景，所以它常用于两个镜头间的过渡和场面的转换。

合理安排景别可以获得视觉上的流畅，满足观众在观看时视觉心理变化的需求。

在一个叙事段落中，景别变化的安排应与人们在日常生活中观察、理解事物时视觉变化的规律基本吻合。在现实生活中，我们观看事物时常常不是把目光盯在某一个点上固定不动，而是根据视觉感受和心理变化规律，目光会在“全景”、“中景”和“近景”甚至“特写”之间改变。因此在叙事的编辑中，要合理地将不同景别镜头组接在一起，给观众平稳流畅的视觉感受。一般应避免相同景别镜头组接在一起，产生“跳”的感觉；两个镜头相组接，景别变化也不宜太大，而应该用一种渐变的景别组接较适宜。

当然，为了营造某种特定的情绪气氛和达到某种表现目的，也可采用非常规的景别组接。在编辑节目时，情绪的处理主要有两种方法：一是同景别的镜头反复组接起来造成一种积累的效果。二是两极镜头组接，即远景组接近景甚至是特写，用来造成一种强烈的对比和视觉上的震惊效果，引起观众的心理震撼。越是激烈、动荡、活泼的情绪气氛，越要加大视觉感受的强度。比如，在中华人民共和国五十周年庆典直播节目中，在表现分列式时，镜头就是在全景（表现方队队形）和特写（表现战士坚强有力的脚步）之间来回切换。

在编辑中，每种景别的镜头应该留出的长度与节目的内容、叙述的方法、表现的手段和节目的节奏有关。当然不同的景别由于画面内的信息含量不同，因此也有一个大致的时间长度。理论上，远景长度一般不超过 8 秒，全景不超过 6 秒，中景在 5 秒左右，近景在 3 秒左右，特写可在 2 秒之内。对于运动镜头来说，应该遵循运动镜头的一般规律，起幅、落幅要留 1 ~ 3 秒，而起幅、落幅中间运动部分的长度可根据表达的需要和节奏的把握灵活确定，一般来说不宜过长。

景别的变化在编辑中是非常重要的，它不仅是为了使观众视觉流畅，同时也是节目形成结构的一个重要方面。若处理不好，就会使整个节目结构和叙述逻辑混乱，观众就会看不懂。因此，景别的变化对于一个节目的形成是至关重要的。

2. 运动的组接

电视屏幕上运动的形态有两种：一是镜头外部的运动，即摄像机的运动；二是镜头内部的运动，即镜头中被表现对象的运动，通常称为动作。由这两种运动又衍生出两种组接：镜头之间的组接和动作的组接。目前，国内电视界一个通常的说法是，镜头组接的基本原则是“动接动”、“静接静”。那么何为“动接动”？何为“静接静”呢？

“动接动”是指将视觉上有着明显动态的两个镜头进行组接。“静接静”是指将视觉上没有明显动感的两个镜头组接。随着编辑的不断发展，现在也常采用“动接静”或者“静接动”来产生节奏上的变化，以独特的视觉表达来满足观众变化的观赏需求。

（1）镜头之间的组接

在电视节目中所有的镜头都可以被分为两大类：一类是固定镜头，一类是运动镜头。

①固定镜头之间的组接

固定镜头与固定镜头之间的组接应设法寻找某种一致性。如内容的相关性、画面造型的相似性、方向的一致性、速度相近性等。在纪录片《舟舟的世界》中，开篇就采用了一组内容相关、造型相似的特写镜头进行组接。在这组固定镜头中，画面上的对象都是相对静止的，组接它们时又将每个镜头的长度控制得基本相同，赋予固定画面以动感，产生明显的节奏效果和韵律。

对于表现运动对象的固定镜头，组接时，应寻找到动作最精彩的瞬间或选择一个完整的动作过程之后再相接。纪录片《舟舟的世界》中，舟舟指挥的片段曾多次出现，每次的镜头组接又各不相同，但给观众带来的视觉美感又是一致的。

②运动镜头之间的组接

把一组主体对象不同，运动速度相近，运动形式相同或不同的镜头相接时，可除掉镜头组接处的起幅和落幅。在运动中来组接镜头，这种组接方法称为“动接动”。例如，大型现场直播节目《北京2008奥运会开幕式》中采用航拍行进中的焰火“大脚印”和奥运场馆就是在运动中进行“动接动”的组接。这种镜头组接的方法要求在运动中切换，只保留第一个运动镜头的起幅和最后一个运动镜头的落幅。

此外，要注意尽量选择运动速度相近的镜头进行组接，以保持运动节奏的和谐一致，使这一段落自然流畅。其中：

A. 主体不同，运动形式相同的镜头相连时，应视具体情况决定镜头相接处的起落幅的取舍。

B. 当运动方向一致的镜头相接时，应去除镜头相接处的起落幅。比如，在表现山水风光时连续的摇镜头好似铺展开了一幅水墨长卷，在表现精致的艺术品时，连续地推进留给人层层深入、仔细揣摩之感。再如，在表现优美的校园环境时，一次次地拉出形成步步展示的效果，使观众从局部看到全局，从细部看到整体。

C. 运动方向相反的镜头组接，应短暂地保留镜头组接处的起幅和落幅，使观众有一个适应的过程，这就是所谓运动镜头中的“静接静”的方法。如：从市政府办公大楼近景拉出，到有高楼林立的街道远景的落幅，镜头接到以另一个街道远景为起幅，推进到市政府大会堂的镜头。这两个方向相反的运动镜头相接处，都应保留有短暂的落幅和起幅。

（2）固定镜头与运动镜头的组接

表现静态对象时，固定镜头与运动镜头相连，应使镜头相接处的起幅和落幅保持短暂的停留。纪录片《藏北人家》中开始的几个镜头的组接就是摇镜头组接固定镜头，固定镜头组接摇镜头。这段镜头所表现的是藏北的自然环境，画面中的景物是相对静止的，摇镜头与固定镜头组接时，摇镜头的落幅就保持了短暂的停留。几个镜头组接产生的节奏与画面表现的环境浑然一体。

表现呼应关系时，如果是固定镜头与运动镜头相连，应视情况决定镜头相接处起落幅的取舍。比如，用固定镜头表现一个人坐在火车上凭窗远眺，然后，接金黄色的田野麦浪滚滚的移动镜头，采用"静接动"进行组接，镜头组接连贯自然，这两个镜头组接时，就不需要保留移动镜头的起幅。再比如，用一个固定镜头拍摄一个人回乡探亲，从长途汽车上兴奋地下来，后面接他眼中所看到的家乡面貌发生了巨大变化的摇镜头。这两个镜头衔接时，摇镜头的起幅就应保持短暂的停留，即"静接静"的组接。通过上述两个实例，我们发现，表现呼应关系时，相互衔接的两个镜头中，运动镜头是移动、升降、甩、跟等运动形式，固定镜头与运动镜头相接处的起幅和落幅往往被去掉。如果相互衔接的两个镜头中，所拍摄的运动镜头是推、拉、摇等形式时，固定镜头与运动镜头相接处的起幅和落幅就保留着。

（3）动作的衔接

电影电视最大的特点就在于它能连续地表现人物的动作，但又不是对现实动作的一种简单的复制，而采用了一些编辑技巧，将动作最精彩最有力的瞬间表现出来。常用的方法有：

①消失法

所谓消失法是指被表现的运动对象从画面上消失的瞬间构成动作转换的契机点。当表现对象被遮挡，在画面上消失，观众的观看兴趣点也随之消失，此时转换镜头，恰恰顺应了观众的心理需求。例如纪录片《舟舟的世界》中，舟舟在一个专卖店门前模仿模特表演时，有一个转身的动作就是利用镜头里一个观看人挡住镜头的瞬间转换镜头，接转身动作的另一过程。

②镜头的切换与动作转换的连贯

镜头的切换与动作转换一致，是把编辑点选择在画面上表现对象的动作发生转换的瞬间，如纪录片《舟舟的世界》中，舟舟在专卖店门前模仿模特表演时，全景中舟舟动作转身时镜头切换到中景中舟舟继续转身的动作，使观众不容易觉察到镜头转换的存在，只感觉到画面上舟舟在连续地做动作。

③场景中呼应关系的镜头可直接相接

同一场景的镜头可以直接相接，因同一场景中人物与人物、人物与环境之间存在着相互依存、相互呼应、相互作用的关系，所以镜头可以直接相接。就仿佛观众置身在同一环境中，眼睛时而看这儿，时而看那儿，时而看人，时而看物。例如纪录片《舟舟的世界》中舟舟在京剧团化妆室的段落，就是将舟舟一边化妆一边与其他化妆演员交谈的几个镜头直接组接在一起，给人自然流畅的感觉。

④画面上运动主体的动静转换

两个固定镜头中主体运动状态不同，如上一个镜头中主体是运动的，后一个镜头中主体是静止的，根据静接静的原则，这时的剪接点应选择在上一个镜头主体由动变静的那一瞬间来转换到下一个主体静止的镜头。如果两个固定镜头中前一个镜头里主体是静止的，后一个镜头里主体是运动的，根据“动接动”的原则，两镜头的转换应放在前一个镜头中主体由静转动的那个瞬间，再接后一个主体运动的镜头。例如，前一个镜头拍摄的是一辆红色的小轿车停在马路边，一个人坐进去开始发动汽车，汽车一旦启动并要向前开动，镜头迅速接到下一个画面，红色的小轿车快速行驶在高速公路上。

三、一致性原则

由于电视画面是由四条边框组成的，在画面中就存在着一种设定的方向，这样一来画面中主体的运动、人物的视线和交流就具有方向性。画面的方向性关系到镜头组接的连贯，也影响着观众的视觉心理。因此，在画面的编辑中必须保持两个镜头设定方向的一致性。

1. 画面中主体运动方向的一致性

我们先来回忆轴线与画面方向的关系，如图 4－1。

1 号、2 号摄像机因保持在轴线（轴线概念参见第二章第五节）道路的同一侧，所以，1 号镜头和 2 号镜头内汽车运动方向保持一致，3 号摄像机在轴线（道路）的另一侧拍到的 3 号镜头中汽车运动方向看上去与 1 号镜头中的汽车运动方向相反。这一现象表明画面中运动方向的不一致是因为“跳轴”而导致的。

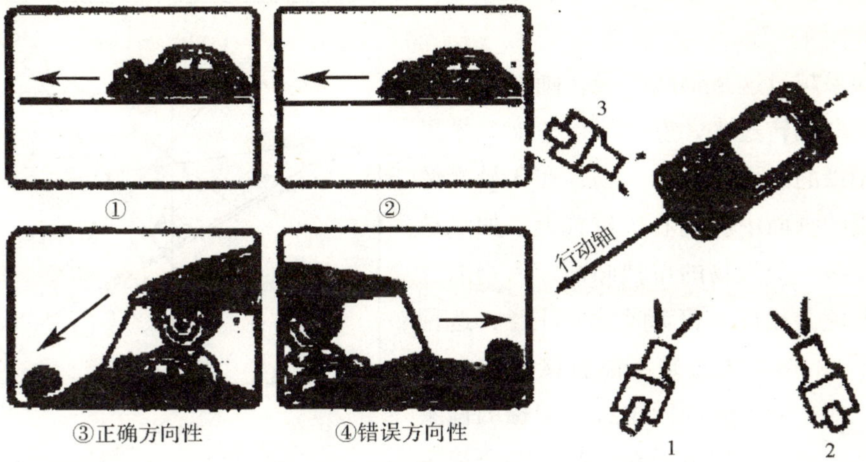

图 4－1

为了保持画面方向一致性，应使摄像机保持在轴线的同一侧拍摄。剪辑时更要注意，不要因为考虑其他的因素而使组接的两个镜头在“画框”屏幕上出现同一主体运动方向相反的情况。当手头只有“跳轴”拍摄的镜头素材时，应想办法校正“跳轴”带来的画面内主体运动方向的不一致。编辑时常用下面几种方法：

（1）插入中性运动镜头

在两个相反方向运动的镜头中间，插入一个有纵深感运动的镜头（即中性运动镜头）。中性运动镜头没有明显的方向性，可减弱相反运动的冲突感。

（2）借助人物的视线

比如在车上看外面的景物从左至右划过画面，插入坐车人转头从左往右看的镜头，随人物视线变成景物从右至左划过画面的镜头。以人物视线为契机，使相反运动有了逻辑联系。

（3）特写镜头插入

在两个相反运动方向的镜头中间，插入一个局部的特写来暂时分散人的注意，减弱相反运动的冲突感，这是一种常用的办法。

（4）插入内容相关的镜头

根据情节的发展采用平行交叉剪接的手法，将内容相关的镜头插入两个方向相反的运动对象的镜头之间。

2. 编辑中人物关系的一致性

在有着某种关系的两个人物的画面中，虽然没有运动轴线，却也存在着一条贯穿于两人物之间的轴线，称为关系轴线，如图4－2。

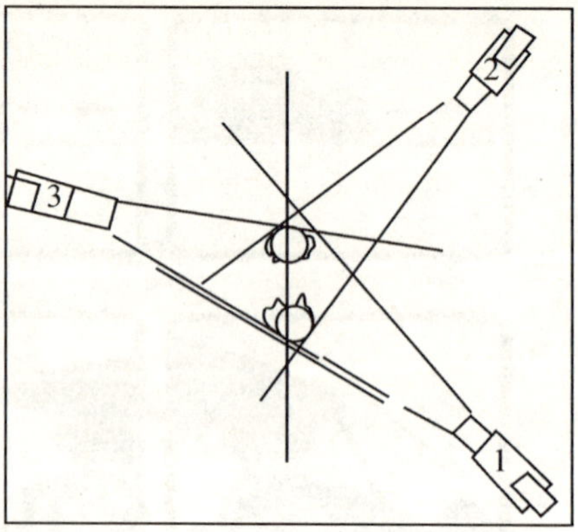

图4－2

如果越过这条轴线拍摄，画面中人物位置就会调转过来，发生换位，如2号摄像机拍摄的画面左边的人物，在3号摄像机拍摄的画面中就到右边位置上。如果越轴来拍摄一个人物的单独画面，人物的注视方向就会相反。剪辑时就要注意，这种“跳轴”的两个镜头是不能直接组接在一起的，应把同一侧不同位置上拍摄的镜头组接在一起，保持剪辑在一起的两个镜头人物的位置一致。在图4－2中，2号镜头与3号镜头不能直接相接，为了把2号镜头和3号镜头组接在一起，可以在两个镜头之间插入与两个镜头内容有关系的相关镜头。如图4－3，在拍摄采访时，两个过肩镜头因“越轴”而使记者和被采访者在画面中位置换位，组接时在这两个镜头之间插入一个话筒的特写，可以减缓两个镜头组接在一起产生的视觉上的“跳跃”。

图4－3a

图4－3b

3. 色彩的一致性

在同一场景中色彩不一致的两个镜头组接在一起会引起严重的不连贯性问题，使组接后的两个镜头产生明显的“跳跃”。如前一个镜头是一幢白色楼房的全景，后接一个人站在同一幢蓝色楼房的中景，这就是典型的色彩不一致问题。编辑时应将色彩相同的同一场景中的镜头进行组接。在前期拍摄中，如果能对光线的变化作即时的色温平衡调节，那么后期编辑时保持色彩的一致性就容易多了。

4. 声音的一致性

编辑对话或解说时，要确保说话内容的完整，并要保持说话节奏前后一致。

在采访镜头中，镜头转换应该在提问或回答结束之后。有时反应镜头常常在说话之中作转换，比在结束处更显得流畅。如果有人在讲话中有动作，就应该进行转换来突出这一动作，即使是在陈述之中，因为动作的转换一般比对话转换更能吸引观众，现场音响在保持编辑的连贯性中也是非常重要的一个因素，如果把现场中的音响保留，就会提示观众事件发生的地点。例如，在《大江三峡截流》大型直播节目中就保留有现场的机械、汽车、汽船的轰鸣声，并使它们贯穿整个节目，使观众感觉到画面的感染力和画面的连贯性。

在音乐节目中，要设法按节拍来组接画面，组接镜头的速率应与音乐的节拍相一致，使镜头的组接产生节奏感。当节目总的节奏感灵活多变不规则时，常采用渐隐渐显作为过渡，使之显得流畅，比硬切更适合，如在大型的音乐节目《同一首歌》中，就大量使用渐隐渐显的方法来组接镜头。

四、节奏

在电视节目中，影响画面感染力的因素是多方面的，画面内容是决定性因素。如在1998年抗洪救灾新闻报道中，湖北电视台拍摄的一则新闻《武警战士营救小江珊》，其内容本身就很震撼人心，但在大多数情况下是利用一些表现的因素来增强画面感染力的。如画面造型、叙事结构、情绪把握和一个重要的因素——节奏。对画面编辑来说，一是要把事情交代清楚、通顺连贯；二是要有节奏，不能平铺直叙、没有起幅。没有节奏就没有美感，没有感染力。

1. 节奏的表现形式

节奏源于运动，其表现形式是一种连续而又有间歇的运动。由于电视是时间与空间的复合体，节奏自然就表现在时间的流动中，又表现在空间的运动形态里。另外电视的视听综合表达能力使节奏既依附于活动的画面，又依附于声音，是视觉节奏与听觉节奏的有机结合。如美国歌星马丁演唱的MTV《生命之杯》，从歌曲内容、画面造型、色彩变化、剪辑速率，到音乐节奏等都表现出节奏美，让观众感受到了足球运动的魅力——生命与运动的亲缘关系。

2. 形成节奏的因素

在电视节目中，形成节奏的因素是多方面的：

其一，不同的题材、内容，其节奏有明显不同。电视剧中，惊险的侦探题材、壮烈的战争题材，其总体结构是紧张、快节奏的，而田园诗般的题材则抒情味浓郁，要求节奏舒缓。同样在纪录片、电视报道节目中，风光文物片、领袖人物传记片等，风格抒情，严肃庄重，节奏平缓；体育、娱乐、音乐等题材，节奏就要相应快些。即使是同一题材，在结构上也要考虑节奏问题，使其有张有弛，波澜起伏。如文献纪录片，节奏虽以静为主，但也要动静结合。体育片则是以动为主，也要做到动静结合。在不同的段落和场面有不同的节奏。凡是动态场面，如追逐、格斗、战场、比赛等都是紧张的快节奏，反之，访谈、欣赏、游览等都是抒情场面，是舒缓的节奏。这些因素形成的节奏由于是题材内容所确定的，常把它们称为内在节奏，是通过观众的审美直觉感知到的。

其二，是通过观众视觉、听觉能直接感受到的。如：画面中主体的运动（主体人物语速与动作）、摄像机运动拍到的运动画面；画面组接的频率（称剪接率）不同产生的镜头外部的运动、音乐的节拍、解说语速等都可以产生节奏。这些因素形成的节奏由于表现为一种外在的物质形态，观众可直接感知到，因此称它为外在节奏。

内在节奏与外在节奏是不可分离的，它们必须在编辑台上获得有机的统一。编辑时镜头的选择、镜头长度的确定都是依画面内容而定的，一部优秀的电视片不仅要使观众看到、听到节奏，而且还要从心灵上感受到节奏。

五、场景的转换

电视节目一般是用一组镜头来表现一个场景的，一组镜头可以说明一个相对完整的意思，它可以表现一个动作的过程、一种状态、一种简单的关系、一种思想过程、事件的一个方面等等，若干组镜头连接起来，形成一个叙事段落。叙事段落表达的故事比较完整，它可以讲述一段复杂的故事情节，展示某一时间段发生的事情，表现某一场景中的人物和事件。一个个比较完整的叙事段落连接起来，形成最后的电视节目或电视剧。

那么，不论是一组镜头与另一组镜头之间的转换，还是叙事段落之间的转换，都要求选择合适的视听元素用作转场和过渡。

场景的转换（简称为转场）是节目内容发展到一定程度的要求，就像写文章一样，一句话写完自然要有句号，一段内容暂告结束，自然要另起一行。电视也是如此，段落的划分和转换是为了使内容的条理性更强，层次更清晰，使观众在连续的观看中察明段落，理清头绪，正确理解影片的内容。通常在下列情况需要转场和过渡镜头：场景的转换、时间的变化、情节自然段落的结束。

如果在上述情况下不能给观众“告一段落”的印象，就会使观众感到层次不清、逻辑不明。同时，段落之间的转换又需要看上去流畅、自然，同时在心理上产生间歇。因为上下段落之间虽然有着时间、地点或情节上的差异，但仍然有着动作、运动、内容和逻辑上的连续性，如果使用生硬的手法进行转换，就会使影片显得不流畅，破坏了电视片的整体感和完整性。选用合适的转换方式，才会使影片显得顺畅、和谐、完整、统一。

转场的方法是多种多样的，依据不同手法分为两大类：一是用特技手段来转场，二是用镜头自然过渡来转场。前者叫技巧转场，后者叫无技巧转场。

1. 技巧转场的方法

利用特技把两个段落连接起来，既容易造成视觉的连贯，又容易形成段落的分割。近几年来，电视制作技术的飞速发展使得节目形式多样化，演播室和外景越来越多地结合在一起。在节目中，栏目主持人和记者一个在演播室、一个在前方，同时异地拍摄的直播节目越来越多，处于不同的地点又要同时出现，为了区分场景，制作时多使用技巧性转场。常用的技巧转场手法有多种：

（1）叠化

叠化是上下两个镜头交叠，前一个镜头的画面逐渐浅淡的同时，后一个镜头的画面逐渐清晰，形成一个画面转化到另一个画面的视觉效果。叠化不仅被用来转场，而且也时常被用在镜头的组接上。

（2）淡出淡入

一个画面的清晰度、色彩饱和度逐渐淡下去，淡成白场或黑场，下一个画面的图像清晰度、色彩饱和度逐渐浓重起来，直至正常值。淡出淡入所形成的视觉和心理上的间歇感较强，一般被用作大段落的转场。例如纪录片《舟舟的世界》中段落与场面的转换都采用了此手法。现在在一些访谈性节目中，为了删除一些被采访者或记者讲述无关的内容，常用的方法是在编辑点处“拉白”与“闪黑”，它们实际上是一种极快的白场和黑场的处理，将讲话内容连贯起来或分成层次与段落。

（3）定格

定格像一个顿号，形成了一种视觉凝固的间歇感。定格是把前一段的结尾画面定住，或者就画面上的一些情况进行强调或解释，明确告诉观众暂时停下来，或者到此告一段落，使人产生视觉和心理上的停顿，接着再出现下一段落。

（4）划像、翻页等各种线形和图案

现代电视特技技术能够变换出多种线形、图案，可以从画面的各个方向移入移出，也可以翻转飘飞，衍生出多种多样的特技技巧。利用划像、翻页等方式转场，特技图形的选择应有助于画面内容的表达。比如，连接两个新旧不同的时代，从旧社会用翻页的形式过渡到新社会，给人以翻开新的篇章，开始全新生活的印象。再比如，用竖线条向左、向右移动划像，依次划出一张张照片，仿佛是观众在现场一张张地翻看照片一样。

在节目制作中用技巧转场，有着明显的人为和特技技术介入的痕迹，一般被用作较大段落之间的转换。

2. 无技巧转场

无技巧转场是用镜头的自然过渡来连接两个场面或段落，即通过一两个合适的镜头自然地承上启下，实现场面转换的目的。由于它真实、自然，所以在电视节目中使用最多。常用的转场方式有这样几种：

（1）相同主体转场

上下两镜头是通过同一主体来转场，还有一些电视节目常用相同主体来穿针引线，镜头跟随主体由一场景到另一场景，如利用主持人串场来完成转场。

这里包含另两种情况：第一种是上下两个镜头包含的是同一类物体。利用同类物体之间的相似，作为合理过渡的因素。比如表现军事博物馆中陈列的新型坦克，解说员正在给参观者介绍它的性能，镜头推到特写，此时镜头立即转换到一个训练场上正在极速前进的同一坦克的镜头进行下一段落的描述。第二种是上下两个镜头所摄主体在外形上相似，也可以顺畅地完成转场。如纪录片中前一场最后一个镜头是果园里堆积的水果，下一个镜头是罐头商标上的水果特写：由果园转到了商店，由生产转到了生活，这都属于相同主体转场。

（2）主观镜头转场

所谓主观镜头，是指借片中人物的视觉方向所拍的镜头。用主观镜头转场，是按照前后两个镜头之间的逻辑关系来处理转场的手法之一。比如，前一个镜头是片中人物在看，后一个镜头介绍他（她）所看的物或场景，下一场就由此开始。这种转场在电视剧中时常用到，主观镜头转场要求上下两个镜头在内容上有因果、呼应、平行等必然联系。

（3）挡黑镜头转场

这种方法是把在前一个场景中主体挪近以至挡黑摄像机镜头，在后一个场景中，主体又从摄像机镜头前走开。在这种方法中，前后两个镜头可以是同一主体，也可以是不同的主体。多用来转换时间、地点，而不宜用作一般的镜头转换。

主体挡黑镜头转场的好处是：在视觉上给人以较强的冲击，可以造成视觉上的悬念；同时，由于可以省略“过场戏”，使画面节奏紧凑；主体挡黑镜头必然要最大限度逼近镜头，实际上赋予主体动作以一种强调、夸张的作用，能与主体人物果断、干脆的动作，急切的心情相吻合。如果前后两次挡镜头用的是同一主体，对主体本身就是一种强调和突出，使主体形象在观众视觉中留下了更深刻的印象。

（4）特写转场

利用特写镜头无画面空间和画面空间方位不明确的特点，来强调场面转换。这种转场无论前面的镜头是什么，后一镜头都从特写开始。特写能够暂时集中人的注意力，使人不至于感到太大的视觉跳动。在纪录片中，常常以特写镜头作为一段的开始，又以特写镜头结束并转入下一段。在这种情况下，特写镜头似乎产生了一种“间隔”画面的作用。在纪录片《德兴坊》中有一段就是用特写的闹钟来转场的。

（5）用声音转场

用声音与画面结合达到转场目的，如电视节目中，解说、歌曲或电视剧中的人物对白、台词来转场。另外，画外音、画内音互相交替的组接把相关的两个场地紧密联系在一起。在纪录片《龙脊》中就是利用山歌和大景别镜头相配合来完成时间的转换。

（6）运动镜头转场

利用摄像机运动来完成地点转换，摄像机可以做升、降、移、摇、推、拉、跟等运动技巧。这些运动技巧可用来转场，它好像我们的一双眼睛，随着我们的步伐从地方走到另一个地方。比如把摄像机放到升降机上，首先在高处拍晨练的全景，然后随摄像机下降慢慢移动逐渐缩小，最后落到一处院落，通过门窗观察一家人的生活状况。当然也可反过来先拍一家生活起居，然后镜头开始移动升起，变为俯瞰全景。

在现代电视节目制作中，求真求实已成为电视人的追求，制作上要求摒弃那些影响真实的人为因素，如拍摄时采用固定机位，按照日常人们观察事物的视觉习惯来拍，力图使观众在观看电视节目时感受到真实的现场气氛。在声音处理上尽量用同期声；在编辑方面，要求没有人为的编排痕迹，镜头的组接应连贯、流畅，应按照人们了解事物、认知事物的规律来结构电视节目，如《东方时空·直通现场》和《东方时空·百姓故事》就以纪实手法来制作节目，还电视这一大众传播媒介真实美的本质。

以上我们讲了一些编辑规则，它们可以说是电视画面语言的语法，也可以说电视是运用蒙太奇技巧的一种自觉。要熟练自如地运用画面语言，掌握这些规则是必不可少的。尽管有时候为了某种特殊的需要可以打破这些规律，然而整个画面语言的构架都是靠它们来支撑的，没有它们，电视的叙事就难以完成，屏幕中的形象就会变得没有逻辑、毫无头绪。

第2节

叙事与表现的编辑

一、叙事的编辑

叙事的编辑也称为叙事蒙太奇，是以交代情节、展示事件为主旨的一种蒙太奇。它按照情节发展的时间顺序、逻辑顺序、因果关系来分切与组合镜头、场景和段落，表现动作的连贯，推动情节的发展。

叙事编辑注重镜头记录和揭示的功能。几个镜头组接在一起，在时间上是连续的，在空间上是一个整体，表现事件的发展，使观众感觉到事件发展脉络清楚、逻辑连贯、明白易懂。它是各类电视节目最基本的、常用的叙述方法。

如电视新闻节目中的事件性新闻，大都运用叙事编辑的方法，按照事件展开的顺序来组接画面，给观众以通顺流畅、一气呵成之感。如《焦点访谈·咸宁工商取财有“道”》中，鲜活的画面内容为新闻增强了感染力。在电视新闻节目中，不论是把同一时空中的事件按时间顺序组接交代，还是把具有呼应关系的，发生在同一时间、不同空间的事件，用平行手法或平行交叉手法进行组接叙述的，其基本功能都是通过流畅的画面形象，使观众看清事件发生发展的过程。

叙事编辑通过一系列镜头的组接来叙述人物和事件的外在形态，表现事件的发展进程。出于叙述的需要，叙事编辑一般有以下几种组接方式：

1. 前进式

即由远景到近景的组接。这种组接方式是根据人们了解事物的心理变化和观察事物的视觉变化特点，把人的注意力从环境逐渐引向重点，顺序展开某一动作或事件的过程，这是一种平铺直叙的结构形式，在叙事编辑中最常用。

这种叙事的组接方式，对于动作来说，先用全景建立动作的总体形态，再用中景、近景来强调动作的细节和动作的特点。而对事件来说，前进式的叙事结构是先用全景交代事件发生的环境背景，再用中景交代事件的各种因素及其关系，然后是用近景和特写把注意力引向具体的活动和细部特征上。但是，对镜头组接方式的理解，不应简单地理解为全景、中景、近景的镜头组接，而应该把它理解为一种叙事的思路，一种从大环境逐渐深入事实的叙述方法。因为在多数情况下，只有三四个镜头是不可能讲清一个事情的，它总有相对复杂的发展过程。有位老师用这样的一个故事对前进式作了说明："从前有个山（远景），山上有个庙（全景），庙里有个老和尚讲故事（中景）。但在实际的叙述中可能会变得复杂得多：从前有个山，山上青松翠柏，鸟语花香，一条小路通向山顶；这组镜头展现的环境给了观众一个初步认识；山里有个庙，红墙灰瓦，庙门上的漆皮已经剥落，这组镜头引导观众进一步认识一个具体的情节；庙里有个老和尚讲故事，庙堂里香烟缭绕，灯光昏暗，小和尚在聚精会神地听着。这组镜头给观众描述了一个具体的情节。"如此叙述，就不再是三个镜头的简单组接，而是有秩序地引导观众一步步去认识和理解这段内容，是一种前进式的结构方式和叙事思路。它不仅讲述了一个事情，而且造成了一定的情绪效果。这种结构方式可以使事件动作既连贯又富于变化，而且容易营造一种很有感染力的内在节奏。

2. 后退式

即从近景逐渐到远景进行叙述。它把最精彩的或最富有戏剧性的内容突出来，造成先声夺人的效果产生悬念，吸引观众。

如果说前进式是镜头由全景开始慢慢向前推进，不断深入事件的内部，用特写告诉观众事件的结果，那么后退式则是由特写开始，先展示一个使人震惊的结果，产生悬念，然后再慢慢拉开，把关系、缘由和背景呈现给观众。这是一种比前进式的叙述更吸引人的"倒叙"方法，给人视觉上较强的刺激。

有时为了突出重点内容，用较小景别把兴趣点强调出来，首先引起兴趣，再逐渐了解环境和全貌。有时为了造成某种悬念和惊险效果，先出现局部，使观众产生一种期待心理，然后再出现整个环境。使用这种方法时，更要注意节奏的把握，不能头重脚轻。

3. 片断集合式

即选取一个事件过程或一个运动过程中的几个主要片断把它们组接在一起，每个片断只是事件发展中一个具有代表性和相关性的高潮。通过这些高潮段落的组合，建立起一个完整事件过程的大致印象。这种方式省略了不必要的中间过程，是一种简洁明了的叙述方法，而且具有概括性和含蓄性。

以上介绍的几种叙事组接的方法实质上是叙事编辑的一种结构方式，不应简单地理解为一种景别变化的方法，而应理解为一种叙述的思路。

二、表现的编辑

表现的编辑也称表现蒙太奇，是一种以加强艺术表现力和情绪感染力为主旨的蒙太奇。与叙事蒙太奇不同的是，表现蒙太奇不注重事件的连贯、时间的连续，而注重画面的内在联系。它以两个镜头的并列为基础，通过内在含义上的相同、相近和相对的画面的组接，撞击出新的思想火花，引导激发观众联想。在并列的镜头中，画面形象是确定的，然而它们的内涵却是含蓄的。观众只有借助于自己的联想和想象，去不断补充和丰富，才能获得进一步的理解和感受。由于这种理解和感受自始至终离不开具体的屏幕形象，所以它不是概念的灌输，而是审美的领悟。

表现蒙太奇利用画面中各种形象的不断转换，以及在转换中形象间的相互响应、对比、比喻、暗示的关系，创造性地揭示形象之间的有机联系，把画画本身无法表达的含蓄的意义表达出来，弥补了画面不能表现抽象概念这个缺陷，表现了单纯的视觉手段不能表达的概念。

表现的编辑有以下几种结构形式：

1. 对比的编辑

它是借助贫与富、苦与乐、高尚与低下、生与死等画面内涵上的对比，以及景别大小、光线明暗、色彩冷暖、声音的强弱、角度的仰俯等画面形式上的对立差异来进行对比和强调的。在编辑时，通常把这些对立的因素进行组接，以表达一种情感和思想。例如，在早期的电影《一江春水向东流》中，一个女孩领着一个瞎老头在街上卖唱，一曲《月儿弯弯照九州》的悲惨歌唱，与阔佬们在高楼大厦里的寻欢作乐形成了强烈的对比。素芬母子和婆媳的苦难，与张忠良堕落后的腐化生活的对比贯穿全剧，成为剧情发展的动力，使影片获得了强烈的悲剧效果。

2. 平行的编辑

它是指在一个蒙太奇的段落中，让有着逻辑关系的两条或两条以上同时异地或同地异时的线索交替出现，平行发展。它们之间往往在一种内在的逻辑关系的制约下相辅相成。这种编辑方法可以自由灵活地展现更为广阔的时空结构。如电视剧《突出重围》中，在表现红方与蓝方最高指挥官斗智斗勇的段落时，镜头段落常常在敌对的两方来回组接，来营造一种情绪和气氛，表现出该段落的内在节奏。电视新闻纪录片中也可以用平行的编辑来营造不同的气氛。

3. 积累的编辑

它是将一组在某种角度上有联系的镜头组接在一起，并在一种不断的叠加的积累效果中树立一种思想或主题，因此又称主题蒙太奇。这里的联系因素可以是镜头内容上的，也可以是镜头造型（如景别、运动方式）上的，采用这种编辑方式时，镜头之间多半是没有太多情节上的联系，它们经常是不同时空的物象或事件的组接，它们之间意义的产生和关联主要是靠编辑上形成的一种节奏。例如，湖北电视台’98抗洪赈灾义演晚会《风雨同舟楚天情》片头就是一组表现滔滔洪水、罕见灾情、军民奋战、保卫家园的镜头组接在一起，展现了湖北百万军民在党中央领导下与洪水搏斗的场面，给人以强烈的震撼。

4. 隐喻的编辑

它是通过镜头（或场面）的对列或交替，将具有某种相似性特征的不同事物进行类比，含蓄而形象地表达作者的某种寓意或事件的某种情绪色彩，从而深化并丰富事件的形象。它是通过两个视觉形象的对比形成的，一般是用一个形象的意义来说明另一个形象的意义。例如，在《迎接挑战》中有一组镜头是通过体育竞赛的镜头和各种科技发展的镜头交叉组接，形成一种比喻：当今科学技术处在一个激烈竞争、飞速发展的时代，谁不奋力向前，勇敢拼搏，谁就要落后，这样的比喻形象生动，自然贴切。因为两种视觉形象之间有一种内在的联系，存在着可喻性。

5. 象征的编辑

它是通过镜头间的对列让形象本身的意义隐去，同时经过观众的联想和想象产生另外一种新的引申的意义。它是以情节中特定的情境为依托，来使镜头中的形象产生一种形象以外的引申意义。这种编辑有一种主观的色彩，然而也不是凭空想象的，而是有着合理的内在依据的。如用冉冉升起的五星红旗象征着祖国的强大，用飞翔的白鸽象征着和平，用从花中飞出的小鸟象征着自由，等等。

表现的编辑除了表达某种主题意义之外，通常都具有较强的情绪色彩，是创作者运用编辑技巧，艺术化地表达自己内心感受和思想情感。

第3节

编辑台上的工作

一、编辑的作用

对于一个编导或记者来说，编辑台上的任务是非常重要的，许多创作思想的落实都是在编辑台上完成的。在编辑台上要做两件事：一是借助蒙太奇语言来结构节目、组接镜头；二是操作编辑设备来完成节目的制作。

在着手编辑时有必要弄清楚编辑的作用：

1. 可以保证屏幕形象的质量

在电视节目制作过程中，把关人要对将在电视中传播的各种信息进行审查和确认，其中的一个重要内容是保证屏幕形象的质量关：艺术关、技术关和导向关。而编辑这一关是保证高质量节目的重要环节，你必须使自己创作的节目在思想上是健康的，还得保证剪辑时的技术质量和艺术质量，这样才能使传播收到好的效果。

2. 可以选用最好的画面来为叙述服务

每一个电视节目的编辑都是从许许多多的画面素材里，寻找适合于表现创作意图和叙事目的的画面，把最利于表达的画面从素材中挖掘出来，为节目的叙事服务，为传播服务。这一重要环节是影响一个节目成败的关键。

3. 分割场次和段落

电视节目是由镜头组成的蒙太奇句子，再由蒙太奇句子组成的叙事段落。因此，段落场景是电视节目的基本构成形式，段落的形成与划分是很重要的，它往往直接影响整个节目的叙述层次、进程和总节奏。另一方面，镜头素材常常是很凌乱的，这就需要编辑的悉心整理和精心的编排与组织。

4. 利用蒙太奇创造强烈的艺术效果

这也是最重要的一点，编导可以运用前述的蒙太奇镜头语言技巧来创造一种强烈的艺术效果，如通过对比、平行、积累、隐喻、呼应等蒙太奇的手段来抒情表意，也可以通过对特定时空的营造来实现叙事的目的，从而创作出比其他艺术形式更具感染力的作品。

5. 创造艺术真实

编导往往是决定片子真实与否的关键人员，由于镜头语言可以对时空进行重新的结构，因此常常可以把现实生活的时空打乱，从而编造出与生活事实不相符的逻辑来。因此对于编导来说，求真是很重要的，他应该恪守真实的原则。一方面电视传播的影响力极大，另一方面电视又有一种“耳闻目睹”的真实感，因此电视编导如果要弄虚作假很容易，而且造成的影响也很大。作为一名电视工作者，必须要有实事求是的品质，在生活真实的基础上创造艺术真实。

二、电子编辑

科学技术日新月异的发展，特别是电子技术、数字技术的发展在电视节目制作领域体现得非常突出。从 20 世纪 70 年代兴起的磁带记录电子线性编辑到 90 年代磁盘记录数字非线性编辑以及网络化编辑的出现，短短的二十年，编辑技术发生了革命性的转变。电子编辑已被称之为“传统”，而非线性编辑却被冠以“现代”。近十年来，非线性编辑网络化得到普及。作为一名合格的编辑应该随时跟上技术发展的步伐，才能将编辑的艺术融入技术中，制作出优秀的电视节目。

目前，电视节目制作还保留着线性编辑方式（即电子编辑），线性与非线性编辑共存。所以有必要先讲讲电子编辑。

电子编辑就是利用电子技术，将记录在磁带上的素材进行有选择的复制（转录）。这种编辑的最基本组成是放像机一台、录像机一台、二台监视器和一个编辑控制器，如图 4－4。它可以对画面和声音同时编辑，也可以对画面和声音分别进行编辑。编辑效果只是两个画面直接的“硬切”，是无特技的效果处理。

电子编辑的基本方式有两种：组合编辑与插入编辑。

1. 组合编辑

组合编辑是将放像机中素材带上的镜头和声音，按照事先编排的顺序，一个镜头一个镜头地转录到录像机的工作母带上，使之组接成为一个完整的节目。每个镜头都有一个编辑的开始点和编辑的结束点，编辑的开始点称为编辑入点，编辑的结束点称为编辑的出点。编辑时，只确定好编辑入点就开始编辑，当编辑完所需要的镜头后，选择适当的位置停止编辑（即编辑出点）。从素材带转录到录

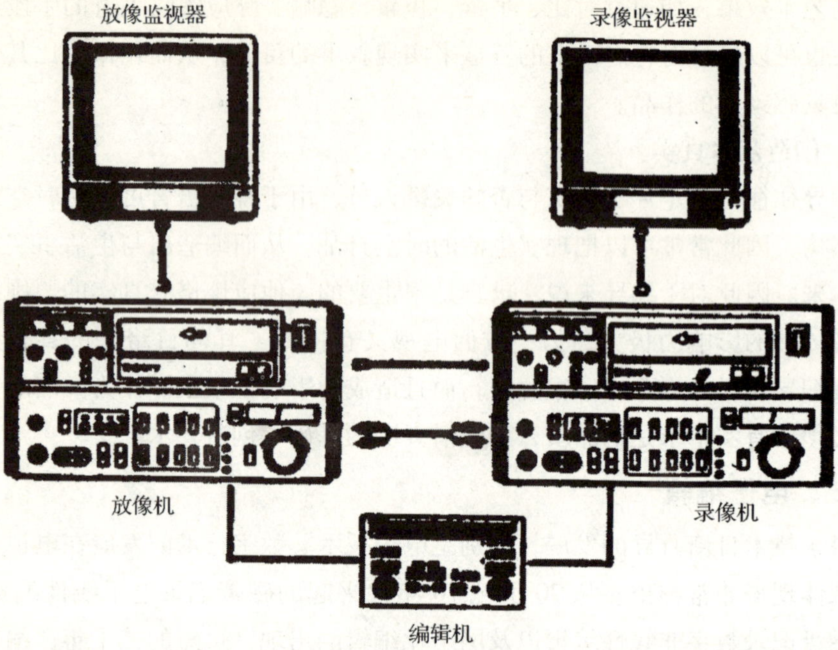

图 4－4

像机中工作母带上的信号有视频信号、音频信号和控制信号，它们全都是重新记录的。这种编辑的特点是镜头一个接一个的进行组接，因此所有信号都是重新记录的。所以工作母带可以用一盘空白带。但应该注意的是，对于一个空白的工作母带在编辑第一个镜头时，母带前面至少要录有 10 秒的控制信号（通用彩条信号），以便确定编辑的入点，如图 4－5。

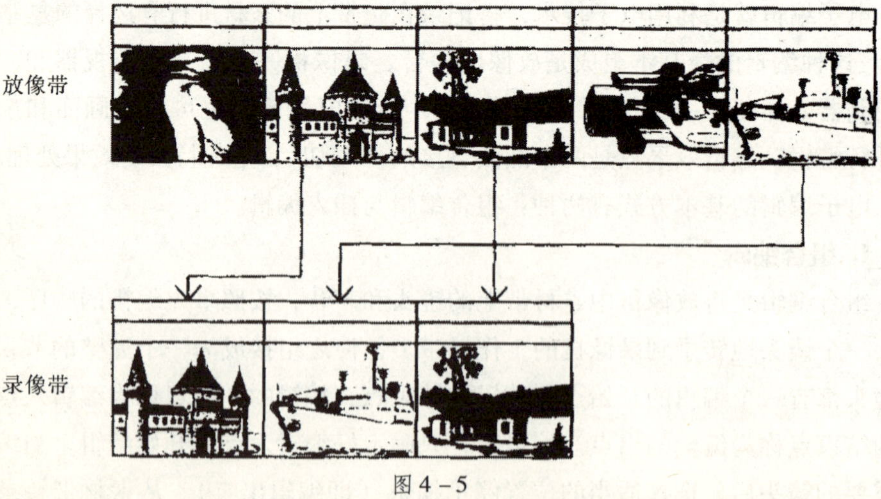

图 4－5

2. 插入编辑

插入编辑是在已录好的节目母带上，对原有的画面或声音进行修改，消除一个或几个镜头，换上新的画面和声音，同时保留原有的控制信号，如图4－6。

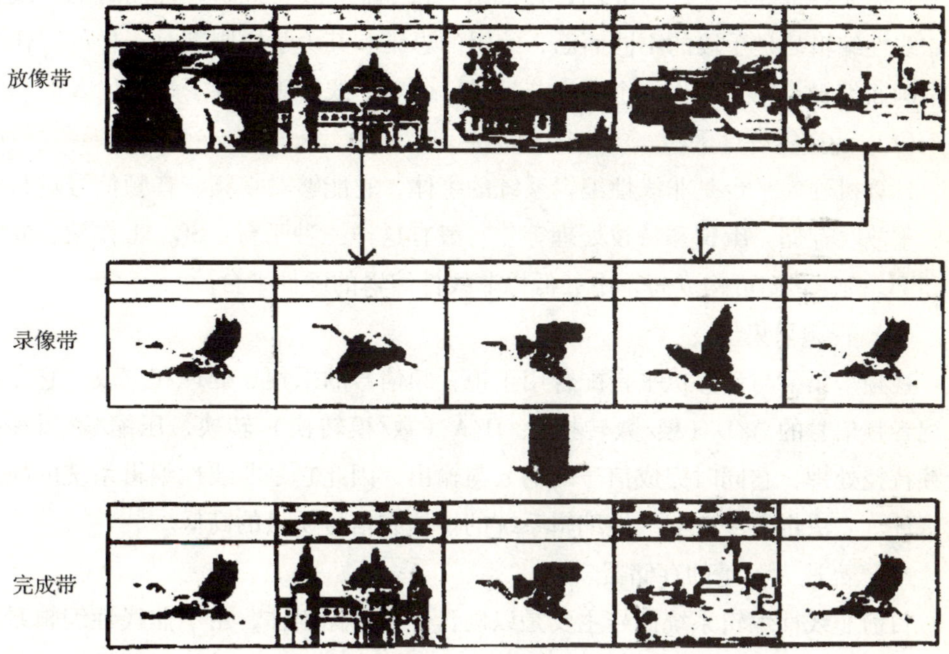

图4－6

编辑时，无论是放像机还是录像机，对需要修改的镜头都要确定编辑入点和编辑出点。出点之后仍保留原有的画面和声音，通常插入编辑多半是在已经初步完成的节目带上插入新的图像和声音，以代替原有的部分，作局部的个别的修改。插入编辑也用来进行后期配音和在已录有声音的磁带上插入图像。

插入编辑的特点是要确定编辑的入点和出点，而组合编辑只需要确定编辑入点就可以了。

三、键盘上的编辑

今天的计算机技术与数字视频技术的完美结合，使得电视制作产生了一场革命，最为典型的要数非线性编辑系统和制作的网络化。整个的制作与编辑是在键盘的敲击和鼠标的点击下完成的。操作形式的变化、编辑的开放性和网络化带来了电视制作域观念的变革。以非线性编辑代替线性编辑，以“盘基”存储代替“带基”存储，计算机键盘操作代替传统的编辑控制器操作将成为一种趋势。

非线性编辑需要怎样一个运行环境呢？

1. 非线性编辑系统的硬件环境

非线性编辑系统的硬件发展十分迅猛，但总体来看是以高性能多媒体计算机、高速大容量硬盘、广播级视音频采集卡和专业非线性编辑软件构成的。线性和非线性编辑只是手段的不同而已，编辑的思维和其美学原则都是一样的。作为一个画面编辑，你在创作一个电视节目时，面对非线性编辑要了解些什么？

（1）计算机硬件平台

计算机硬件平台是非线性编辑系统的主体，它能够对视频、音频信号进行采集、重放、存储、编辑和特技处理等。一般有这样三种平台：SG1 工作站、MAC 机和 PC 机，它们可构成高、中、低档非线性编辑的硬件平台。

（2）视频采集卡

视频采集卡与计算机平台配合用于视音频信号的采集、处理和重放。它完成对视音频信号的 A/D（模/数转换）、D/A（数/模转换）转换，压缩/解压和视音频特技处理，它同时完成信号的输入与输出，因此它是非线性编辑系统的决定性部件。它决定着一套非线性编辑系统的性能和信号质量的高低。

（3）高速大容量的存储器

目前非线性编辑系统信号主要是以硬盘作为存储媒体，由于非线性编辑系统存储的视音频量大，一小时的信号就需要 9G 的容量，所以目前硬盘是视音频素材存储的最佳选择。大容量硬盘技术发展迅猛，现在的硬盘已达到 T 量级（T = 1000G）存储容量。非线性编辑系统除了需要大容量的存储之外，还要求数据传输率要高，SCSI 是一种高速传输数据的接口，使用 SCSI 接口技术生产的 SCSI 硬盘是非线性编辑系统的首选。

2. 非线性编辑系统的软件环境

（1）稳定可靠的操作系统

非线性编辑系统的硬件平台和编辑应用软件都是在稳定可靠的操作系统软件上运行的。针对不同的机型又有不同的操作系统，基于 SGI 工作站的是 UNIX 操作系统，MAC 机是 MEDIS—100 系列，PC 机则是 WINDOWS NT 操作系统。一般这些操作系统稳定性、安全性、交互性和图形处理功能都很强。目前在我国使用最多的还是 WINDOWS 操作系统。

（2）方便实用的非线性编辑软件

非线性编辑系统的核心是基于操作系统上开发出来的用于非线性编辑的应用

软件系统，目前，非线性编辑的大部分操作都是在软件中完成的。

由于生产非线性编辑软件的厂家很多，各家的产品又有所不同，如 PC 机上常用的非线性编辑软件有：Adobe Premiere、Speed Razor 和 Ulead Media Studio 等。专业的视频制作机构常用的非线性编辑产品有大洋索贝、新奥特和康能普斯等。

尽管这些软件有不同的操作界面，但它们都有这样几个部分：

①编辑工作区

这是非线性编辑软件最主要的工作区，在这个区域中进行素材的编辑、特技处理和合成操作。在编辑区显示的画面中，包含有视频轨（Video）、音频轨（Audio）、场景转换轨（Transition）、数字特技轨（DigitalEffects）、时间线（Timeline）等主要部分。视频轨和音频轨以图标的形式显示正在编辑的场景，它代表了组成这个场景的各个画面和声音信号，在视频轨和音频轨中可以根据时间线上时间单位的设定，显示素材中任何一个片段，或每一帧画面；场景转换相当于两段素材之间的过渡方式，从一个镜头到另一个镜头之间的转换可以有各种形式，如剪切、叠画、淡出淡入、划像、三维特技等；在数字特技轨中可对素材的尺寸、形状进行修改，对画面亮度和色彩进行加工处理，还可以完成画面的键控合成等操作。

②素材显示区

这是一个素材库，在其中存储了编辑所需的素材，并标明了每段素材的卷标名称、场记、时间长度、分辨率、压缩方式等信息，构成了强大的数据库。

③预演区

编辑之后的画面，可以在预演区中进行观看，以检验编辑效果。

④工具栏

在非线性编辑中需要使用各种编辑工具，为方便使用以提高工作效率，一般都在操作界面的相应位置上设立各种工具图标，方便快捷地进行剪切、拷贝、删除、粘贴等操作。

⑤下拉菜单栏

一般都位于操作界面的上方，包含有各种操作命令，以执行更为复杂的功能。

（3）键盘上编辑操作流程

非线性编辑系统的视音频信号一般都是原始素材，未经编辑加工处理，因此需要在编辑软件上对它们进行处理。在编辑画面和声音时，是将它们按照文本的处理方式进行操作的，每一幅画面都能通过单击键盘或鼠标来实现复制、删除、移动和特殊效果合成，并能在任意点进行预放以观看它们的制作效果。目前应用于编辑的软件很多，操作界面和功能略有差异，但它们编辑流程大体相同，下面以 Adobe 公司的 Premiere 编辑软件为例来介绍编辑操作流程。

①数字视频信号的采集

数字视频信号的采集也称上载。编辑的第一步，首先要实现视频的数字化，这一过程一般是通过视频采集卡进行的，然后存储在硬盘上。

我们在 AdobePremiere 中打开 File（文件）菜单，选择 Movie Captrue（捕获）命令后，出现了四个子菜单，选择 MovieCapure（影片捕获），出现了一个对话窗口，这个窗口就是我们在采集视频时的操作界面，它与视频采集卡有关，不同的采集卡有不同的采集界面。一般都有采集窗口、采集质量设置、视音频源设置等功能，专业的视频采集卡还有控制功能，用鼠标在计算机屏幕上控制编辑录像机进行采集和回录。

在采集视频素材（上载）时，一方面可以进行手动上载，另一方面可以进行自动上载。手动上载时，在采集窗口上方一般都有 Record 按钮，当我们在窗口中看到需要上载的视频画面时，按下 Record 图标就可以进行上载了，按一下 Stop 就可以停止采集。采集到的画面回放到窗口上，然后以 avi 的视频文件格式存储到硬盘上，这样就完成了一段素材的上载，完成了视频的数字化过程。

②画面的编辑

在编辑窗口中每个片断的画面和声音通常显示为沿时间线的一系列静止画幅，很像一段电影放映的胶片。每个片断可在时间线上各点被拷贝和插入，还可从时间线上被删除，而剩下的影像和声音仍有连接关系。对数字视频的编辑操作实际上并不改动素材在硬盘中的真实位置，而只是访问地址的改变，比如对一段长度为一分钟的素材来说，我们需要第 10 秒至第 30 秒的镜头，那么，只需要在这两个时间单位设定入点、出点，标明只选取这段镜头就可以了。

具体地说，编辑可以是对一段画面（即一个视音频文件）的编辑，另外大量用到的是多个镜头的编辑。对前者来说，在 Premiere 软件操作中，可以在播放窗口设定入点、出点，可以用编辑窗口下的工具栏中的入点、出点工具，也可以在编辑轨上直接改变入点、出点。如果想把一个素材分开，则使用工具栏中的刀片工具在要分离的那一帧图像上把素材切开。

多个镜头的组合更加方便，最简便的方法是将素材库中的素材直接拖放到编辑区进行排列，可以方便地调换次序，如果要进行精确的编辑，除了上面提到的编辑工具外，还可以用编辑窗口进行编辑，通过加减帧进行编辑，精度可达±1帧。

③数字视频的场面过渡

在节目制作过程中，大量的镜头组接需要通过转场过渡来实现，即一个镜头以某种方式过渡到另一个镜头，常用的一般有划像过渡，在编辑窗口中专门有一条场景转换轨进行转场方式的设定。在 Premiere 中有一个场景过渡选择窗口，上面显示着 75 种转场方式，以动画的形式标示出来。

④数字视频的特技处理

对一段数字视频可以进行特技处理，有以下几种处理方法：亮度、对比度和画面层次的调整，色彩的调整，如色调的改变、色彩的替换等；画面几何变换，如水波纹、球面化等；运动效果，可以使一段画面像文字一样进行移动、缩放、翻转等。

⑤数字视频的合成

数字视频处理的又一个强大功能是进行画面的多层合成，可以进行多层画面的叠加，也可以进行局部画面的叠加，如色键抠像、亮度键控等，还可以叠加字幕。从理论上说，数字视频可以进行无限多层的合成操作，Premiere 就可以进行多达 99 层的叠加合成。

⑥数字视频信号的输出（下载）

经过合成处理后的数字视频可以有几种输出方式（下载方式）：

A. 视频信号输出

用视频卡的回放功能将数字视频信号录制到录像带上，在目前仍以模拟视频信号为主的情况下这是一种主要的方式。

B. 数字视频信号输出

可以通过数字接口将数字视频信号以数字格式录制到录像带上，或刻录到光盘上，如电子出版物，还可以制作 DVD、VCD。

需要指出的是，以上只是以 Adobe Premiere 为例介绍了数字视频的制作过程，而实际上用于数字视频处理的软件还有许多种，功能各异，但基本思路与处理方法大致相同，在掌握一种数字图像处理软件后就可以举一反三，可以很快地适应其他软件及非线性编辑系统。

无论是线性编辑和非线性编辑，它们都只是制作手段，它们都是为创作和画面编辑服务的，是技术却又不仅仅是技术，其实今天的节目制作技术已融入于艺术之中。

第4节 现场制作与即刻编辑

一、现场制作

在电视节目制作的诸多方式中，现场多机拍摄、即刻编辑是最能发挥电视特点和独特优势的制作。

现场制作就是指在事件发生的现场使用两台以上摄像机进行摄制，导播将不同机位上摄像机提供的不同对象、景别、角度和各种运动的画面通过视频切换台选择出最佳、最有表现力、最生动的画面进行组合，摄制与编辑一次完成。现场制作要求各工种间默契配合，对摄像、导播提出了较高的技术和艺术要求。主持人临场的发挥、摄像娴熟的技术和导播精深的艺术修养、灵感的闪现，精明、高超的指挥和调度才干，都是现场制作成败的关键。电视直播节目就是这一制作方式的具体表现。它就是在事件发生的现场直接制作，同时传送（播出）节目，对事件作全程的报道。由于同步反映现场实况直播拥有时效性、可信性和现场感，受到观众的普遍欢迎。1997 年中山舰打捞、香港回归、大江三峡截流到 1999 年的国庆五十周年庆典，澳门回归以及 2000 年第 27 届悉尼奥运会等重大的活动和体育赛事，都是采用这种方式，现场直播的节目已经在电视荧屏上成为一道绚丽的风景。

二、即刻编辑

导播按照事先设计的初步方案和现场多台摄像机提供的画面，从一个镜头到另一个镜头进行着即刻切换，使之形成连贯、富有节奏、生动感人和现场感极强的电视节目。即刻编辑是现场制作过程中的一个重要环节。

以中华人民共和国五十周年庆典直播节目为例，来了解现场制作的过程和艺术魅力。

1. 现场直播的总体设计

（1）确立直播基调和总体风格

为了展示五十年来中华人民共和国所取得的巨大成就和辉煌，直播基调确立“欢庆、激昂、隆重、辉煌”，总体风格做到“形神兼备”。“形”的方面要体现庆典仪式的盛大场面、恢弘气势和热烈欢庆的氛围，以大景别、大视角展现庆典场面气势的辉煌、激昂和隆重的氛围；“神”就是通过大量的特写镜头，把人们的精神体现出来。“形神兼备”和“欢庆、激昂、隆重、辉煌”的八字方针，共同构成了直播指导思想。

（2）直播的技术设计

以把最精彩、最生动的场景表现出来为原则，设计了33个机位、两级切换的制作方式。总导演室设在中央电视台800平方米的大演播室，前方设计了A、B、C、D、E五个系统：

A系统：主要是用来完成天安门城楼前的长安街的拍摄与转播。从天安门东华表到中山公园，设立了九个机位。主要的任务是拍摄从这一段长安街上过来的阅兵分列式和游行队伍的画面。无疑，A系统是最主要的。

B系统：在天安门城楼上设计了四个机位，目的在于拍摄领导人的活动以及广场的全景。

C系统：在广场上布置了七个机位，主要体现广场上人们的活动，以及从南侧拍摄游行队伍，与B系统相呼应。

D系统：从天安门的东华表到江泽民主席所乘检阅车的折返点，设置七个机位。其中，有三个机位是移动车，跟随江主席的检阅车，移动进行转播，外加还有四个固定机位。这样的七个机位目的在于保证检阅过程的完整性。

E系统：设六个机位，是拍摄全景，分别布置在人民大会堂、毛主席纪念堂、历史博物馆等广场周围的制高点。

这五个系统相对独立又相互支持，使整个系统做到分工明确、密切配合，而又协调一致。

2. 运用镜头语言构建合理的叙事结构

首先将庆典全程作简单的分解，分为升旗仪式、阅兵式、领导人讲话、分列式和群众游行五大部分。这五部分是在不同的区域依次展开的，因此直播可据此分为五个场景段落，形成一种板块式结构，而每个段落之间都是用全景画面进行过渡。天安门城楼大全景（开场）——天安门全景（升旗仪式）——从城楼俯拍的广场升旗区全景（阅兵式）——天安门广场大全景（群众游行）——天安门城楼全景（结束）。由于全景是观众用正常的视点观察事物，具有较强的现场感，因此在庆典直播的段落叙事中，全景被作为过渡性景别，既突出强调了庆典的特定情境，又展示广场的欢庆氛围；既区分出明显的段落，又强调了视觉的连贯性。

3. 调动视觉元素，营造现场气氛

在现场制作中要了解众多表现对象的各自特点和区别，调动各种手段充分展示对象风采。如庆典中的分列式显示的是军威和气势，群众游行注重的是造型和色彩。因此在直播中表示分列式时，既要表现每个方队的规模又要表现每个方队的特点。即先画龙、后点睛，做到形神兼备，直播中用了大全景展现每个方队的队形，同时还巧妙地从侧面俯拍方队，使方队在画框中呈斜线分布，而斜线蕴含的动感最强。在展示群众游行队伍时，使用了大摇臂进行拍摄，运动中展现游行方队气势，然后摇到某个视觉兴奋点，调动视觉元素，营造庆典气氛。在连续的运动中，展现完整的统一的空间，在连续时间的流动空间结构中，得到空间再现。在展现群众游行队伍的造型和色彩时，摄像选择了动作富有特点，色彩具有跳跃性的事物，来营造结构重点和视觉美点。

在现场做即刻编辑时，可利用多机位提供的不同景别来表达情感、气氛和情绪，以打动观众和感染观众。如检阅方队徒步走过天安门时，就采用了全景接特写再接全景的交叉组接，两极镜头的组接，可造成强烈的对比效果，迅速作用于人的视觉，并通过这种视觉震惊效果引起观众心理感受的震动。

通过对五十周年庆典直播的分析，你可以看到在进行现场编辑时，应当合理地使用一些编辑的美学原则，使叙事结构完整，叙述清楚、流畅，表意富于情绪感染力和创造力。

本章学法指导

在本章中我们根据蒙太奇原理，着重讲述了画面编辑的技巧、镜头组接的一些规律：“动接动”、“静接静”、方向一致性、节奏的形式和转场的方法等，同学们在学习时应将这些技巧与规律运用在具体的创作中。通过实际的应用，将学习到的知识融会贯通到制作的节目中，真正做到学以致用。

蒙太奇的两种基本形式是叙事的剪辑与表现的剪辑。叙事的剪辑是以交代情节、展示事件为主旨的。一般依据情节发展的时间逻辑顺序来结构影片。在剪辑中可依据动作、声音、情绪、节奏等因素来组接镜头。表现的剪辑是以加强艺术表现力和情绪感染力为主旨的。它以镜头的对列为基础，可以创造思想、节奏、隐喻、悬念和情绪等，其主要的结构形态有对比的剪辑、平行的剪辑、积累的剪辑、隐喻的剪辑和象征的剪辑等。

当你走到编辑台前，首先要弄清楚编辑节目的作用是什么。因为许多创作的思想是在这一时刻产生的。编辑方式的掌握（如电子编辑与非线性编辑）是制作出高质量电视节目的前提，在你走上电视制作岗位时应熟练地操作它们。

现场制作即刻编辑是指在事件发生的现场利用摄、录、编和切换设备作同步的制作，这种制作是现代电视节目制作经常采用的方式。当制作与播出同步进行时，就充分展现出现场制作的独特优势，它是最具电视特点的制作方式。作为未来的电视人，你应该从思想的高度去领悟这种制作的优势，掌握这种制作的技巧。

本章思考与练习题

1. 以自己身边的一个同学为叙述的对象，用纪实的手法和叙事的结构方式来制作一个题为“身边的故事”或“同桌的你”的电视节目。

2. 寻找一个能反映我们学生时代生活的歌曲为创作脚本，用表现蒙太奇的手法，写出提纲或分镜头脚本，并制作成一部 MTV 作品。

3. 通过制作以上两个节目，用自己的话说出蒙太奇的含义。

4. 通过以上两个节目的制作，领会出画面编辑的作用，说明掌握编辑方法的重要性。如果你用过非线性编辑机，试说明其制作的特点。

5. 以你看过的现场直播节目为例，说明什么是现场制作与即刻编辑。

第五章 声音——电视表现的元素

本章内容提要

◎电视节目中的声音可以归结为三种：语言、音乐、音响，这三种元素相互之间既独立又配合，构成了丰富多彩的电视声音世界。

◎声音和画面共同完成节目内容的表达，当它们出现在电视节目中时，并非彼此孤立，而是存在着一定的关系，这种声画之间的关系可以有三种表现形式，即声画同步、声画并行和声画对立。

◎电视专题节目的语言、音乐、音响各有其独特性，正确地认识它们并加以灵活的使用，是专题节目后期配音成功的关键。

◎大型节目的录音首先要设计合理的节目录音方案，其次要求录音师在实际操作时具有良好的心理素质及操作技巧。

◎许多电视节目的后期录音合成及音乐录音离不开同步，随着电视录音的数字化，掌握数字录音，同步技术成了对录音师必不可少的要求。

◎从模拟录音逐步过渡到数字录音，进而到网络化录音，是电视录音发展的方向。

第1节

电视节目的声音构成

一、声音构成

当你正全神贯注地观看你所喜爱的电视节目，突然旁边讲话的声音盖过了电视机里的声音，你将如何反应？——要么阻止旁人的讲话，要么开大电视机的声音！这样做的目的，就是要听清楚电视节目的声音。换言之，如果去掉了电视节目的声音，你或许无法完全明白电视节目的全部内容。声音的重要性是不言而喻的——电视节目不能没有画面，同样也不能缺少声音。声音是电视节目的重要组成部分。

我们知道，所有的音乐其实只由十二个音符通过规律性的变化组合而成，同样，电视声音也有其基本组成元素——语言、音乐、音响，这三种元素有规律性的组合与变化，构成了丰富多彩的电视声音世界。

1. 电视声音三元素之一 ——语言

这里所说的语言是指通过人讲话发出的声音，这种形式是电视节目中出现最多的一种声音类型。根据语言在电视节目中出现的形式，可以分为电视解说和人物同期声。

（1）电视解说

电视解说指伴随于电视画面的画外语言，主要用来解释、议论、介绍背景表达作者观点，补充画面表达多意性的不足。电视解说是电视声音最主要的表现形式，所以其声音的音量大小始终是第一位的。

（2）人物同期声

人物同期声指与画面同步的由画面中人物说出来的声音。节目中大都以采访的形式出现在屏幕上。

2. 电视声音三元素之二——音响

音响是指自然界一切物体发出的未经人工刻意处理的声音，作为电视节目中出现的音响是指附加于画面的音响。音响的这种附属性决定了它和电视画面之间必须紧密结合，这种特性将在以后的章节中讨论。

电视音响根据其在节目中的使用又可以分为自然音响和效果音响。

（1）自然音响

自然音响指与画面拍摄同步拾取的与画面表现的环境相吻合的音响，如在工厂拍摄时，同机拾取的工厂环境声。自然音响在画面中的存在，可以大大增强画面的现场感，给人以真实自然的感觉。

（2）效果音响

效果音响指后期制作时选配的与画面同步或与画面环境相符合的音响。在电视节目后期制作时，它经常被使用。

既然自然音响有很多好处，为什么还要使用效果音响呢？其原因有四方面：

① 在拾取自然音响时，如果效果不尽如人意或根本就没有录，那么，必须要在后期制作时配上与画面同步的效果音响。这种情况在电视剧制作中最为常见。

② 效果音响克服了自然音响在剪辑时造成声音不连贯的问题。

③ 在一些电视剧中，许多表演是示意性的，如打斗、碰撞等声音都不到位，有时使用假道具，发不出真实的音响，必经在后期制作时选配合适的效果。

④ 为了艺术处理的需要，将自然音响进行夸张、变形，不可能和自然音响的原貌一样时，需后期配音。例如，电视中在表现医院抢救病人的情节时，将病人心跳的声音夸大，造成紧张的气氛，在生活中这种声音实际上是听不见的，只能依靠后期配音来实现。

3. 电视声音三元素之三——音乐

这里所说的音乐实际上并不是指的广义上的音乐概念，而是指被电视节目所采用的音乐——电视音乐。电视音乐根据音乐与画面在电视节目中所处地位关系可划分为两种类型：主导型音乐和非主导型音乐。

（1）主导型电视音乐

主导型电视音乐多在那些创作以音乐为主体，画面的构思、拍摄和剪辑都服从于音乐的律动和节奏的变化的节目中使用。如电视音乐艺术片、电视舞蹈、音乐电视、音乐会实况转播等节目中的音乐都是主导型电视音乐。

（2）非主导型电视音乐

在电视节目中，音乐的进行和发展服从于电视节目的内容表现，这一类音乐为非主导型电视音乐。例如，电视专题片、电视剧中选配的音乐。以下将介绍非主导型音乐的总体特征：

① 音乐应具有“画面感”

音乐和画面之间存在着内在的联系：首先音乐是时间的艺术，如果以时空坐标来表示，在时间横轴上音乐表现的是音长、节奏，画面则表现的是画面长度；在空间纵轴上，音乐改变的是音符的音高、和声的浓淡和明暗、配器的厚实和单薄等，而画面可以表现场面的宽广与狭小、空间的大小、画面的厚重与单薄、光线的明暗等。由此可见，音画在时空变化方面有相通之处，有人说音乐是流动的“视觉”，具有画面感。

② 音乐的旋律、配器要比纯音乐作品简洁

因为非主导型电视音乐在电视节目中出现时常伴有电视解说和音响，而解说的音量总是处于第一位的，那么音乐的音量必须压低，如果配器太复杂，必然会干扰画面和解说，甚至还干扰了音乐的主旋律。此外，音乐的曲式结构也应简单一些，便于配音乐时的剪辑。

二、声画一体

电视声音和画面是密不可分的，二者互相配合、互相补充，构成一个有机表达的整体。声画之间的这种关系就是声画一体的概念。电视节目声画一体主要体现在以下几个方面：

1. 声画一体可以强化内容

声音艺术的起源可以追溯到无声电影时代，那时声音没有进入画面，电影的表现手段完全是通过电影的画面来实现的，也就是说，所有要表现的内容都必须在画面上出现。例如，要表现“天亮”这一情景，画面必须出现有日出破晓的镜头；声音进入画面后，电影的表现手段得到了丰富，例如，可以使用公鸡啼鸣的声音预示黎明的到来，声音在这里起到了与画面相同的表现作用，甚至更简洁、更方便。

2. 声画合一可以突现电视的表现功能

眼观六路，耳听八方，这是对人的视听器官获取外界信息功能的一个简洁的描述。有一些信息只能听见却看不见，如果眼耳并用就可以获取更多的信息。如当表现一个人悲痛时，画面可以通过人物表情、动作来表达这个人的悲痛，而电视声音则可用音乐和哭声刻画内心深处的悲伤。再如表现一枚火箭发射的全过程，当火箭刚启动时，电视声画都可以表现，当火箭飞入云层时，电视画面上看不见火箭留下的“尾巴”，但火箭的声音还能听见；当火箭穿出云层，飞向远方时，因距离太远听不见声音，但画面上又能看见火箭留下的“尾巴”。声音和画面的结合，使得节目内容的表现更加充分。

三、声画关系

电视声画关系是指电视节目的声音和画面以一定的关系结合在一起，包括声画同步、声画对位和声画对立。

1. 声画同步

声画同步指的是电视的声音和画面之间建立的一种一一对应的关系，这种一一对应的关系包括以下几方面：

（1）音响及写实性音乐与画画环境动作的一一对应

在日常生活中，人们对音响与画画之间的一一对应关系已司空见惯，所以当画面出现一个人步行的画面时，就要求有相应的脚步声出现。在动画片《米老鼠和唐老鸭》中，角色的动作包括脚步声都和音乐的每一个音符一一对应，是写实性音乐与画面同步的典范。

（2）音乐、解说及画面在情绪、气氛和内容上保持一致，形成了音乐与画面之间的同步

例如，在教堂结婚的画面配上一首庄严的婚礼进行曲；在追悼会的画面上配以哀乐，形成了音乐与画面的同步。

2. 声画并行

声音和画面有其内在联系，但声音和画面各自有自身的创作规律，如画面镜头组接、电视音乐的剪辑都遵循自己的规定。声音和画面之间的这种既联系又互相游离，构成了声画结合的另一形式——声画并行。

在电视专题片中经常运用声画并行的制作技巧。如专题片《山里来了子弟兵》反映的是解放军帮助山区农民脱贫的故事，在该片中有这样的两组画面：第一组画面是一位老将军来到农民办的砖厂和工人一起劳动，紧接着的第二组镜头是老将军到农民家问寒问暖。为这两组画面配的声音是一首热情激昂的乐曲，音乐的进行没有考虑画面的节奏，没有考虑与画面的人物动作一一对应，音乐和画面看起来是各自独立的，但是，画面和音乐表现的内容是一致的——那就是歌颂以老将军为代表的人民子弟兵的那种无私帮助贫困山区人民的奉献精神与子弟兵

与老百姓之间的鱼水之情。

在音响与画画之间也可以构成声画并行。如在一部战争题材电视剧中，有一个这样的场面：在地下掩体中，我军指挥员在召开紧急军事会议，画面是开会的镜头，声音是隐隐约约的枪炮声，声音和画面之间没有一一对应，但声音和画面有着内在的联系，即都表明当时形势的严峻。

3. 音画对立

音画对立是指电视节目的声音与画面各自所表现的情绪或内容之间形成一种相反的关系。音画对立可以是美与丑、善与恶、生与死、喜与悲、严肃与滑稽等相反元素之间的对立。通过这些对立面的对比，可以增强节目的艺术感染力，给观众以更深的印象。例如，在一个表现欢天喜地情绪的画面中，如果出现一段阴森、不安的音乐，可能预示随后的情绪将朝相反的方向转化；在这种情况下，画面表现的是表象，而音乐揭示的才是节目要表现的真正内含。声画对立是较高层次的声画结合关系，使用得好会产生一种含蓄美，若使用不当也容易弄巧成拙，使用时应引起注意。

四、录音类型

电视节目录音根据节目录制方式可以分为先期录音、同期录音和后期配音三种类型。

1. 先期录音

先期录音是指电视节目拍摄之前进行的录音。这一类节目有两种类型：

（1）以声音为主导的电视节目常采用先期录音

如音乐电视节目的录音、电视音乐艺术片的录音、音乐风光片的录音等。这一类节目进行先期录音的理由很简单，就 MTV 而言，如果不先录音，画面的拍摄就难以进行，因为画面中演员的动作、表情、演唱、情绪都在音乐的指挥下进行。

（2）现场不具备进行录音的条件不得不进行先期录音

在一些电视节目中，录音本应和画面拍摄同步进行（即同期录音），但由于实际的条件不允许同期录音。如在体育馆录带观众的小品节目，因为小品节目在场馆中表演时，现场扩声比较困难，易产生声音“回授”现象。这时可以先在录音棚中将小品节目的声音录制好，然后在现场播放录好的声音。这样既可以保证现场的扩声效果，又满足了电视播出声音的要求。

2. 同期录音

同期录音是指电视节目的声音录制与画面拍摄同步进行的一种录音方式，在纪录片、实况直播等节目形式中被普遍使用。同期录音可以使电视节目中的语言、音响与画面中的环境、动作完全吻合，增强了画面的真实感及节目内容的可信度。在进行同期录音时，对于录音的对象要有一定的选择，要尽量消除与节目无关的“杂音”，同时还要选择没有杂音的环境进行录音。如出外景实拍电视节目主持人的声音，就要对主持人所处的环境进行选择，既要考虑到声音有现场感，又要考虑到现场环境声音量不能太大以致干扰主持人的声音。

3. 后期配音

电视节目的声音如果不能通过同期录音解决，就必须在电视节目后期制作时，再配上与画面节目表现内容相适应的音响效果、音乐以及解说（对白）。这种录音方式称后期配音。有许多电视节目都需要进行后期配音，如电视剧后期配动效和对白，专题片配解说、音乐及音响等。

电视节目的后期配音应把握节目声音各部分的层次关系。首先，解说、对白相对来说是最突出的，其次是音响和音乐。当音乐和音响同时出现时，应根据节目内容表现的需要，有时突出音响效果，增强画面的现场感及声音的“撞击”感；有时突出音乐，利用音乐揭示人物感情，深化节目主题；有时音乐和音响共同构成一种总体的声音效果，形成一种“合力”，更好地渲染画面气氛。

以上电视节目三种录音方式在电视节目制作中并不完全是以某一种形式出现，有时要使用两种形式，甚至是三种形式都要使用。例如在大型文艺晚会的声音制作过程中，MTV（音乐电视）节目要进行先期录音，主持人声音和现场观众掌声要进行同期录音，在晚会节目录制完成后，对部分节目的声音进行修改，要进行后期配音。

第2节 专题节目的后期配音

一、语言的运用

1. 电视解说的作用

电视解说在电视节目中承载了大量的信息，它集观点表达、画面解释、议论和抒情于一身，是电视声音表现的重要元素。解说的这些作用在专题节目中表现得更为突出。

（1）解说的确定性弥补了画面多义性的不足

电视解说作为一种有声语言具有极强的表现功能，尤其是在直接传达确切的含义方面对电视专题节目的表达具有重要的意义。因为电视画面在表达节目内容时，常常具有多义性，必须要通过解说的帮助以明确要表达的内容。此外，解说的这种确定性对专题节目的音乐选配也具有提示作用，这一点在后期配音工作中非常有用。

（2）解说可以概括时空中事物的发展和变化，使电视表现的手段更为简明

电视解说可以通过概括性的描述将一段时间内或不同空间中发生的事情浓缩成简短的语言，省去了通过画面表达所带来的困难。

（3）解说通过发表议论和观点来表现理性的或抽象的节目内容

在电视政论片中，许多内容的表达要借助于推理和判断最终得出结论，这类节目非常适合于解说来表达。

（4）解说有抒情的作用

在日常生活中，不同的话语可以使人笑、使人哭，让人高兴、让人愁，语言的这种表情的功能如果和画面及音乐的表情功能合为一体，可以大大地增强节目的感染力。

2. 解说在电视专题节目中使用时应注意的问题

（1）解说作为一种有声语言有别于书面语言

使用解说时应注意用词的韵律感及响亮感，以保证解说在声音效果上具有美感，增强观众对节目的印象。

（2）解说应通俗，避免过于华丽的辞藻及生词、怪词、一音多义词的使用

在收看电视节目时，听到的声音稍纵即逝，观众不可能对解说的内容进行反复的推敲，如果解说词过于复杂，势必造成对节目内容理解上的困难。

（3）解说在电视专题节目中不应填得“太满”，应留出一些空间给音乐及音响

解说不像文学作品中的语言（是文学作品中的唯一的表现元素），电视解说对于电视专题节目的内容表达不是唯一的表现元素，它与画面、音乐及音响共同完成节目内容的表达，如果通过画面、音乐或音响能够完整表达节目内容时，解说可以不出现。这样不仅可以使表达更简洁，而且还可以充分发挥各种元素各自

的表现特长。

3. 人物同期声的作用

人物同期声在电视专题节目中的作用主要体现在四个方面：

（1）人物同期声可以表达被拍摄者的观点

（2）通过被拍摄者对事物的叙述，并利用其特殊的身份来加强所述内容的真实性

（3）人物同期声能刻画人物的性格

不同性格特征的人在讲话时会表现出不同的特征，主要表现在说话的语气、体态语言、面部表情等方面，当这些特征出现在画画上时，能体现出被拍摄者的某些性格特征。

（4）人物同期声能表达人物感情

人们在动情时往往溢于言表，拍摄时如果能抓拍到这些，会收到较好的表情效果。

二、音响写实与写意

电视专题节目后期配音主要是对节目的语言、音乐、音响进行技术处理和艺术加工，以提高电视节目声音的表现力。音响作为电视节目声音的一部分，在电视节目中的主要功能是写实，无论是自然音响还是效果音响，都要求与画面所描绘的空间及环境相吻合，甚至是一一对应，让人感觉画面真实可信。要保证音响的真实感，应注意电视音响的声场特性。电视节目中的音响必须与画面表现的真实空间的声音特性相符合，或者说必须与真实的声场特性相符，所以要了解电视音响的声场特性，就必须了解真实声场的声音特性，那么，真实声场中的声音有哪些特性呢?

1. 声音在不同声场中有不同的特性

从声学的角度来看，声音的存在离不开空间和媒质。例如在日常生活中，人们能彼此听见对方的讲话，就是因为有空间和空气介质，一旦空间或媒质发生改变时，声音的特性也将发生变化。如在剧场中听音乐的感觉和露天就不一样，这是因为空间不同；而人们在游泳时，在水中听岸上的人讲话和在空气中听岸上的人讲话的听感是完全不一样的，这是因为媒质不一样：一种是水，一种是空气。

2. 同一声场中的声音有不同的特性

首先，声音也存在近大远小的“透视感”。当火车由远而近时，声音也由小变大；反之由大变小。第二，在同一声场中，当许多声音同时出现时，各种声音

的能量是不一样的，有的声音听起来大，有的听起来小，要保证录音的真实，必须注意声音的这种大小的变化。如工厂车间讲话的人声与机器轰鸣声之间存在着声音能量的区别，在录音时如果不注意这个问题，将人声录得过于清晰就会造成失真。第三，声音具有“运动感”。人们判断声音的移动主要是通过声音音量大小变化和相位变化，当一辆汽车由远及近，汽车的声音会由小变大，由近及远时声音由大变小；而当它从左到右或从右到左时，声音的相位也会随之移动。此外，还有一种不常被人注意的判断声音运动的声学现象——多普勒效应。如一边鸣笛一边高速行驶的火车或救护车，当接近听者时，汽笛声的频率变高；当远离听者时，频率变低。听者听到的声波频率与声波源发出的频率不同，这一现象在实际录音时应引起注意。

电视音响的主要功能是写实，但也可以写意。电视音响写意是指音响能表达一定的意境，渲染气氛，抒发感情。在电视专题片《巴山楚水闹元宵》中，为了表现湖北人民闹元宵的情景，在锣鼓表演、舞龙表演、跳摆手舞等场面中，大量使用客观音响，起到了渲染画面气氛的作用。在电视专题片《关公文化寻踪》中，有一组描写玉泉寺的镜头：在远景中，玉泉寺掩映于群山之间的苍松翠柏之中，显得非常幽静，此时的声音使用了寺庙里隐隐约约的钟声；在近景中，使用了寺庙中磬的声音，较好地衬托了画面“静”的气氛，起到了画龙点睛的作用。

与音乐的写意功能不同，音响写意是建立在与画面同步的基础之上的，不能游离于画面之外。在电视专题片《村里来了子弟兵》中，有一个场景：当农民的房子被山洪冲毁后，解放军帮助他们盖了新房，并送去了大米、衣服，一些村民感动得哭了起来。在表现这一场景时，声音采用现场的音响——村民激动的哭声，增强了画面的感染力，表达了村民对子弟兵的感激之情。在这个例子中，村民的哭声作为音响与画面是同步的，不能脱离画画，如果画画上没有人哭，硬要加上哭的声音就显得很可笑了。

音响除了有写实、写意这两大主要功能之外，音响还有以下作用：

1. 音响转场

所谓转场是指电视节目中场景的转换。画面编辑常用有黑画面转场和空镜头转场。其实，音响也可以用作转场，即利用前后两个场景中声音特点相关联的音响来实现场景的转换。音响转场常出现于一些戏剧性较强的场景之间，这种转场效果给人一种干脆利落之感。在电视剧《十五次呼叫》中，为了表现一种紧张的气氛，镜头从医院直接转换到火车车厢中，就是通过火车鸣笛的声音来转换和衔接的。火车的声音在医院的镜头中先现，然后延续到后一个画面中，镜头的衔接非常紧凑，与画面表现的气氛相符。由于声音的这种连接功能，有人形象地称之作“音桥”。

2. 音响增加画面信息

电视音响能传递画面所不能表达的信息，将电视画面以外的信息通过声音传递给观众。如蝉鸣传递着时间信息——“夏天”；雷鸣预示天气将改变等。

3. 音响在节目中出现对剧情的发展具有某种暗示作用

如用雷声预示随后的剧情将发生变化，利用喜鹊叫声预示将有喜庆的事情发生等。

三、音乐的作用

这里所说的音乐的作用并不单纯地指音乐本身，而是指音乐与画面结合后所产生的艺术效果。以下将从几方面对其作用进行剖析：

1. 音乐烘托与渲染画面气氛

画面气氛是指画面表现的场景给人带来的某种强烈感觉的精神表现或者是给人强烈感觉的景象。气氛可以是紧张的、轻松的、友好的、敌意的、欢乐的、悲哀的，等等。在表现气氛方面，画面、音乐、音响各有所长：画面和音响在表现场景气氛时比较直观，人们一看便知，而音乐在表现场景气氛时比较抽象。当音乐和画面结合在一起时，音乐表现的气氛会因为画面的提示而变得更加清晰，而画面又给音乐以确定性，这种具体的表现方式和抽象的表现方式的结合，让人们更强烈地感受到节目所表达的气氛。

在电视专题片《虎啸清江》中，有一个片段描写的是鄂西人民在修路时，有许多人奉献了生命。在这个片段中有一组画面，表现的是一个母亲为失去的三个儿子而失声痛哭，声音是一段悲伤动情的音乐，音乐的出现使画面的悲伤气氛得到了加强，音乐和画面产生了一种“合力”，达到了催人泪下的效果。

音乐对画面气氛的烘托和渲染在电视专题节目中被普遍采用，在实际使用时，应注意以下几方面的问题：

（1）音乐和它要烘托渲染的画面所表达的情绪和气氛应该是一致的，否则就达不到烘托、渲染画面气氛的目的

（2）音乐不能被滥用

并不是所有的画面气氛都需要音乐来烘托、渲染，有一些画面的气氛表达上非常充分，如果再加上音乐，就给人画蛇添足的感觉。例如在电影《辛德勒的名

单》中有一个这样的场景：一个犹太小孩为了躲避德国鬼子灭绝人性的搜捕，四处躲藏，当他找到他认为比较安全的藏身位置——厕所的粪池时，令人震惊的一幕出现了——在粪池中已经挤满了前来躲避搜捕的犹太儿童！所有这些加上画面上犹太儿童惊恐的眼神，把对德国鬼子的恐惧刻画得淋漓尽致，充分揭露了德国鬼子的凶残，其寓意非常深刻。影片在这里没有使用任何音乐及效果，而是通过画面将恐怖的气氛表现得非常充分，同样收到了好的效果。假如在这里加一段恐怖的音乐，不仅不能烘托画面气氛，反而使人感觉太俗气、太肤浅，并干扰了画面表现的气氛。

（3）当画面表达的某种气氛不够充分时，可以用音乐来进行弥补

这一点在专题节目的音乐选配时，尤其重要。因为在专题节目的前期拍摄时，并不是所有期望的镜头都能如愿以偿地被拍摄到，有一些节目需要的气氛将不能通过画面表达出来，必须借助于音乐或效果的表达来实现。

在专题片《关公文化录踪》中有一段描写关公征战疆场的内容，这些内容都已是历史，现在无从拍摄，所以使用了一些画片及《三国演义》电视资料中的战斗场面作为画面内容。显然，画面表现的战斗气氛是很不充分的，为了弥补这一缺憾，片中为这段画面配上了激烈、紧张、古朴的音乐，较好地烘托了画面的战斗气氛。

2. 音乐有抒情的作用

（1）音乐影响人的感情

音乐是人类共同的语言，当婴儿听到摇篮曲会安然入睡，而听到优美的音乐时会表现出明显的愉悦；对于成人而言，悲伤的音乐能让人感到压抑，欢快的音乐能改变人们沮丧的心情……由此可见，音乐影响人的情感是客观存在的事实。

（2）电视专题节目中的音乐的抒情作用必须结合画面

人们在接受音乐的影响时，往往是不自觉的，或者说是潜意识的，当音乐在电视中使用时，这种潜意识的情感被画面上比较直观的表达所提示，由潜意识变成了下意识，并与来自画面的情感体验一起形成了一种更强烈的感受。这时，音乐的抒情性已不仅仅是音乐本身所具有的，而是结合画面共同产生的。

音乐抒情的作用主要体现在以下几个方面：

①音乐抒发的感情应与画面及解说所表达的感情一致

在实际使用中有两种情况：一种情况是通过解说及画面解读出节目中蕴含的情感，然后再选择与之相适应的音乐；另一种情况是根据节目内容表达的需要，

先决定使用一段抒发某种感情的音乐，然后选择与音乐相适应的画面。

②抒情性音乐在节目中出现的时机

要说明这个问题，必须先了解情感发展过程的规律。在生活中，人的某种情感的形成有一个过程，这个过程有时是突变式的，有时是渐进式的，如范进中举以后的表现属于突变式情感，而梁山伯与祝英台的爱情发展就是渐进式的。情感不管是突变式或是渐进式，都有一个共同的过程特点，即都要有铺垫，然后爆发：范进中举后因激动而发疯，是因为他有屡试不中的经历作为铺垫，才有后来中举后的情感爆发；同样，梁山伯与祝英台爱情火花的产生，是由于有同窗十载的情谊作铺垫。观众在看节目时，情感的形成也有这样一个过程，即情感铺垫和情感爆发。反推到电视节目制作中，抒情性音乐出现在节目中情感的爆发点时，效果最为理想，符合情感发展规律。

3. 音乐有助于节目风格的形成

风格对于一部专题节目的作用就如同于个性对于一个人，一个人如果缺乏个性，必然缺少魅力。同样，电视专题节目如果没有自己的风格，必然少了一份对观众的吸引力。电视专题节目风格形成得益于多方面的因素，其中的一个重要方面就是音乐。音乐风格的差异对节目的风格将产生影响。

（1）音乐创作方面的技术特征，如音调、和声、配器、节奏等方面的差异造成音乐风格的差异。如民乐的“俗”、交响乐的“雅”及电子音乐的“冷”等会形成截然不同的音乐风格。

（2）音乐表达的情绪、意境不同，也引起风格的差异，产生诸如神秘、清纯、雄伟、幽静、奔放、含蓄等不同特点的音乐风格。

不同风格的音乐用在电视专题节目中，对专题节目风格也产生影响，在为专题节目配音时，应从以下几方面把握音乐对节目风格的影响：（1）电视专题节目的音乐风格差异对画面内容表达有潜在的影响，同样的画面如果用上不同风格的音乐，会产生不同的表达效果。这是由于画面有时具有多义性，而音乐就其风格而言具有一定的确定性，对画面起到了一种提示作用，当音乐风格发生变化时，必然影响画面内容的表达。（2）为专题片配音乐时还应注意音乐风格的统一。音乐风格的统一，首先应注意音乐本身的配器、音调及调式等特征的大致统一。如果一部专题片中的音乐一会用民乐一会又用管弦乐，一会用民族调式，一会用西洋调式，其结果必然造成音乐风格的不统一，影响节目统一风格的形成。其次，音乐表现的情绪或意境应贯彻于节目中的主要音乐段落，包括节目的主题音乐、重点抒情音乐段落等。

四、配乐开始

1. 音乐选配的形式

为电视专题片选配音乐时，音乐的出现一般有以下几种方式：单主题贯穿式、双主题贯穿式，多主题贯穿式、无主题式。

（1）单主题贯穿式

单主题贯穿式指在电视专题节目中，以单主题音乐在片中的反复运用为基础，辅以其他非主题音乐的出现与主题音乐进行对比，形成既统一又对比的音乐艺术表现形式。主题音乐在片中的反复出现并不完全是音乐的简单重复，有时还需要进行变奏，以期进行主题音乐的自我对比，这种音乐选配方式可以用图5－1表示。

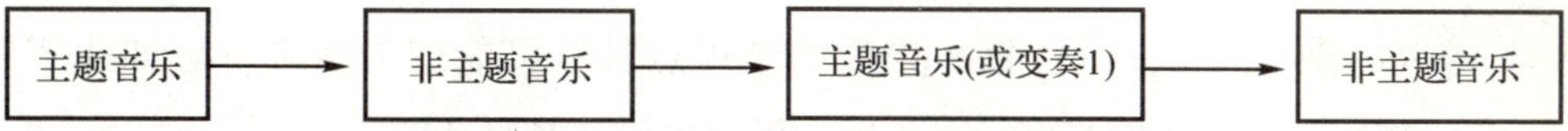

图5－1　单主题贯穿式音乐使用示意图

（2）双主题贯穿式

与单主题贯穿式相似，双主题贯穿式是以两段不相同的音乐作为主题音乐在节目中反复出现，辅以非主题音乐的出现加以对比的音乐表现形式，如图5－2。

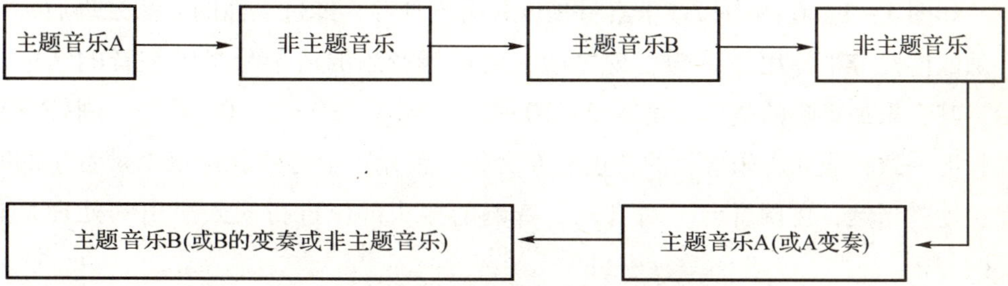

图5－2　双主题贯穿式音乐使用示意图

多主题贯穿式与上面的叙述相似，只是主题音乐的数量更多而已；而无主题式则没有主题音乐的反复使用，音乐完全根据剧情的变化而更换，这后两种形式在电视专题片中的使用较为少见，一般以单主题贯穿式及双主题贯穿式使用较多。

2. 音乐的剪辑

在电视节目中，音乐的长度在大多数情况下是以画面的时间长度为准的，在为电视节目配音时，音乐的时间长度刚好与画面时间长度相吻合的情况不多，大多数情况下要对音乐进行剪辑，使音乐的时间长度与画面的时间长度一致。音乐的剪辑有两种形式：一种是将音乐变得比原先长；另一种就是变得比原先短，以下介绍几种具体剪接的办法。

（1）按照音乐的曲式结构对音乐进行剪辑

音乐的曲式就如同是新闻写作中的五个“W”，是音乐创作中必须遵循的结构规律。音乐曲式学规定，音乐的最小单位是音符，多个音符构成一个乐句，多个乐句构成一个乐段，多个乐段构成一个乐章。音乐的乐句之间、乐段之间以及乐章之间，在和声及调式的衔接上都有一定的规定性，所有音乐创作都遵循这些规律，电视专题音乐也不例外。专门为电视专题片创作的音乐一般曲式结构都比较简单，在一到三个乐段之间，其主要目的就是为了剪辑的方便。如果我们将三个乐段表示为 a、b、c 的话，常用的电视专题音乐的曲式结构可表示为 a－a－b 或是 a－b－a；或 a－b－c；每一乐段的结束点都有可能成为剪辑点。如曲式为 a－b－c结构的三乐段形式的一段音乐，可以剪辑成以下形式：a－b－c－a－b－c 或是 a－b－a－b－c 将音乐延长；也可以是 a－c 或 b－c 或 c 将音乐缩短。当然这种改变音乐长度的办法还要看每个乐段之间的配器、调性、音高等因素的衔接是否符合音乐规律，要详细了解这方面的内容还有待于学习相关的音乐知识。

（2）利用电视专题片中的音响延长或缩短音乐的时间

如图 5－3。在图中，音乐素材长度只有 3 分钟，经过上面的方法处理后，取音乐的前两分半钟用在音响出现之前，而选择音乐的后一分半钟在音响结束之后，其音乐加音响的整个长度为 2：30＋1：00＋1：30＝5：00 分钟，刚好与画面长度一致；假如音乐素材的长度有 6 分钟，使用以上方法就可以缩短音乐的时间长度。当然，在调音台上对音乐、音响的接头部位进行淡入淡出的处理是必要的。

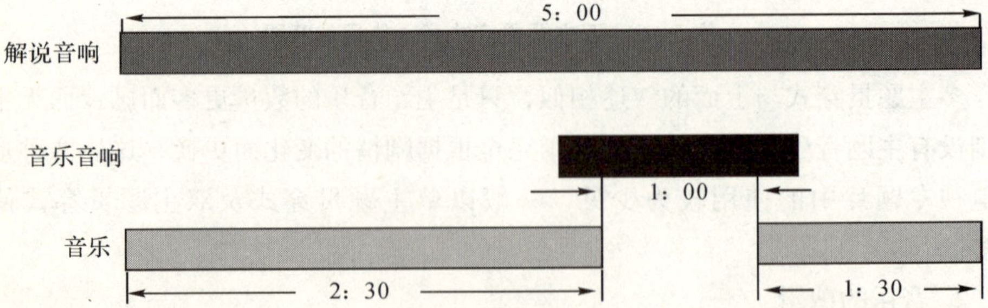

图 5－3

（3）利用解说的掩蔽作用，改变音乐的时间长度

在音乐剪辑时，经常碰到这样的情况：如果使用符合音乐剪辑规律的剪辑点，拼连接的音乐长度又不能满足画面长度的需要；如果要满足画面时间长度的需要，又找不到合适的剪辑点；如果硬将两个不合适的剪辑点连接在一起，从听觉上来说，音乐衔接部就有不自然的感觉。为了解决这个问题，可以采取这样的办法：即将衔接部音乐的音量适当减少，同时将之掩蔽在语言或音响之中，弱化不自然的感觉，有时不失为一种办法。这里要声明一下，这种办法在目前电视采用单声道录音及播出的方法下可以使用，一旦今后电视采用5.1声道（杜比环绕声）播出时，万万不可用此方法，因为5.1声道方式下，音乐声道与语言声道是分开传送的。

（4）通过设备的变频或变速实现音乐时间长度变化

现在有许多音频设备具有变频、变速功能，通过改变机器的运转速度或频率，可以改变音乐的时间长度，但这种方法对音乐长度改变的幅度不是太大，并且当速度改变太多时，对音乐的音质有影响。你在使用时要根据实际情况慎用。

第3节

电视节目的同期录音

一、录前准备

电视节目的同期录音就是在拍摄电视节目时同步拾取拍摄对象所产生的声音。这种录音方法拾取的声音不仅能与画面拍摄对象的动作完全吻合，而且更能增强画面的真实感，因此被广泛地使用。要搞好电视节目同期录音首先要做好录前准备工作。

1. 制定一个好的录音方案

你必须在同期声实录之前做好三项准备工作：

（1）要了解将进行同期录音的节目内容

了解了这些可以帮助我们对要录音的对象做到心中有数，不至于在实录时手忙脚乱，浪费时间，并且还可以帮助我们决定使用什么样的话筒及调音台等录音设备。

（2）要了解录音现场的自然环境、声学环境

这些情况如果不事先了解，有时会直接导致同期声的录制失败。例如，在室内如果混响时间过长，声音会录得不清晰；在室外时，如果环境噪声过大，会使录制的声音不干净。只有了解了这些情况后，才可以采取措施防止或减小环境对同期录音的干扰，或者考虑更换拍摄场地。

（3）进行同期录音前要了解节目表现的主题

因为节目表现的主题对同期录音有直接的影响。例如，文艺专题片《巴山楚水闹元宵》的主题就是通过展现湖北各地老百姓闹元宵的欢乐场面，反映了人民生活的幸福祥和。该片片名中以一个“闹”字，点明了节目的主题，为了表现这一主题，节目中出现了许多热闹的场景，在同期录音时，应该通过声音把这些场景中的热闹气氛充分地表现出来，以突出节日的主题。

2. 分析拾音对象的声音构成，抓住声音主体，兼顾其他

在进行同期录音时，拾音的对象往往不是由一种声音构成，而是由多种声音或多组声音构成，由于这些声音在节目中起的作用不一样，并且在节目中出现的形式也各不相同，所以在拾音时，对它们应区别对待，正确处理它们的主次关系，以增强声音的层次感，同时也满足节目内容的需要。

《巴山楚水闹元宵》中的一个节目《观灯》完全采用同期录音，其表演形式是由两个艺人在鼓乐的伴奏下边跳边唱，在他们的周围有许多观众观看他们的表演。在这个场景中，艺人唱的声音、鼓乐的声音和观众反应的声音构成了拾音对象，那么，这三种同时存在的声音谁是主要的声音呢？为了确定主要的声音，首先必须分析三种声音在节目中起的作用。片中两个艺人的演唱是讲述他们正月十五看花灯的所见所闻，直接用语言表达了节目要表达的内容——“观灯”；而鼓乐声和观众反应的声音都不能起到这种作用，由此可以确定，艺人演唱的声音就是主要的声音。其二，分析该节目表演的形式。该节目的形式是一个“表演唱”，在这种节目形式中，人声是主要的，而乐队只是起伴奏的作用，所以同样可以决定艺人的演唱是主要的声音。确定了主要的声音后，在录音时还必须保证它的清晰，且有较大的电平，不能被乐队的声音“吃”掉了。与此同时，另外

的处于次要地位的两种声音，因其对主要的声音有衬托作用，所以也不应被忽视，只是在音量比例上应与主要的声音有一定差别。

二、正确使用话筒

所有的艺术表现必须通过技术的手段来实现，同期录音也不例外，要想使拾取的同期声层次清楚、主次分明，必须正确地使用话筒。

1. 根据同期声声源的特点选择不同特性的话筒

同期录音时，根据声源的动态范围和频率范围来选择相应的话筒，以免话筒过载和增加高低频噪声。在《巴山楚水闹元宵》的同期声录制时，使用了两种话筒，即美国 SHVRE - SM58 动圈话筒和德国 Sennheiser - MKH816 超指向电容话筒。这两种话筒其动态范围没有太大的区别，但是其频率范围却不同：SM58 的频率范围为 50 ~ 15000Hz，MKH816 频率范围为 40 ~ 20000Hz，在使用时必须加以区别。如在环境噪音较大的室外近距离录人声时，用 SM58 动圈话筒可能比用 MKH816 超指向话筒录的声音更干净，因为人声的频率范围为 100 ~ 8000Hz，处于 SM58 话筒的拾音频率范围 50 ~ 15000Hz 之内，而环境噪声的频率范围却超出了它的拾音频率范围，那么超出的部分即 50Hz 以下，15000Hz 以上的噪声将不能被拾取，但如果用超指向拾音则可能将这些噪音也拾取，因为它的拾音频率范围更宽（40 ~ 20000Hz）。另一方面，如果录制的是一个民乐队而不是人声，则应该用 MHK816 超指向话筒。因为民乐队声音的频率范围超出了 SM58 动圈话筒的频率范围。如用 SM58 动圈话筒拾音，势必使乐队的声音频响受到损失，使拾取的声音听起来没有“水分”，不细腻。

2. 正确把握话筒的拾音距离

在进行同期录音时，如果不能正确地把握话筒的拾音距离，将对所拾取的声音的技术质量和艺术质量都有影响。那么如何把握话筒的拾音距离呢？

（1）应根据画面的景别来决定话筒的拾音距离

对于画面来说有远景、中景和近景，与之相对应，声音也有远景的声音、中景的声音和近景的声音。这主要是因为在不同的景别中，声音的空间感不一样：在远景中，因声音传播距离比在近景中远一些，所以声音频谱中的一些高频成分会损耗掉，声音听起来要单薄一些；并且在有混响存在的空间中，远景的声音的混响声与直达声音量的比例比近景中的要大一些。所以在拾取不同景别的声音时，必须保持不同的拾音距离：拾取远景的声音时，保持远一些的话筒拾音距离；拾取近景的声音时，保持近一些的拾音距离，使声音与画面的空间感得到统一。

（2）根据话筒的拾音角度决定话筒拾音距离

同期录音时，一般使用单指向话筒（像心型和超心型话筒），这类话筒的特点就是对于在其拾音角度以内的声音有较好的频率响应，而对超出其拾音角度的声音表现出较强的抑制性。根据这一特性，我们如果想要在拾音时既保证声源的频响，又排除声源以外的声音的干扰，就必须保证声源的范围刚好在话筒的拾音角度之内。由于心型话筒比超心型话筒的拾音角度大，所以对于拾取同样范围的声源，心型话筒的拾音距离就应比超心型话筒拾音距离近。

（3）根据声源的范围大小决定话筒拾音距离

摄像机在拍摄景物时，可以不改变与拍摄物体之间的距离，只通过镜头的推拉便可以拍摄到不同范围的景物。而对于一个拾音角度是不可变的话筒来说，要想拾到不同范围的声源，必须调节话筒拾音距离，使所要拾取的声音被“包”在话筒的拾音范围之内；当声源的范围大时，话筒的拾音距离应该远一些，反之就近一些。

在实际录音时，话筒距离的确定应综合以上三种因素来考虑。在《巴山楚水闹元宵》中，有一个锣鼓表演节目《龙虎斗》，其规模较大，表演场地面积近千平方米，加之这个表演场地是一个著名的旅游点，围观者（不是拍摄对象）发出的噪音也较大，当时摄像机拍摄的镜头是一个远景，所以话筒拾音距离不能太近，如果太近，声音的空间感与画面的景别就不相符了，并且也不可能将那么大范围的锣鼓队“包”在话筒的拾音范围之内。实际录音时，可将 MHK816 超指向话筒放在远离表演区 30 米左右处，并将其用 5 米话筒架支在高处拾音，其拾得的声音有较好的空间感，各乐器之间的声音融合性也很好，并且因话筒被支在远离地面的高处，较好地避开了围观群众的杂音，最终取得了较好的拾音效果。

三、同期录音≠声音纪实

（1）同期录音时，对拍摄现场的声音是有选择性地拾取，只有那些与画面内容相符合，为节目内容的表达所需要的声音才需要拾取，一旦这些需要拾取的声音与其他的声音同处一个声场，并为其所干扰，我们在同期录音时就要想办法减小这些干扰的声音，突出所需要的声音，而不是以纪实的手法将需要的和不需要的声音同等对待。

在《巴山楚水闹元宵》的拍摄时，有一个很大场面的篝火晚会，参加这个晚会的有十多支表演队伍，各个队伍表演的节目又各不相同，使用的伴奏乐队也各不相同，现场有十多个乐队在同时演奏，声音显得乱糟糟的。在拍摄时，又是以单个表演节目为拍摄对象，逐个地拍摄，如果同期声的录制仅仅是按现场纪实的录法，其结果声音必然是一团糟。为了配合画面，在录制时必须采用近距离拾音的办法，有选择性地拾起乐队的声音，以求取得了较好的拾音效果。

（2）同期录音时，如果我们不得不面对环境噪声时，可以通过一些技术手段来减少环境噪声。例如，通过使用防风罩，或者在后期制作时，通过音频工作站对噪音进行降噪处理等。

（3）有些同期录音虽然是对现场声音的纪实，但不能很好地表现节目内容，有待于后期混入一些与现场环境和气氛相吻合的声音，以弥补同期录音的不足。在《观灯》这个节目中，现场观众对所看到的节目的反应主要是笑声而掌声却稀稀落落，如果掌声也很热烈的话，将会更好地突出该片“闹”的主题。所以在后期制作时，在这个节目的多处表演精彩的位置混入了掌声，较好地增强了画面的热闹气氛，突出了主题。

提高同期录音的水平不仅要求在实际工作中探索正确的录音方法，使用先进的录音工艺，而且更应该提高自身的艺术和技术修养，树立正确的声音观念，只有这样，你才能不断提高同期录音的艺术水平和技术水平，录出更完美的同期声来。

第4节　大型节目的录制

一、方案设计

所谓大型节目是指那些融多种节目形式于一体，规模大、内容复杂的电视节目表现形式。如大型综艺节目、大型文体表演节目、大型体育活动、大型社会活动的录像及转播。大型节目的录音相对于其他节目形式的录音显得更为复杂，要求录音师有较高的艺术素养和技术水平。大型节目在录制之前首先要设计好录音方案。

大型节目录音方案设计要考虑以下因素：节目内容及其特点、录音的环境、录音设备性能及状态。

1. 了解节目内容及其特点

节目内容及其特点是录音方案设计的前提，如果对工作对象不了解，工作无法展开，所以我们在开始录音工作之前必须先分析录音的对象，了解其内容和表现形式，明确工作任务。例如，湖北电视台的综艺节目《幸运千万家》中有谈话式节目，有观众参与节目，还有现场乐队演奏、插播 MTV 及歌手现场演唱等表演形式，了解节目的内容和形式的目的是为了节目制作时正确的操作，也是为了录音设备合理的安排，如使用话筒的数量、调音台的类型等。

2. 了解录音的声学环境

录音的声学环境主要是指录音场地的声学条件，它对声音方案的设计有重大影响。如在体育馆录小品节目时，扩声是一件非常困难的事情，因为在体育馆内，声音的吸收和扩散都比较差，加之一些厅堂驻波的存在，使得小品节目扩声的音量无法开大。而在演播厅里，因为声音的吸收较好，扩声的条件就好得多。此外，在室外录音时，防风、防雨、防强干扰等问题也是必须考虑的。

3. 了解录音设备的性能和状态

当了解了录音工作对象和工作环境后，录音师对自己手中的武器——录音设备也应该充分了解，以保证录音方案的顺利实施。了解录音设备主要是要了解其性能，就话筒而言，有拾音的方向性之别、有拾音范围之别、有动圈话筒与电容话筒之别、有线与无线之别，等等，就是同一个话筒还有频率的补偿与高低通滤波等功能调节，这些差别在制订录音方案时都应考虑。

二、无线话筒的使用

无线话筒由发射机和接收机组成，只有当发射机发射的频率和接收机接收的频率一致时，无线话筒才能正常工作。无线话筒因其“无线”，给节目制作带来了极大的便利，被广泛应用于大型节目的录制中。那么，如何使用好无线话筒呢？

请你先回答这样一个问题：无线话筒的开机顺序是先开发射机的电源，还是先开接收机的电源？

答案是先打开接收机的电源。因为尽管无线管理委员会为专业无线话筒分配了专用的频段，但在空间中，仍有些其他设备频率会在无线话筒的接收频段之内，无线话筒有时甚至会接收到移动电话的声音。当无线话筒的发射机关闭，而接收机打开时，通过接收机的显示系统可以监测到空间中是否有一些设备的频率与自己的频率相同或接近，如果有就应设法更换无线话筒的频率点避开干扰。假如无线话筒的开机顺序是先开发射机电源，后开接收机电源，一些干扰频率会因为功率不如无线话筒发射机的功率大而掩蔽掉了，但对无线话筒的接收将产生“实在”的影响——一旦无线发射机因距离接收机太远或因障碍物的阻挡，使得接收信号变弱时，干扰信号就显现了，无线接收机将接收不到发射机的信号！

注意开机顺序只是使用好无线话筒的第一步，随后的问题同样应引起重视：

（1）无话筒的频率选择。在订购无线话筒时，首先，应了解当地广播电视的发射频率，了解大功率步话机及无线电台的频率，还有当地使用无线话筒的部门已购买的无线话筒的频率，然后将这些频率通告设备供货商，以便在无线话筒生产时避开这些频率，减少今后话筒使用时的干扰；其次，选择无线话筒时，应选择发射功率大一些的（但不能超过国家有关部门的规定），因为功率越大，场强信号越强，声音信号更加稳定。

（2）无线话筒的发射机与接收机之间，尽量不要有可以看得见的障碍物。

（3）无线话筒的发射机的发射信号强度不能超出接收机所能承受的范围，否则会导致接收频率的变化，影响信号接收。

（4）无线话筒与金属物之间的距离应在一米以上。

（5）无线接收机的双天线夹角的最佳值约为90度。

（6）无线话筒应尽量使用碱性电池。这一点常被人们忽视，因为碱性电池与普通电池相比有更稳定更持久的供电电流及电压，可以更好地保证话筒的声音安全，当然也省去了频繁更换电池带来的麻烦。

三、调音台

调音台作为一种声音控制设备，在节目录音工作中的主要功能是对节目声音信号进行混合、控制和加工，完成信号之间的交换。在录音时必须对音量的大小、信号的分配与编组等功能进行设置，其设置的指导思想就是以节目内容和形式的要求为依据，保证声音有最佳的路径。下面以大型综艺节目为例，对调音台功能设置加以阐述，见图5－4。

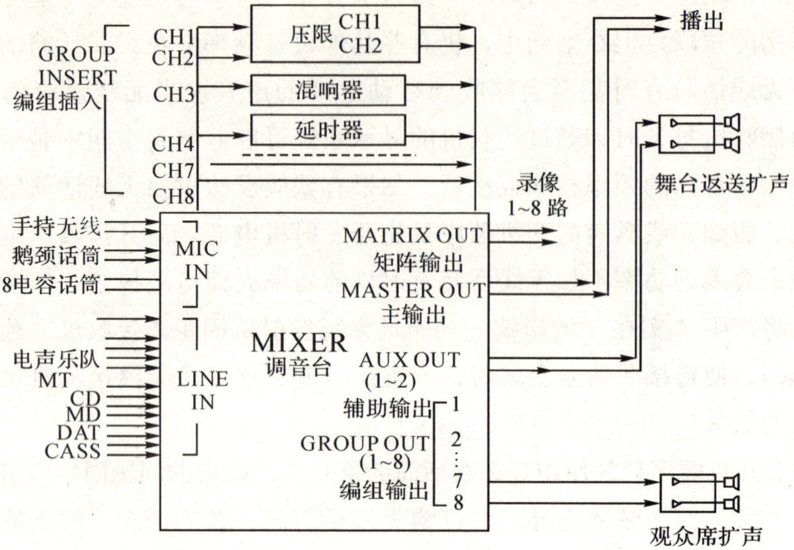

图 5-4 调音台连接示意图

在图中，显示了大型综艺节目的声音录制设备的基本连接情况：在调音台（MIXER）的输入端连接的是话筒（MIC）、电声乐队及放音设备（MD 机、CD 机、DAT 数字录音机、录像机等），在输入端获得的声音信号经过调音台的混合和分配以及周边设备的处理后，从调音台的输出端送往播出及扩声，这是系统声音的总体路径。具体而言，每一类信号在调音台上的路径又可能各有不同，路径的选择视节目录制形式的需要而定，如话筒信号和音乐信号因其在节目中的作用不同而路径也不一样。

比较图 5-5、图 5-6 两个图形就会发现，两者在调音台上的信号分配路径上是有差别的，各有其特点：

（1）音乐信号因在音乐录音时已经通过效果器处理过，所以在电视录音时，音乐就不必要进行压限、混响、延时处理。当然现场乐队演奏的音乐通过效果器进行处理是有必要的。

（2）话筒信号因动态范围大，所以应通过压限器对声音信号进行压缩，以提高节目平均电平，简化操作。

（3）话筒信号也存在差别，如主持人的声音一般不加混响和延时，以保证语言的清晰度，而歌手的声音必须加上混响延时，以增强与乐队或伴奏音乐之间的融合性。

（4）掌声话筒信号不需要扩声，只需分配进入电视播出声音信号中即可。

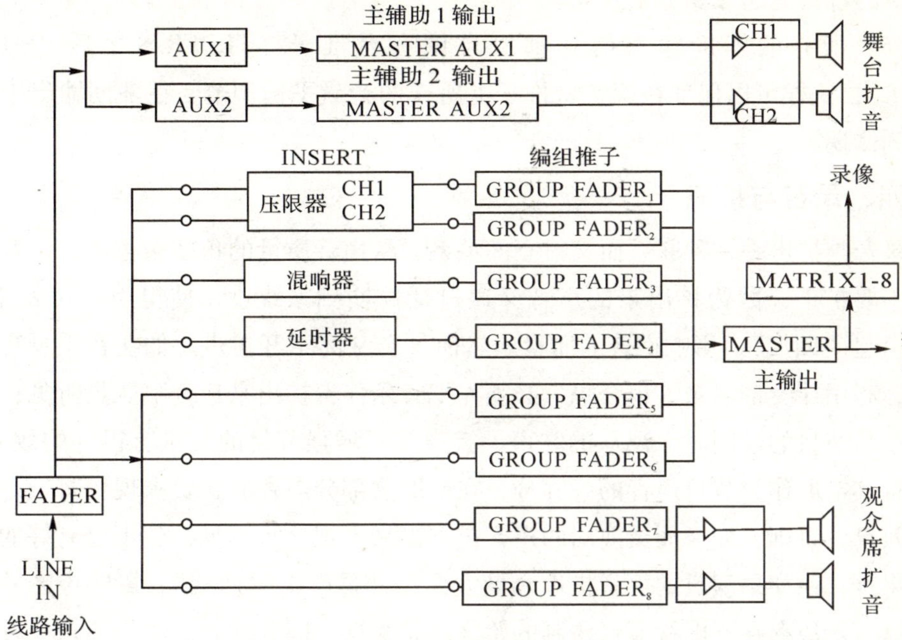

图 5－5 音乐信号在调音台上的路径

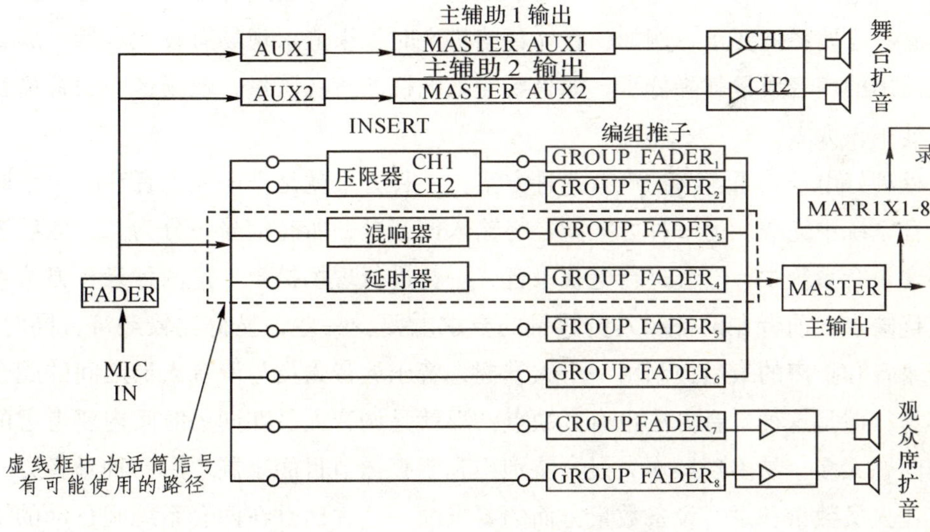

图 5－6 话筒信号在调音台上的路径

（5）由于舞台扩声是通过调音台的辅助线路送出，所以调音台上每一路输入信号的舞台返送音量大小可以通过辅助信号调节旋钮进行调节，如主持人的返送音量就小一些，小品节目的舞台返送音量甚至可以关掉，而舞蹈音乐、MTV

等节目的舞台返送又要尽量开大。

(6) 所有的辅助输出信号都取自调音台推子（FEDER）之后（AFT-FETER），这样可以保证在调音台推子上所作的音量平衡调节，在辅助输出中也能得到体现。

四、录音与扩声

录音与扩声是一种联系而又对立的关系，从声音质量的角度来考虑，录音时希望不要扩声，因为扩出来的声音又通过话筒回到系统中，使得声音“发空”甚至引起“回授”，影响声音的质量。然而录音又离不开扩声。如在音乐录音过程中，利用伴奏带混录人声合唱，必须先把音乐伴奏扩出来让合唱队员听见；在电视小品节目的录制时，观众的掌声、笑声等对增强节目的气氛有很好的效果，必须将其拾取作为节目声音的一部分，在拾取这部分声音时，要求现场有较好的扩声效果，否则，如果演员演出的声音扩不出来，观众听不见，就不会有好的反应效果声；而如果演员的声音扩声音量太大，又易产生“回授”，影响声音的质量，这一矛盾存在于电视节目录制的始终。解决这一问题的办法就是追求一种平衡——扩声的音量加大但不能影响音质；而最小不能让观众听不清，在最大与最小之间，电视节目的录音与扩音达到了平衡；如果要打破这种平衡，录音和扩声必须有一方要降低要求，例如，在体育馆扩声时如果追求现场有较大音量，那么电视播出的声音质量就降低了，如果要保证电视的声音质量，现场扩声的音量就不可能扩得太大。

处理好电视的录音与扩声有两种方案：一种方案就是，电视录音和扩声在同一录音系统中完成。另一种方案就是将输入调音台的所有信号一分为二，然后进入两套录音系统中，一套进行电视录音，一套进行现场扩声。这两种录音方法各有其优缺点，前者在设备和人员数量的要求上要少一些，显得比较经济，同时，由于录音和扩声的最后控制由一个人掌握，音乐放音人员与调音人员之间的配合较容易；但是这种录音方法也有其缺点：那就是调音人员在同一时间内要考虑的操作问题太多，易出现操作失误，特别不利于直播节目的录制。后一种录音方式在工作人员数量和录音设备数量方面的要求高一些，而且在两套系统间行动的协调统一方面不如前一种录音方式方便，但这种录音方式将电视录音与现场扩声分开后，简化了操作，提高了操作的安全性，并且在电视录音系统中，电平的调节不会影响现场扩声，也不用担心声反馈的问题，适合于直播节目的录音，如图5－7。

在图5－7中，话筒信号被一分为二，分别进入播出调音台和扩声调音台，

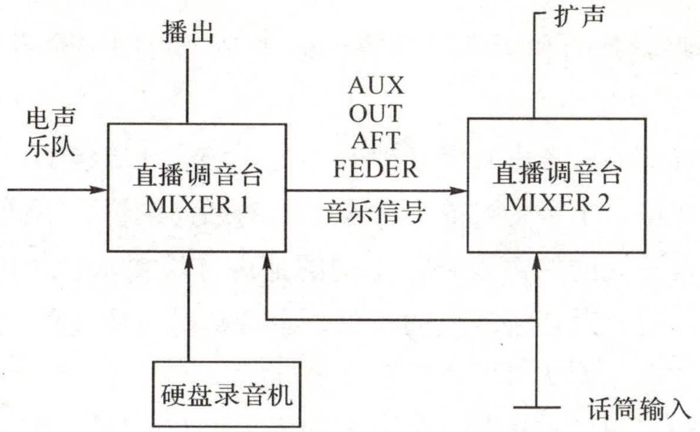

图 5－7

让硬盘机和电声乐队的音乐信号首先进入电视播出调音台，然后通过辅助输出（在推子后，即 AFTER FIDER）送到扩声调音台，由于是推子后的辅助输出，所以音乐在播出调音台上的操作控制也可以体现于现场扩声之中。

五、实况直播

1. 直播准备

对于从事电视制作的工作人员来说，电视直播节目的最突出特点是“直接播出”。也就是说，制作电视节目的过程具备连续性，在直播过程中不可出现中断。对于电视直播节目声音把关人——录音师来说，无一例外地要接受这种制作形式的考验，它对录音师提出了比一般非实况直播节目更高、更特殊的要求。

在电视实况直播过程中，录音工作不允许有重大差错的出现。为了保障电视节目的安全播出，避免直播过程中的任何失误，这就要求录音师要做好直播前的充分的准备工作。录音师应调动自己的感官，通过“看”、“听”、“写”的方法去熟悉直播节目的内容和形式。

“看”，就是要看节目的排练，不能排练的节目（如新闻节目）要看有关的介绍材料，了解节目的内容及形式。通过“看”，录音师对节目的形式有了初步的了解，然后从声音工作的要求出发，对节目提出相应的要求。由于许多节目的编导对现场直播的声音录制工作缺乏了解，没有考虑到声音录制方面的要求，这时需要录音师发挥主观能动性，提请节目编导注意，在排练节目时考虑到声音录制方面的要求。

“听”，就是要审听直播节目使用的先期录音音带。通过“听”，录音师可以初步了解音带所录节目的电平、音质以及节目的起始，对音质不好的节目可以事先想办法弥补。

“写”，就是将看到的和听到的内容记录下来，为制定声音的直播工作方案提供依据。

直播前，录音师还应考虑直播场地的环境。场地环境包括声学环境和地理环境。不同的声学环境，录音师可能会考虑不同的话筒配置、不同的混响时间、不同的均衡调整以及不同的扩声设备；不同的地理环境要求使用不同长度的电缆、不同的话筒架等。通过对现场环境的考察，录音师对直播过程中音质的把握有了基本的认识。

当我们熟悉和了解了直播节目的内容和形式以及场地环境后，应和导演充分交换意见，在充分体现导演创作意图的同时，拿出自己对直播节目声音录制的构想，设计直播工作的声音录制方案。

在制定构想的过程中，有几个因素有必要考虑：

（1）同时进行的几个声音层次，根据表现内容的不同，应有不同的音量比例。

（2）从音乐的角度考虑，不同情绪、不同风格的音乐之间有对比，音乐节目和语言节目之间有对比。录音师可以根据这些提出自己对直播节目编排顺序的想法。

（3）节目与节目之间的衔接有一定的节奏，衔接太紧或太松都给人留下了不舒服的感觉，由于由一个节目转换到下一个节目的进入时间和进入方式（如强起或弱起）在许多时候是由录音师把握的，因此在这一点上，录音师的体会非常重要。

（4）不同形式的节日可以考虑不同的录制方式，哪些节目适合先期录音，哪些节目适合同期录音，是否使用效果器等等，事先要做出计划。

此外，设备的配置事前要做好安排，并要对其进行全面检查，同时要做好设备的备份工作，因为设备稳定良好的状态无疑会增加录音师的信心。

2. 带机走台

新闻节目和体育竞赛节目的实况直播没有这个环节，但是对于文艺节目而言，这个环节却非常重要。其实不光是声音录制部门要求带机走台，其他节目制作部门，如灯光、导播切像以及演员同样有这样的要求。电视需要各部门的密切配合才能够完成，只有通过带机走台，提前体会直播的气氛，才能让各部门发现配合中存在的问题。

在带机走台的过程中，录音师应完成以下工作：

（1）实践自己对现场直播声音工作方案的设计，通过走台修正与实际情况不相符的部分。

（2）发现并纠正演员在使用话筒方面存在的问题，有时甚至可以给演员讲解话筒使用的方法。

（3）避免现场发出与节目无关的噪音，如有些灯光散热的风扇声、摄像师与导演的通话等，有时会对节目的声音录制造成干扰，录音师应与有关人员协商，尽量避免噪音的发生。

（4）熟悉每一个节目在调音台或其他设备上所需要作的调节。现代的数控调音台在这方面给录音师提供了许多方便，但是，现在许多电视台没有这么好的条件，如果要保证录音师在设备上所作的调节正确、迅速，我们可以对调音台的每一通道做些标记，标明所对应的话筒和设备，这样可以少分散录音师的注意力，以便录音师集中精力做更有意义的事情。

3. 良好的心理素质

从事现场直播工作的录音师除了在技术方面和艺术方面有较高的修养外，同时应具备良好的心理素质。现场直播的“无缝连接”决定了录音师的思维必须是围绕着节目进行不间断的运转。在现场直播过程中，录音师的注意力高度集中，精神高度紧张。从心理的角度出发，在这种状态下工作的大脑容易疲劳，而一旦大脑疲劳期出现，注意力极易迷失方向，甚至大脑中出现一片空白。那么，如何减轻或避免这种思维方面的障碍呢？

（1）保持思维的“节奏”

所谓思维的“节奏”，就是思维的“紧张”和“松弛”交替出现，不断地向前运动的过程。在直播工作中，录音师对有些节目在设备操作方面要作较多的调整，这时必须集中注意力才能完成，我们称之为录音师思维的“紧张段”；而在另一些节目或同一节目中，录音师在设备操作方面所作的调整相对较少，我们称之为录音师思维的“松弛段”，在此时，录音师可以稍微放松一下，以安排下一步的操作或者考虑声音的艺术创作。随着直播的进行，录音师的思维有“张”有“弛”，自然交替，思维的步调不至于盲目地紧张，而是变得有规律可循了。

（2）下意识地对自己说：“下一步你应该干什么？”

在直播过程中，由于每个录音师的心理存在着个体的差异，在紧张工作状态下，大脑思维难免有时产生麻木，一旦引起我们的注意力迷失方向，导致思维中断或被直播中有吸引力的节目所吸引时，往往容易忘记下一个节目应进行的设备操作方面的调节。为了走出这个误区，我们可以下意识地对自己说：“下一步你应该干什么？”这种语言符号所表达的意义，可以帮助我们的大脑找回迷失的注意力，引导我们的思维向前运动，以指导现场直播声音录制的实时操作。

（3）对自己下意识的命令赋予肯定的含义

在直播过程中，录音师可能经常提醒自己注意一些事情，对于这种下意识的提醒，我们应该用肯定的概念。换言之，多对自己说“你应该干什么”，而不要对自己说“你不要干什么”。从语言现象来分析，“否定”是建立在“肯定”的基础之上。当我们的大脑接收到一个否定的信息时，他首先是接受肯定的含义，然后再加以否定；和接受肯定的信息相比，大脑多转了一个弯，所以当人们接受一个肯定的命令时，就更节省了大脑的思维时间，同时也减轻了大脑的思维负担。这一点在轻松的工作状态下也许无关紧要，但是在现场直播时，这些命令往往是一连串的，同时工作状态又非常紧张，如果使用否定形式的命令，势必加重思维的负担，影响反应的速度。

（4）保持沉着冷静的心理状态

现场直播的录音工作既紧张又复杂，万一出现操作上的失误，我们也不要慌乱，不要去分析出错的原因，而是告诉自己“下一步你应该干什么”以稳定情绪，继续以后的工作。

俗话说：“台上一分钟，台下十年功。”现场直播声音录制的成功与否，从结果上看，似乎体现作为录音师的你对直播过程中设备的正确操作上，然而真正要取得现场直播成功的关键，却在于你平时有意识地在各方面加强自身的修养，反复对自己进行磨炼，保持良好的身体素质和心理素质，随时准备迎接各种创新节目制作的挑战。

第5节 数字时代的录音

一、走向数字录音

随着数字技术的发展，电视录音也从模拟录音向数字录音悄然过渡，在这一进程中，尽管一直伴随着模拟录音和数字录音谁优谁劣之争，然而数字化的脚步并未放慢，模拟录音设备正在从电视录音领域逐渐退出，取而代之的是数字录音机、数字调音台、数字效果器、数字音频工作站，甚至还有数字话筒和数字音箱。

数字录音技术之所以广泛应用于电视节目制作，是因为它有许多模拟录音所不及的优点：首先，数字录音技术成功解决了磁带的噪声和抖晃，大大提高了节目声音的信噪比。从理论上讲，节目如用数字方式进行复制，无论是复制多少遍，对声音质量都不产生任何影响。第二，数字录音使声音的编辑、声音信号处理变得非常容易。在数字音频工作站上，声音可以说是“看得见”、“摸得着”，甚至声音波形也可以被修改。假如录音时不小心，在音乐中混入了一个杂音，应用数字音频工作站可以非常直观地将杂音去掉。第三，数字录音信号可以方便地在网络中传输，适应了在当今网络时代的发展要求。第四，数字录音技术提供了更多的记录媒体，如光盘（CD）、硬盘（HD）、磁光盘（MO）、数字录音带（DAT）等，这些记录媒体满足了人们对声音的长期保留、实时记录、改写、编辑等多方面的要求。

虽然数字录音有许多优点，但它并非完美无缺。由于数字音频信号是离散信号，而模拟声音信号是连续信号，所以在保持声音原貌方面，数字录音不及模拟录音，而且数字录音的声音给人的主观感觉较“硬”、单薄、不自然。此外，有些数字录音设备的功能过于集成，在一些实况节目制作中，操作起来比较复杂，有些甚至不适合在实况节目制作中使用。

未来数字录音的发展将依赖于技术的进步，如数字处理芯片速度的加快允许数字录音取样频率及量化比特的提高。一些数字设备的取样频率已由原来的33kHz、44.1kHz、48kHz提高到96kHz，量化精度由8bit、16bit提高到24bit，这将大大改善数字录音的音质，使得声音更加自然。相信随着技术的进步，数字录音将不断完善，完全取代模拟录音将成为可能。

二、设备的同步

同步技术广泛应用于电视剧、电视专题片的后期录音合成及音乐录音。如电视节目在后期声音合成时，录像机的录音声道数量不能满足节目声音录制方面的要求，需要录音机与录像机同步成“一体”增加可供录音的声道数。所谓“同步”，就是确保所有连接的录音设备都以一个标准的时间信号运转，在这些连接的设备中，提供时间信号的设备为主机（Master），接受时间信号的设备为从机

(Slave)，使从机与主机实现“锁定”。数字录音设备的同步，根据与之相连接的录音设备类型可以分为两种：数字设备与模拟设备的同步和数字设备与数字设备的同步。

1. 数字设备与模拟设备的同步

使用这种同步方式有一个前提，就是作为从机的录音设备必须具有记录时间码及时间码跟踪控制功能。所谓时间码跟踪控制功能就是指一台作为从机的设备能够跟踪主机的时间码，然后不断调整自己的走带位置，使磁带上的时间码与主机时间码一致。如果不具有这种功能，就要借助于专门实现同步的同步连锁器来实现同步。以下分两种情况来说明数字录音设备与模拟录音设备的同步。

（1）数字录音设备作为从机与模拟录音设备同步

为了叙述的方便，这里以一台模拟录像机（VTR）和一台八轨数字录音机（DA－88）为例，如图5－8。

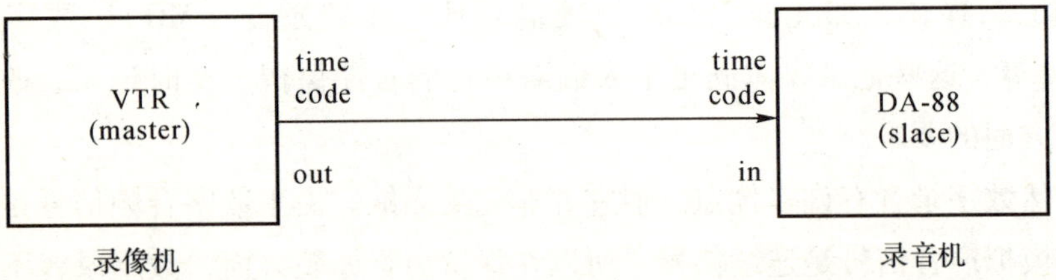

图5－8

从图5－8可以看出，同步连接非常简单，只用一根传送时间码的电缆就可以了。在这种同步方式下，DA－88以读出的外来时间码为参照，使读出的本机磁带上的时间码与外来时间码保持一致，并不断矫正本机磁带走带位置，从而实现同步。在具体操作中有几项注意事项：

①DA－88需设置成伺服状态（Chase）

②应使用同样的时间码格式和时间码接口

目前使用较多的时间码格式有用于与电影同步的24帧/秒和用于与PAL制视频信号同步的25帧/秒。在图5－8中，如果VTR是使用25帧/秒时间码格式，则DA－88也要选择25帧/秒，确保主机和从机使用相同的时间码格式。时间码的接口格式有三种：在磁带上沿走带方向记录的时间码LTC、在磁带上通过旋转磁头记录在视频信号间隙中的时间码VITC和MIDI接口时间码MTC。选择时间码的接口时，根据具体情况，选取一种即可。

③DA－88的字时钟设置为内部时钟（Internal Word Clock）

（2）数字设备作为主机与模拟设备同步

这里列举一个借助于同步器（Synchronizer）来完成同步的例子。如图5-9中，数字录音机（Digital Recorder）为系统提供时钟（Clock），同步器为模拟录音机提供时间码（Time Code），而数字录音机使用本机时间码发生器提供的时间码，同步器读出主机和从机的时间码，并对它们进行比较，然后让从机不断调整自己，最终使磁带上的时间码与主机时间码一致，达到同步的目的。

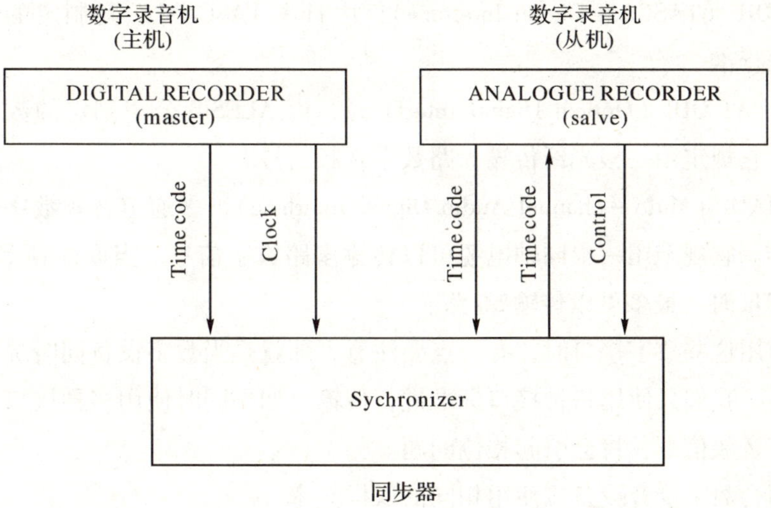

图5-9

2. 数字录音设备与数字录音设备的同步

两台数字录音设备的同步涉及两方面的问题：一是音频数据传输同步；二是时间码同步。

（1）音频数据传输同步

进行数字录音时，音频信号是以数据的形式传输的，所以在接收时必须要能重放正确的数据。因此，要保证音频数据的同步，否则将不能重放出声音。要注意以下问题：

①两台数字录音设备之间要有统一的接口格式

统一的接口格式规定了如传输信号的容量、信号的格式、调制解调的方式、信号电平和精度、连接器和电缆等。为了你在未来工作中的方便，现在将一些常用的数字音频通用的接口格式简要介绍一下。

AES/EBU，这是美国工程师协会和欧洲广播联盟共同制定的关于双声道立体声数字音频信号传输格式。它规定使用一根 110 欧姆阻抗的平衡 XLR - 3 卡依线（不超过 110 英尺）或者是话筒线（不超过 6 英尺）传输 L、R 立体声数字信号。

A. IEC958 TYPE Ⅱ，民用双声道立体声数字信号传输标准，由 IEC 制定，它兼容 S/PDIF（Semi - Professional Digital Interface，准专业数字接口），它规定使用一根非平衡电缆通过 RCA 针型接头传输两路立体声 L、R 数字音频信号。

B. TDIF（TASCAM Digital Interface），由日本 TASCAM 公司制定的 8 路数字信号传输标准。

C. ADAT ODI（Optical Digital Interface），由 ALESIS 公司制定的数字信号传输标准。它规定用一根光纤传输 8 路数字音频信号。

D. MADI（Multi - channel Audio Digital Interface），多通道音频数字信号传输接口标准。它规定用一根同轴电缆可以传输多路数字信号，当取样频率为 48kHz 或 44. 1kHz 时，最多可以传输 56 路。

在使用这些数字接口时，有一点要注意，那就是当数字设备同时提供几种数字接口时，我们只使用一种接口标准进行传输，如果同时使用多种接口来传输同样的数字音频信号，将会引起相位问题。

②两台数字录音设备应使用相同的取样频率

两台数字录音设备如果使用不同的取样频率，相互之间在传输音频数据时，彼此都不能读出正确的数据。因为取样频率不同，意味着音频数据的格式不一样，自然就不能正确识别，更谈不上同步了。令人高兴的是，现在许多数字音频工作站和调音台都添加了取样频率自动转换功能，这将极大地方便数字音频的同步。

③两台数字录音机应有统一的字时钟信号（Word Clock）

人们在日常工作中，总是以时间为参照来安排自己的工作。同样，数字录音设备也以时间为参照进行工作，数字录音设备参照的时间就是该设备的时钟。声音信号的采样、量化、编码、调制时码等都离不开时钟，如果没有时钟，整个系统将陷入瘫痪。所以当两台数字录音设备需同步时，统一时钟显得非常重要。在一个数字录音系统中，时钟可以由一台主机提供，也可以由专门的时钟发生器提供。最好采用时钟发生器提供的时钟信号，将其直接送到接受时钟信号的设备中，避免因时钟信号的串接所造成的延时，如图 5 - 10。

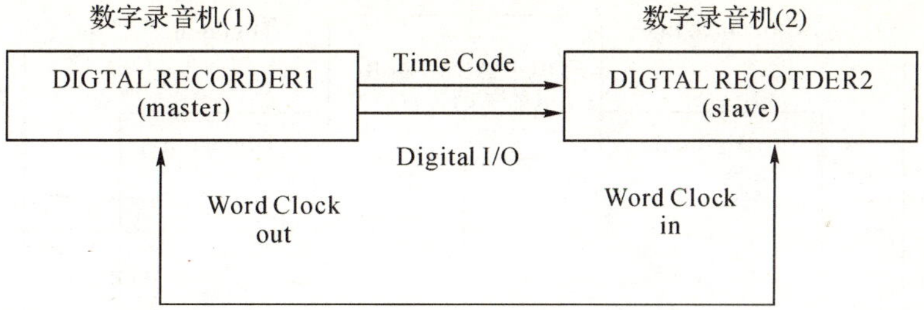

图 5－10

（2）时间码同步

音频数据的同步是两台数字录音机同步的前提，而时间码同步才是两台数字录音机同步的最终目的。下面以两台数字录音机的同步为例，对此种同步加以说明。

在图 5－10 中，数字录音机（1）是主机，数字录音机（2）为从机，主机为从机提供时钟信号（Word Clock）；从机一旦使用外部主机时钟信号后，在进行数字信号处理以及产生时间码时，都将以主机时钟为参照。当然，在使用这种同步方式时，还应注意机器内部的设置，比如要将主机设置为内部时钟（Internal Word Clock），将从机设置为伺服状态（Chase）等。

三、MIDI 与同步

谈同步不能不提到 MIDI（Music Instrument Digital Interface，乐器的数字化接口），早期的 MIDI 设备缺乏兼容性，后来全世界的 MIDI 设备制造商聚集在一起制定了一系列完善的 MIDI 协议，成为世界上的一种通用标准。许多音频设备制造商纷纷在自己的音频设备上加入了 MIDI 接口，产生了如 MTC（MIDI Time Code 即 MIDI 时间码）、MMC（MIDI Machine Control，即 MIDI 机器控制命令），以实现同步和对设备进行控制。例如，可用 MMC 信号控制数字调音台，以及改变数字效果器的参数，为录音合成自动化提供方便。

如果一台设备设计了发送或接收 MTC 和 MMC 的功能，那么它一定要有一个 MIDI 接口，可以在设备间提供 MIDI 时间码，发送或接收 MIDI 机器控制指令，使收到该指令的设备响应相应的功能。所有的 MMC 指令都可以在 MIDI 音序器（MIDI Sequencer）上进行记录和编辑；通过使用 MIDI 音序器，可以在任何时间位置对不同的设备发送 MMC 指令。以下是 MTC 和 MMC 组合应用以实现对数字音频设备实时控制的实例，如图 5－11。

在图 5－11 中，音序器被设置为外同步，通过 MTC（MIDI 时间码）从动于

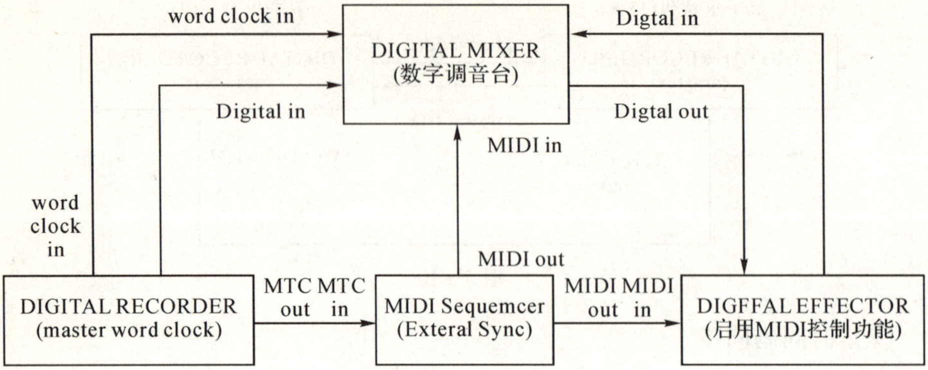

图 5－11

数字录音机并与之同步。MIDI 音序器把 MMC 信号（MIDI 机器控制指令）通过 MIDI 电缆分别送给数字调音台和数字效果器，当调音台和效果器的 MIDI 选项被设置为启用时，便能接收 MMC 信号。如果要对 MMC 进行编辑，则要在音序器音轨的相应位置上插入 MIDI 事件控制器命令，并对 MIDI 事件控制器的序号和参数进行设置。由于音序器与主机是同步的，所以当主机运行至相应的时间位置，音序器也运行到了相应的时间位置，并将插入的 MIDI 事件控制器命令和参数改变通过 MIDI 电缆传送到调音台或效果器的 MIDI 输入，使其响应控制。

通过以上分析不难发现，数字录音设备同步的基本规律就是：时钟统一、时间码格式及其接口统一、数字信号格式及其接口统一、取样频率统一，无论是多么复杂的数字录音系统，只要以上四个“统一”有了保障，你所操作的系统的同步就再也不会有问题了。

四、网络化的节目录音

如果说电视节目从模拟录音过渡到数字录音向前跨进了一大步的话，那么从数字录音到网络化录音可谓是水到渠成了。什么是网络化录音呢？网络化录音就是指利用网络将地理上分散的录音制作点连接成一个整体，共同完成一项录音任务的录音方式，与传统的录音方式相比，网络化的录音方式又向前迈进了一大步。网络化录音有以下特点：

1. 网络化录音提高了节目的整体质量

网络化录音的发展是以数字录音为基础的，在进行网络化录音时，声音的保存以数据的方式存入硬盘或服务器，声音的传输是通过网络实现数据传输，所以，网络化录音实现了真正意义上的录音数字化，从而进一步提高了声音的质量。

2. 网络化录音缩短了节目制作的时间

网络化录音方式可以将一项录音任务分成几项，分别在几台音频工作站上完成。下面以专题节目的后期配音为例，分析网络化录音的工作流程，如图 5-12。

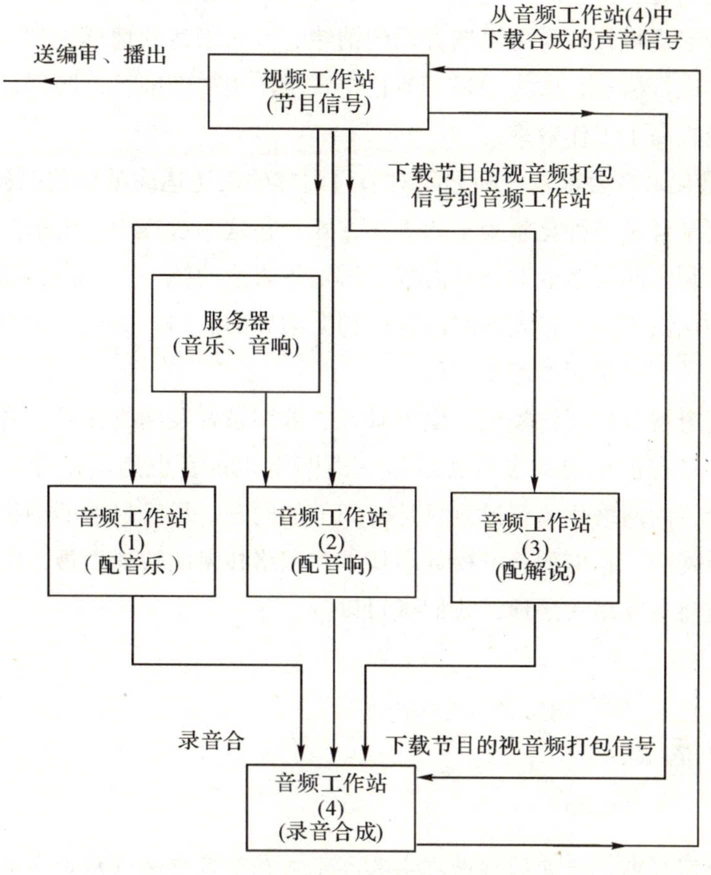

图 5-12　专题节目网络化录音示意图

（1）视频工作站中已剪辑完成的专题节目的视音频信号经打包后被四台音频工作站下载到本地硬盘中，作为配音的参照。

（2）解说、音乐和音响的录音工作可同时进行。

（3）当解说、音乐和音响都录制完成后，由第四台音频工作站下载解说、音乐与音响的声音信号。

（4）进行声音合成工作。

（5）由视频工作站下载第四台音频工作站中的合成好的声音与本地的图像一起形成成品节目。同样的道理，节目在配音的同时，也可以进行视频特技和字幕方面的工作，多项工作同时展开肯定会省时。

3. 网络化录音方便地使用网上的音乐和音响

网上音乐、音响可以是来自因特网上的，也可以是内部局域网上服务器中的，需要使用这些资料时，利用检索功能可以快捷方便地找到与节目要求最贴近的音乐、音响资料，甚至可以按音乐的情绪、音乐表达的情感类型、音乐的时代等具体内容进行检索，大大增强了节目中音乐使用的准确性，既保证了节目的艺术质量，又提高了工作效率。

4. 网络化录音要求录音师之间对节目内容的表达达成某种共识和默契

网络化录音是一种化整为零的工作方式，在这一过程中，要求从事每一分项工作的录音师之间要达成对节目内容、风格等表达的统一。要做到这一点，要求每个录音师认真了解节目表达的内容，领会编导的意图，做到心中有全局，只有这样才能保证节目录音的艺术质量。

在目前电视节目制作领域，模拟录音、数字录音及网络化录音各自占有一席之地，模拟录音正在向数字录音过渡，而网络化录音也渐渐揭开了它的神秘面纱，数字录音向网络化录音过渡只是时间上的问题。尽管目前的网络化录音还只局限在局域网中，相信随着电视数字技术和网络技术的快速发展，网络化录音在广域网中也将有其用武之地，我们拭目以待。

本章学法指导

熟练地掌握电视声音的构成元素及各元素在节目中的作用是学好电视节目录音的基础。

电视是声画艺术，声音和画面在表现节目内容时，不是彼此孤立，而是以一定的关系结合在一起，声画之间的结合关系（声画关系）对实际编辑工作有重要指导意义。

大型节目录音、专题节目后期配音、同期录音是三种典型的声音录制工作类型，由于各自的节目特点不一样，在工作中应注意的重点也不同。在进行大型节目录音时，应注重节目录音方案设计、操作中的技巧以及心理过程的把握；对于专题节目后期配音而言，应充分发挥语言、音乐、音响的作用，以表现节目内容；在进行同期录音时，要做好充分的录前准备工作，包括了解节目内容和编导意图、分析拾音对象声音构成特性及在镜头中的景别等。

“模拟录音—数字录音—网络化录音”是数字录音发展的脉络，在把握这一脉络的同时，应重点掌握数字录音同步方法和网络化录音的基本操作流程。

电视录音制作更注重的是实际操作，本章力图以实际录音工作中碰到的问题为出发点，并对其进行分析，以帮助学生提高实际工作能力。

本章思考与练习题

1. 电视节目的声音由哪些元素构成？在节目中各有什么作用？简述电视节目声画关系。

2. 什么是网络化录音？网络化录音有什么特点？

3. 两台数字录音设备之间的同步必须要求有哪四个“统一”？

4. 当一部电视专题片需要你配上音乐时，你首先应该考虑什么？

5. 对主题音乐的选择应当如何思考？

6. 从电视中挑选一个你喜欢看的大型晚会节目，分析该节目中可能使用的录音设备，然后画出设备之间的连接方框图。

7. 设计中央电视台《新闻联播》节目的网络化录音制作示意图（《新闻联播》可以分为国内新闻板块和国际新闻板块，在每一板块中的制作流程为：画面及同期声的编辑→配音→串编→审查→修改→播出等）。

8. 进行同期录音时，如何保证声音的真实？同期录音就是声音的“纪实”吗？为什么？

第六章 电视美术

本章内容提要

◎电视美术无处不在地体现在节目之中，它是对电视画面效果的“规划”，其作用是升华主题，展示鲜明和最有表征性的视觉因素。

◎电视美术设计主要包括场景设计、电视动画设计、屏幕包装美化设计。

◎只有通过多种手段将美术设计和构思付之实践，其效果才能最终与观众见面。电视美术还与音响、灯光、摄像、服装、化妆、道具等元素相关联。

◎科学技术的成果已不断渗透到电视美术中，你要学会运用新设备和新材料为节目的美化进行再创作。

◎电视美术设计应该前卫，创新新颖更显重要。创新取决于对新观念的吸纳，新颖来自设计者知识的积累和对生活的观察与思考。

第1节

电视美术与设计

一、从栏目的布景说起

打开电视机，你可以看到主持人靓丽的形象，然而你是否注意到主持人身后的背景呢？假如没有它的衬托，你一定会感到画面的不完美。无疑这就是电视美术的缺憾。

其实，你看到的这个背景，是经过百次挑选、千次斟酌的。它不仅要求符合电视节目的特点，而且还要求能够起到烘托主持人形象的作用。

这个小小的背景设计，就属于电视美术的范畴。

作为专业制作人——电视美术师的主要任务不仅仅是搭一搭背景，更重要的是对电视美术的整体造型负责任。例如一台文艺晚会，它是多门类艺术的大集合，其中电视美术的作用显得尤为重要，因为当人们看电视的时候，首先映入眼帘的是具有高度概括性的电视美术的艺术场景，它是电视画面造型的重要因素，可以这样说，电视美术无处不在地体现在电视节目中，它渗透到构成电视画面的方方面面。

你也许会被电视中某一个画面所感染，会为之兴奋、狂喜，也会为之懊丧、哭泣。其实你并未与电视中的人物直接交流，但却会被这种场景所营造的气氛所渲染。电视美术所营造的环境在画面中影响观众的情绪和陶冶情操方面起着重要作用，它传递着审美信息。电视画面是否具有审美价值或达到一定的境界，同电视美术的营造有很大关系。可以说，一切电视制作活动都直接或间接地与电视美术有关，因此，电视人在懂画面的基础上，应具备一定的电视美术素养与知识。

二、电视美术

电视美术与电影美术有着同样的任务，都遵循艺术创作的规律。但电影放映的时间比电视播出时间短，在技术上，电影美术是靠胶片来最终实现的，设计效果必须在胶片冲洗后才能看到。不同于电影的是，电视美术效果可在现场用监视器直接观看，从而便于设计师及时作出调整。

电视美术也不同于一般绘画。一般绘画创作多是画家个体创作，不受其他条件的影响，是一种自主型创作方式。而电视美术的创作，必须依靠其他艺术共同创作才能完成。

电视美术包括美术设计和美术制作。美术设计就是为确保电视节目整体感和艺术性的需要，从视觉艺术的角度对电视节目的审美效果进行创作和把握的活动。电视美术设计主要包括场景设计、电视动画设计、屏幕包装美化设计。

三、美术设计

1. 场景设计

场景设计是美术设计的重要部分，是对节目制作“现场环境”的美术设计。它包括外场地录制、内场地录制环境的美术设计，也称电视舞台美术设计。

电视节目种类繁多，根据不同的节目类型，场景设计又分为：为电视剧或广告片拍摄而设计的某一具体场景的美术设计；新闻类栏目如演播场景设计；各类主题栏目如生活服务类节目、娱乐类节目、游戏对抗类节目、访谈性节目和教育类节目设计；综合文艺类栏目如舞台场景美术设计；电视加工类栏目美术设计，等等。

（1）电视剧和广告片

在拍摄电视剧和广告片时，美术设计者负责全剧美术创作。他同导演共同确定全剧布景方案、美术风格，完成绘制内、外景物和道具设计的全部草图及分镜头剧本，并负责场景选择以及搭建工作。

（2）新闻栏目

新闻栏目是各电视台对外宣传的一个重要窗口，天天与观众相见，在视觉造型中，美术设计占有举足轻重的地位。

新闻演播室是以播新闻节目或访谈性节目为主的场景。在设计上要考虑针对性和实用性。由于新闻演播室里没有观众，景区一般是一个连着一个。美术设计师需要把每个景区作不同的过渡处理，使其相互间有一个连续性。当出全景时，主景区和其他景区能组合成一个完整的、协调的大景区，其中也有长镜头的跟拍，另外演播室中背景与播音员之间的距离会造成它们之间配合上的误差。美术设计师要准确地把握背景画面的高低，处理好背景画面与播音员及播音台的关系，确定背景物体出镜的位置。

另外实景场景在灯光照明下，有些道具容易产生阴影。这种现象发生在镜头画面中是不允许的，通常美术设计师在道具的结构内设置灯光，以此消除在相关景片上产生的阴影。

为适应不同节目的需要，适当设计出一些小道具。例如，不同颜色的立方体LED大屏、活动的屏风、工艺假树、花架和花台等等。运用这些造型巧妙地组合成多种形式的临时景区，起到多功能特点的作用，为电视新闻节目多样化服务。

播音台在新闻节目画面中是一个重要的造型，为美术设计师所重视。其造型要稳重大方，线和面的处理不能过于复杂，不能选用反光的材料制作。当然，在恰当的位置上运用一点可起到“妙笔生辉”的作用，如台面上模仿倒影效果而嵌入的小面积镜面、用于边角拉筋的不锈钢等等。播音台的造型还要考虑播音员的身材大小，台面与椅子高矮要适中，使播音员的脚和手高度位置摆放自然，有正确的播音姿势。在色彩上，播音台颜色还要与背景基调相呼应，太深或太浅的色彩都不利于播音员的播出效果。太深和太浅的曝光系数相对人的肤色而言偏值较大，影响播音员的面部准确曝光。景区也可以是以一块组合式背景或灯箱为背景，其内容是根据栏目特点设计出来的电脑彩喷写真画（不能选用反光材料），绷平或垂吊后放置于播音员身后或嵌入其他道具造型中，形成一个整体，通过与灯光配合后出镜。一般都是虚实相结合的背景图案。在设计时，应考虑背景的尺寸大小与播音员所处的环境的谐调搭配，以及整个场景色彩的对比。有的新闻栏目开始和结尾是以大全镜方式处理的，这就更要求美术设计者要全盘构思。

图6－1

如《湖北新闻联播》背景设计为写实的江城夜景，灯光与虚构的地球有机结合画面，并采用高分子画，大幅彩色喷绘制作，布景看上去均匀、清晰而且逼真，它象征着江城——武汉经济和文化的繁荣，如图6－1所示。

又如湖北电视台在北京设立的全国人大政协会议电视报道演播室，在背景设计时，考虑到“两会”是全国人民的大事，也关系到湖北未来的发展，画面要充分体现出一种喜庆、向上的氛围，所以确定以红色为色彩基调。由五星红旗和运动的“星星”，组成视觉主体形象，其形式符合节目的主题。在做第一稿设计方案时，曾选用石狮的造型来喻意表达祖国，然而仔细想想，石狮虽然是中国特有的造型符号，但它只是少数民族的一种图腾标志，且有封建帝王之嫌。此方案显然欠妥，后采用人民大会堂代替，更加贴切地表达出主题思想。

在进行栏目背景设计时，物体的造型设计不能太实，否则生硬。如背景中的五星红旗作了虚化处理。反映在镜头上时，背景就不会与播音员头像发生冲突，在视觉感受上播音员不至于“帖”在背景上。起到拉开背景与播音员之间的空间距离的作用，突出了播音员的形象。

你也许听人们在评说某幅画时常说某某地方太轻了或太重了，这实际上说的是一个构图平衡的技巧问题。在“两会”背景的设计时就充分考虑到了背景左右两边分量的均衡，并在造型物体的形体大小和色彩的组织上大体等同：背景两边有北京和湖北两地的特定环景和城市景貌，中间为转播车及卫星设备图形。这些景物的体积大体相同，且全部统一在红色基调上，背景下方用一条金色的飘带把两地联结在一起，其边缘飘向画外，表达了湖北人民心系北京，向往未来，如图6－2。

图6－2

值得注意的是，美术设计师设计出来的背景作为一幅画来欣赏时，画面确实完整，效果也不错，但当播音员坐在背景中后，画面的主体形象可能就会被遮挡。有时全景感觉很好，而镜头推上后播音员身后的背景显得空洞、单调，画面主要造型全被切到镜头以外了。所以，美术设计要考虑在画面中留有播音员的位置，安排好背景的物体造型与播音员头像的配合，而且要对每一个细小的局部结构反复推敲。

此外，目前流行的以现实工作环境为背景的新闻播控室背景，它的背景依然需要艺术加工。如上海东方电视台新闻背景，其开放的形式独特、新颖，画面的纵深感强。又如中央电视台设在悉尼的《直播奥运》演播室，其设计颇为现代，有新意。演播室环境为室内，但其背景为透过窗外映入的悉尼城市建筑的实景，其效果拉近了观众与主持人现场及事件发生地的距离，好像发生的事就在观众身边。

（3）各类主题性栏目

大多以知识讲座、对抗竞赛和各种社教、专题座谈等节目为主。这类栏目要求布景设计强调实用性与功能性，因此设计风格大多以抽象为主，注重场景的总体气氛和装饰性，当然也不排除写实处理方式，这要依据节目的内容而定。

（4）综合文艺栏目

美术设计一般以演播室及室外大型公共场所为场景设计对象，要求美术设计把握好节目的气氛和基调，同时考虑场景的多角度摄影及背景的连续性，既要方便演员的表演，又要有利于摄像机及摄像吊臂在多个景区之间连续运动。

有的文艺节目要插入外景节目或把演员放到外景中表演，如舞蹈演员在山晨日曦中起舞，歌手在花木之间高歌，最后再转入演播室。这种场景活泼生动，但电视美术设计要把内外景结合好，选景要巧妙，使内、外场景风格统一，表现流畅。

大型公共场所的演出特别需要灯光的配合，在场景设计中，有时特意露出灯架，然后再进行美化处理，也能起到装饰的作用，也可收到意想不到的效果。

随着科技的快速发展，当今先进的舞美设备不断推出。如电动升降活动舞台、遥控滑轮式大型屏风等等，它满足了多场景、多画面的镜头切换要求，形式显得丰富多彩，大大增强了场景的功能性和可塑性。

从 2001 年中央电视台《春节联欢晚会》中可以看出，电视美术设计融入了先进的激光及电脑灯，整个场景打扮得绚丽多彩、喜庆吉祥。舞台上演员的进出场线路变化多端，升降舞台可大起大落且自由旋转，有些演员甚至从天而降，大拱门通过机械车台开闭、99 台电视监视器的组合造型及点缀，电视美术设计错落有致，无不渗透着时代的气息。

美术设计要不断吸纳先进的科学技术，利用科技的发展，把创作思想有机融入到节目的艺术表现之中。

（5）电视加工类栏目美术设计

电视加工类栏目指电视“再现”节目，如把话剧、歌剧、戏曲等节目转播式直播。美术设计主要在布景、道具上作些必要的加工，在尊重原舞美设计的前提下，丰富其播出效果，使其更适应电视化的要求。设计者的创作过程也是对节目进行提炼、加工和深化主题的过程。

2. 电视片头设计

电视片头设计是美术设计的另一个组成部分。好的片头设计本身就是一件艺术品。

片头设计是类似于节目的创作，它的作用是使主题更形象化，美术设计者冥思苦想，刻意去琢磨它，就是为了表达片子（节目）的一种精神。当然，如果设计过于简单，则会使观众兴味索然，如果设计过于复杂，又会使人感到艰深、曲高和寡。好的创意可以激发观众联想和思索，进而领会作者的构思意图，从而得到审美的愉悦。

对于一个好的电视片头来说，设计师被感动，进而产生一种冲动。只有设计师为之兴奋，产生激情，所创作的片头才能吸引观众，打动观众，就像书的扉页，使观众产生一种必须往下看的吸引力。

例如，湖北电视台《九八抗洪抢险》纪实片动画片头设计。设计师在观看片子时就已经被一幅幅动人的场景所感动，这是一场没有硝烟的战场。

首先，在设计时，首先确定其基调为快节奏、大场面，有战争片的气势，以此加强片头的鼓动性和震撼力，片头定为20秒钟，分成十个镜头。每个分镜头的画面运动时间不能太长，不然显得拖泥带水；但也不能太短，太短了画面给人有跳跃的感觉。

其次，精心选取有益于表达主题的、有代表性的且高质量的形象资料，如首长在抗洪抢险一线的动员讲话、官兵与洪魔搏激的壮观场面、军民一家人和群众捐助的特写镜头等。

第三，制作片头中的三维动画把“九八抗洪抢险”、湖北地区洪水受灾地域图、三维动画字体和设计中所需的各种光效生成为系列的、带透明通道的（TGA）文件。带透明通道的文件通过特技抠掉其黑色（或蓝色）部分，而保留动画字体（物体）造型部分，以备与其他视觉形象合成。星光、体光、晕光等光效能加强画面的效果，也是制作动画片头的精华部分。

美术设计时还要注意三维物体造型与背景色彩的对比。特别是三维字体叠加在实景上时容易产生模糊的情况，一种方法是把背景逐渐虚化，产生虚实对比要让文字醒目。另一种方法是在三维字体的边缘加上光，通过光把字体与背景区分开来。

第四，合成图像，即把实景、动画（三维字体）、静帧画面、平面字幕等全部素材输入计算机的运用平台，利用非线性编辑系统，艺术地将画面叠加合成并组接起来。最后你所见到的片头是由几层或几十层视频画面相互遮挡叠加而合成的，这样画面层次清晰丰富，且有空间变化。在实际操作中，拍摄的画面资料很少有不加修饰就直接在片头中运用的，一般都要进行美术化编辑，使之实现虚化模糊、颜色夸张、比例变形、边缘锐化、负片处理等效果。

最后，配上音乐。音乐在片头中有相当重要的作用，没有音乐的片头是不完整的，配上音乐的片头与没有配音的片头感觉上是大不相同的。好的音乐可为片头增添不少艺术感染力。

设计师在设计片头的每一部分时，要有松有弛，讲究节奏，要有高潮和起伏。

总之，电视片头设计涉及从分解设计、技巧运用、音乐设计到计算机制作，形成一个完整的创作过程。

当今许多片头设计大多由纯电脑三维动画或二维动画制作完成，在电脑动画上体现构思设想。设计师在每秒 25 帧画面中，应在造型、层次、空间、质感、颜色、虚实等方面帧帧落实，考虑周到。在创作中，设计者兼任了摄影、灯光、道具等多项造型任务，更像是一名总导演。他要学会利用物体的造型、灯光的处理、摄影机的角度等各种手段，在虚拟三维空间里“运动”合成完成片头设计和制作。

对于一个具体的片头设计要求要有文稿、设计图、分镜头、色稿（效果图）。结合设计思想，片头的特技处理也应做到“有的放矢”，制作手段也直接影响片头的档次。例如，中央电视台频道宣传片采用了二维的各种“中央电视台”字体造型为主题形象，而每一个字既有不同的书写手体的变化，又有位移、大小运动的变化。其色彩基调为黑、白、灰，其间变化个别字体为红色，以产生色块间的对比，加上古朴的图腾图案以及模糊的运动为背景，文化气息甚浓，在众多的三维动画片头中，此片给人耳目一新的感受。反之，一味地追求特技，甚至滥用，那只是技巧上的堆积，往往弄巧成拙，给人以幼稚感。

设计和制作电视片头是一个复杂的艺术创作过程，不是一件轻松的事，不具备一定的美学修养，没有技术与艺术的融合，是无力完成这一创作的。

3. 电视屏幕包装美化设计

电视屏幕包装美化设计，是近几年来出现的新的美术设计。

随着电视艺术与技术的不断融合，小小荧屏更加显示出它所特有的魅力，电视栏目有杂志化的趋势，当前电视制作要求内容和形式丰富多彩、精细耐看。这样，要求美术设计师在平面装饰、构成设计等工艺美术的基础上，必须注入新的设计理念，设计出如节目预报、收视指南、栏目内容提示、片尾落幅、动画题花、栏目徽标以及字幕格式等艺术版面，服务于电视台的精品栏目。

应该注意，字幕在电视节目中的作用不可小视，它的显、隐运动变化，造型及排版方式影响着电视画面的观赏。同一个标题字幕，用不同的形式出现就会有不同的效果。观众一定不会忘记直播奥运节目的精彩，其中不断切入画面的运动小标题，给观众留下深刻印象，起到提示观众、强化主题的作用。各种晚会的“节目单”多以飘动、跳跃的动画形式出现，这都是经过设计师的编排制作，使其变得那么有活力、那么生动。

我们应该感谢优秀影视设计软件不断出新，感谢发明者开拓了我们的艺术视野，像3DMAX、PhotoShop和Premiere、AfterFX等设计制作软件，都为我们提供了良好的制作环境和手段。

新的电视美术设计给我们提出了新的要求，只有掌握了各种制作软件，熟练操作计算机，才能创作出激动人心的片头作品。

第2节

设计师与美术制作

一、设计师的任务

电视制作人的主要任务就是创作电视视觉形象，并把握屏幕画面的审美效果，使之更有艺术感染力。电视美术设计师也不例外。

美术设计所涉及的是在屏幕画面中一切作用于视觉的因素，这些因素是在空间和时间上不断流动的一系列、多侧面、互相有机联系的动态画面。进一步说，美术设计师要对整个节目段落和场景的总基调以及营造的气氛等都要有所关注。

美术设计是对电视节目效果的“规划”，美术设计师的创作活动贯穿在对整个节目的内容和形式的决策之中。他不但应该了解节目要表现什么，同时还应参与挖掘主题、升华主题的创作活动。当然，最终屏幕效果还要经过灯光、摄像、服装、化妆、音乐等创作环节综合后才能完成。

美术设计是节目视觉艺术的造型基础。美术设计师以自己的工作帮助编导在节目中再现时代的特点，展开节目主题和情节中最鲜明的、最有表征性的视觉因素。如果美术设计师对此没有正确的认识，那么塑造人物就不会鲜明，场景就没有特点。可以这样说，编导者只有在美术设计师的帮助下才能有最佳的作品。

诚然，如有的编导人员或要求在一个节目中出现几十个新奇的场景、数百件道具，或要求完成一个画面必须解决特殊的技术而耗费巨资，这作为一种创意是可以理解的，但现实中是难以行得通的。由于美术设计师总是在与物质条件、制作手段和艺术效果打交道，他们会想尽一切办法将希望变作现实来维护艺术创作的完整性，他们的经验和建议对节目无疑是有益的。

面对21世纪的电视制作，锁定观众的“眼球”，使电视节目惹人喜爱、受人欢迎，传播的范围更广，拥有更多的观众，这是美术设计师的心愿。以精湛的艺术感染力撼人心魄，陶冶人的道德情操，塑造人的美好心灵，提高人的精神境界，这是电视美术的追求。

二、美术制作

1. 实施

实施是把美术设计构思方案付之实践的过程。

电视是通过屏幕与观众见面的，美术设计师所画的设计图必须通过工艺制作才能看到效果。也就是说，观众不看设计效果图，只看场景画面的艺术效果。因此，实施工程要经过美术设计师的美术设计、施工设计、组织材料、施工搭建和制作等工艺过程。

美术设计师的设计主要体现在设计图上，设计图包括：场景气氛图、透视草图、场景平面布图、场景制作图、工艺结构图等。美术设计师总是利用他不断积累的多方面的知识和经验来检查自己的构想。只有能够实现的构思才能达到艺术创作的完整，而脱离相关知识，以及经费、场地等物质条件的构思都是难以变成现实的。

2. 电视美术的表现方法

（1）空间处理

在生活中人们在观察物体时，一般不以一个角度去观察它，而是多角度、移动地进行观察。这种移动的观察体现在空间中，同时也体现在时间的流动中，因而观察实质上是四维的。为了能在二维的电视屏幕上再现现实的空间，电视美术的设计应符合人们这种四维的观察方式。

例如，湖北电视台专题节目《民族知识大奖赛》的舞美设计，背景主体形象是少数民族的图腾，并配置大屏幕、记分显示装置。地面设计为一个有装饰风格的图形，看起来有空间透视感，舞台好似一个大画框，美术设计时就要充分考虑这个特点，加大对空间的多角度的、运动的表现。

其实，观众通过电视屏幕看到的舞台场景，不会只停留在静态的空间里，而表现在一个个流动的、符合一定视觉原理的组接和转换的镜头中，而在这一系列镜头中又都存在不同的构图中心。

在具体的场景制作中，常常将场景中背景的构图中心安排在 0.8m ~ 0.3m 之间的高度，这样做是为了使构图中心始终保持在“上镜率”最高点上，确保动态中静态的表现。

有经验的美术设计师在设计前，先用木条辅助搭成舞台的大体范围，确定长、高、宽的参数，以确保构图中心处在电视画面的最佳位置上。或者更准确地说，要进行三维建模、虚拟再现场景。

《民族知识大奖赛》的参赛台演区以阶梯放射形设计构思出现，其场景由经过重新分割、艺术加工后的扎染布、竹盘等实物及抽象的图案组成，以产生一种横向有趣的节奏，做到静中有动。过渡以虚的方式处理，使之既有少数民族的风格，又能满足电视表现的特点。这样，从构图的取势、线条的走向、色彩的组织等方面都体现出空间中的动感。

（2）动态形式的表现

动态形式显然是美术设计和处理的难点，它更多地牵扯到导演、摄像、灯光等之间的合作。设计师的美术设计不能仅仅停留在图纸上，更要充分调动各种表现元素（如灯光、摄影等），使整个场景赋有动态感。

灯光的变化可使静止的舞台变化多端，因此在电视美术设计中应确定一个能充分表现灯光色彩变化的基调。例如，《民族知识大奖赛》节目舞台场景的设计将布景的基调选为灰色，因为灰色最容易接受灯光的色彩照明。在灰色基调上，分别布以不同的色光，更容易产生动态的效果，使得舞台的效果变化万千。另外，《民族知识大奖赛》节目场景中，选用“绿叶”扎成一个半圆造型，放置舞台前端，在摄影机横移、推、拉的运动中，整个舞台在屏幕上显现出动态的美感。

3. 几点注意事项

（1）从节目的构思创意开始，直至美术制作工程完成，美术设计师都应该在一线指挥，以利于对设计作必要的补充。同时，美术设计师应该熟悉设计中经常使用的材料和工艺，积极吸收利用新的材料和科技成果，将设计和创意同实施有机结合起来，达到最佳效果。

（2）在舞美施工中，有时一些刻意追求的东西，不是因为尺寸不符合场地要求，就是效果出不来，缺乏镜头感，因此，应及时“忍痛割爱”。同时，美术设计师也不能追求花哨，因为很多造型未必都能进入镜头。注意：用眼看效果和用镜头看效果并非一样。

（3）置景人员既是美术专业人员，也是材料、结构方面的专家，他的主要任务是配合美术设计师负责搭景和监制。

第3节 电视美术的创作与构成

一、主题与创作

电视美术设计工作开始于内容和主题的构思，艺术活动都是如此。因此，电视美术设计要有明确的主题。创作要围绕主题展开，设计要有创意性的思维，不能罗列杂陈，不能简单空泛。创作必须洗练且有冲击力。洗练是在对节目内容深刻领悟的基础上加以高度的概括才能达到的。越是洗练，主题越明确、突出，这需要美术设计师有美术基本功和创作方法，有深入生活、发掘主题、完成创作构思的能力。

创作的过程就是把握主题思想，揭示精神内涵的过程。这要靠美术设计师自己去体验，实现政治与艺术的统一，内容与形式的统一，意向与形象的统一。

美术设计与创作应该具有新颖的和前卫的思维。在形式上应表现出有变化、有节奏、有对比，又有各元素间的调和，这是形式美的最高原则。

美术设计的创作不仅给节目风格提供了外部形式，同时，也更深刻地揭示了节目的内涵。不管是节目还是栏目，从一开始，美术设计就是十分重要的。

电视美术创作要多样化，美术设计师不能用固定不变的风格去创作，这样会使作品格调单一；创作更不能没有个人风格，而一味地去模仿别人。

创作是对生活的概括和升华，是对人们内心追求的理想境界的体现。电视美术“美化”着节目，同时培养着观众的审美品位。

二、创意无限

任何艺术创作都是内容与形式的统一。同一个选题，不同的美术设计师会有不同的表现，会做出多种设计方案，真可谓创意无限。实际上，每种设计方案相互间会各有其趣，难分高低，表现出设计个性与实施过程中的技巧。例如，美术设计师的创作或从写实开始，或从抽象开始，或从其他某一个方面开始，个性化的方法是在开放式的思维中形成的。

中央电视台第三套节目《与你相约》的三维动画创意，是在抽象的地球中显映出下周节目内容，画面变化时地球上下循环运动，同时配以气声的音响效果，给人一种强烈的节奏感。

美术设计是通过视听觉形象来实现的，如何找出一种畅快的表述形式，常常会令设计师费尽心机。例如，世纪之交时湖北台推出的《拥抱新世纪》新闻直播节目，其背景创意选用“2001”几个阿拉伯立体数字和一条飞龙共同组成背景的主体形象，打破了四平八稳的传统构图方式，与若隐若现的地球经纬线虚实结合，加以天空中的星光和交错的彩色光束，给人一种似流星飞越的强烈动感，一条飞龙托起21世纪，喻义新世纪的到来，见图6－3。

在背景设计时，色彩以暖色调为主，又配有冷色的点缀，使之融为一体，它又同播音员大红西服形成反差对比，烘托出主持人的形象，整体画面和谐统一。

纵观各电视台春节晚会节目，其舞美设计都有鲜明的构思和主题，其创意千变万化：

图 6－3

如元宵节目《火树迎花不夜天》，以串灯扎起树枝的造型为主体形象，电脑控制灯光，以引发观众的联想；

如春节晚会《万家灯火》节目，用钢化灯箱组成的排列，不规则地布置在舞台上空，如同千家万户明亮的窗子，与发光的柱子相呼应，形象地表达了“万家灯火，普天同庆”的欢乐场面；

如《年年有余（鱼）》联欢晚会，意象化的造型，为老百姓喜闻乐见；

再如中央台春节联欢晚会，主题形式以抽象的太空时代为背景，背景可以像贝壳一样开启，有一座升降式舞台可以从地板下缓缓升腾起来，让人感到一种春笋破土而出的生命感召力，舞台造型如同一个飞行器的内空，把观众的思绪带到了遥远的未来。

艺术来自于生活，但不是简单的模仿生活，而是对生活的提炼和升华。经常有“闪光”的设计是电视观众对电视美术提出的要求，这也是美术设计师的责任。

厚积薄发，平时留意观察生活，勤于思考，收集思想的火花，并学会运用镜头代替人的眼睛去捕捉常人不常见的东西，也许你就会有与众不同的创作构思。一个庞大的建筑脚手架，一堆废弃的边角料，在你的创作中，都可以激发出崭新的创作灵感。

对于一个梦想成为美术设计高手的人来说，创作永远是一个无终点的目标，“冥思苦想”不一定能有惊人之举，“信手拈来”也并非不会有一个绝好的主意，这或许就是创意无限的魅力。

三、电视美术的构成

字幕、绘景、道具、服装、化妆、灯光、摄影等诸多环节都应属于电视美术创作思考的范畴，在美术设计中都起着重要的作用。但是，各个环节都有自己独特的创作规律和表现手法，在差异中寻求一个和谐的整体，使各业务部门共同完成体现主题思想的任务。

例如，一台文艺晚会的设计和实施，整个场景是一件完整的作品，它融入了灯光、服装、道具等多种因素，这些创作构成是在美术设计师前期总的创意下完成的。如果这些构成中的某个部分在某个方面没有到位，它将会破坏整体效果，其结果一定很糟糕。

美术设计师追求高水平的艺术效果，使得观众看到的画面是经过细心设计的，这些精彩的画面都是经过同摄像师、灯光师的密切配合获得的，不可能单独行事。这就是电视美术创作构成的综合思维，也是电视美术的整合思维。

四、灯光和摄影

美术设计师要善于与摄像师、灯光师等专业制作人合作，要善于向他们提出艺术上的处理建议，以便将设计思想在气氛基调、造型风格上能够得到体现。

为什么在没有开启灯光的情况下，场景和道具上的颜色看上去索然寡味，而在灯光的艺术处理后，整个场景就显得五彩缤纷、异彩夺目？在实际中，灯光的变化是视觉中最活跃的因素，光既可以将场景的各部分统一在特定的气氛中，又可以在统一的基调下对某个部位有层次地加以突出，形成丰富的效果，特别是用声音控制的光效，加强了现代感和空间感。在节目的电视美术设计中，大都非常注意场景中的地板、台阶和背景的基调，留有与灯光的配合空间。灯光作为造型手段，除了塑造人物和布景外，还能根据需要使景物发生质感上的变化以及特有的视觉效果。例如，灯光能改变道具、布景的颜色，还能使景物的形象结构发生变化，能塑造出点线面的效果，这些综合手段丰富了电视美术的表现。

对于场景怎样出镜，怎样构图，怎样才能把最精彩的画面切入，并奉献给广大的观众，这又是同摄像师有关。摄像、灯光与电视美术造型的联系不容忽视。

五、化妆和服装

在任何一个电视场景中，各个局部都应该是精彩的。其中，服装、化妆在电视美术的人物造型上也起着关键作用。

你或许有这样的体会，由于演员的服装色彩和造型与整个场景不协调，化妆、发型不合适，以致影响到了整个节目的格调，影响了电视美术的整体效果。

每一个节目的播出，在特定的时间和特定的环境下，服装的造型（包括观众的服装）要与整个场景谐调、统一。例如，MTV《辣妹子》整个画面以红色为基调，山是红的，辣椒是红的，演员的服饰也是红的，其造型有四川地方的特色，加上演员的形体语言，整个画面感觉出充分的“辣”。设计师们在这方面也在下大工夫，不放过每一个细节。

再如，湖北电视台台庆四十周年文艺晚会，其中一个歌舞表演，演员的衣领为荷花造型，头饰上，每个演员都戴着一个头框并以台徽为造型，配以金色的飘带，闪闪发光，随风飘逸，上镜后同高雅、喜庆的背景相呼应，表达了湖北电视事业如花似锦、蒸蒸日上，突出了主题。

六、科技渗透

没有现代科学的发展，也就没有电视。科学技术的发展已经渗透到电视美术的方方面面。

看！造型各异的电脑灯光图案、五彩喷雾的仙境、激光控制的电子变色服装、变化多彩的虚拟演播室、大型造型各异的 LED 屏幕、超想象运动的电视动画片头……奇妙无比的画面令我们眼花缭乱，这些都归功于现代科学技术的进步。

在置景和道具应用方面，需要现代的建筑材料和置景材料。只要符合电视美术的创作意图和艺术追求，许多材料都能在电视美术这个艺术的舞台上找到它的位置。

在一些大型的晚会上，舞美背景的选材可谓百花齐放，把一切能用于表达主题的物品及器材，经过巧妙加工予以使用，如环型日光灯的排列组合、玻璃幕墙的造型、金属不锈钢的支架、布艺和花卉组成的空间层次等。设计师把这些看似冷冰冰的无生命的物品赋予灵魂，经过他们的构思与制作，使之在场景中成为有生命的艺术品。

当然，材料的选用必须结合电视美术的特点和节目要求，不是为了使用新材料而使用新材料，关键是我们的选择和设计应适合节目主题思想的表现。

在片头的设计和制作方面，需要先进的设备，如非线性系统、网络系统等。将不同位置、不同角度和场景的镜头，通过非线性的编辑和组接，加上特技应用（如下雪、雨点等手段），这在 MTV 节目中非常多见，并得到突破。

虚拟演播室在电视节目中的应用，更离不开计算机的先进操作系统和技术。所谓虚拟演播室就是一种假想的演播环境，它的主要特点是解决了人与景的“真实”效果。这里的场景是在 3DMAX 中制作的，美术设计师只需把场景的景物进行三维建模，然后再建立人景合成。如 2001 年中央电视台春节歌舞晚会，在第一篇章《春的姑娘》中，电视画面大量引用了虚拟技术：画面开始为一群跳芭蕾舞的姑娘，她们一会儿在虚无缥缈的彩桥上，一会儿仿佛又在宇宙的飞行器内，那脚下的舞台就像真的搭起来似的，非常自然、非常美丽和新奇，使观众大开眼界。

新的科学技术使得美术设计如虎添翼，美术设计师需要掌握先进的制作手段和方法，运用技术设备和器材进行再创作，它是人的思维与先进的技术设备结合的结果。

电视是20世纪科学文明的产物，从第一台电视机问世迄今不过半个多世纪。电视是年轻的，电视美术也是年轻的。

电视美术的设计与综合手段的利用，有着广阔的前景，等待你在实践中去认识、去发展。当你弄清楚了电视美术的特点后，也许你对它产生了兴趣，或许你会成为电视美术设计师，即便不是，至少你应该是有审美能力和鉴赏水平的准美术师，因为你要制作电视节目，你是电视人。

科学技术与电视结下了不解之缘，憧憬美好的未来，人和自然的关系越来越密切，电视美术的表现也一定会是千姿百态的，并在不断的变化中发展，在变化中求新。

充实自我，调整好心态，你就一定能把握未来电视美术的发展趋向，获得成功。

本章学法指导

视觉是人类获得信息的主要渠道，看电视成为人们生活中的一部分，电视画面影响着你和我，提高电视的审美价值，陶冶人们情操是电视美术的追求。

电视美术是电视视觉艺术的把握，应该告诉学生，美术设计不仅要重视选题内容，还要重视与其有关的诸如音乐、音响、灯光、摄像、服装、化妆、道具、字幕等，以及它们所起的作用。电视美术无处不在地体现在电视画面中。

从电视美术的分类中，要帮助学生掌握电视美术设计中包括的场景设计、动画片头设计、屏幕包装美化设计等不同特点及其在实践中的应用。

把设计构思付之实现要经过复杂的制作过程，要让学生明白用眼看效果和用镜头看效果是两回事。

本章思考与练习题

1. 了解电视美术的作用与任务，掌握美术设计的要点。

2. 从电视美术的分类中说出各自的特点。

3. 观看电视节目，学习不同美术设计师的设计技巧，你可以把节目录下来，分析它的设计与创意，提高自己动手能力和鉴赏水平。

4. 尝试做出一个详细的美术设计方案，并回答美术设计应该从哪儿入手，如何创新？

第七章 采访

——电视节目的基础活动

本章内容提要

◎电视作为传媒的一种存在形式，是需要有媒体观点的，而媒体观点是通过记者一线采访报道来实现的。

◎采访计划与现场发现是采访活动中的两个关键环节，缺一不可。有了采访计划，采访活动才能有的放矢；有了现场发现，记者才能捕捉到有声有色的新闻细节。

◎事件性新闻应在“新”与“快”上下工夫，说说随时关注和进程式的采访报道；非事件性新闻要在采访计划上下工夫，介绍全面关注和反馈式的采访报道。

◎真实是新闻的生命，它反映了记者的职业道德与规范。

◎采摄分离、现场出镜、突前采访是新媒体与电视媒体共同倡导的采访方式。

第1节 采访与媒体观点

一、采访

电视作为传媒的一种形式，与报纸、广播一样，是以一个独立、完整的形象出现在受众面前的。在我国电视的主要功能就是传播资讯、宣传教育、引导舆论和提供娱乐。电视的一切实践形式，都是围绕这些主要功能展开的。电视的功能决定了电视媒体必须要有自己明确的观点。

采访是一切电视节目的基础活动。无论是新闻节目，还是社教节目、娱乐节目，没有采访这个关键的环节，节目制作就不能完整地进行下去，节目就会成为“无源之水”而枯竭。电视从它诞生的那一天起，就是依托采访活动的不断深入和完善而不断发展和壮大起来的。在众多的电视采访活动中，电视新闻的采访又占据着主导地位，这是我国“新闻立台”的指导方针决定的，也是电视新闻采访在电视节目制作中所具有的个性和代表性的特点决定的。

电视新闻采访是电视媒体最基本最主要的工作，是电视记者代表无法出面的观众进行的有选择的活动，是“面对面”的沟通，是心灵的碰撞和思想的交锋。记者凭新闻敏感去了解各种情况，挑出有价值的、重要的内容，或者从受众反馈的情况得到新闻线索，或者从大众传播工具中发现线索或可疑之点，继续深入“挖掘”。

电视新闻采访实质上就是记者根据新闻的规律进行调查研究的过程。记者所提出的问题，介绍的经验，写出来的稿件都应该是调查研究的产物。新闻采访就是要还原事物的本来面貌及其根本特征，没有一定的调查研究，就不可能做到这一点。调查研究应该是记者经常性的、首要的工作任务，不会采访就不会当记者。

二、媒体观点

采访报道是新闻机构的主要活动之一，各个新闻机构不仅要反映社会生活的方方面面，而且要积极参与其中，力图表明自己的观点。新闻机构通过新闻报道，发表媒体观点，宣传道德标准，从而实现媒体的社会存在意义。

需要强调的是，媒体观点不是空洞的说教，不是“空中楼阁”，它是建立在记者对某一客观事实的分析、认识基础上形成的。记者的采访报道一经媒体播发，其中的思想观点代表的就是媒体观点。

大家都知道，采访报道反映的是客观事实，但客观事实毕竟是由人来反映的，这就不可避免地存在对客观事实的态度问题。

记者报道什么，本身就是思想的产物，必然会有报道者思想的介入。报道者不可避免地会把自己摆到他所描写的情景之中，这不仅是表现在他自身的参与上，更是表现在他对客观事物报道形式和对报道内容的取舍上，所以，记者的报道本身也会受到新闻观念报道动机的影响。

新闻工作者作为一名职业见证人，他描写事实，保证事实的真实性，但他不可能以同样的分量记录下各种不同的说法。新闻是一种信息，新闻被接收的方法和传播新闻的方法一样重要。为了受众更好地接收，记者必须找到有效地说服他们的语言。但是，任何一种语言都是复杂的，当记者选用这个词而不选用另一个词的时候，就已经形成了一种解释，同时掩盖了另一种解释。电视画面也是一种语言，电视记者拍什么，从哪个角度拍，拍多长的画面，等等，都能反映一个记者对事件的看法，反映记者的立场和媒体观点。

下面，我们来看一篇报道，题目是《检查团来了！走了!》。

画面	解说词
清理街道	全国城市卫生检查团从9月13日起，对哈尔滨市城市卫生情况进行全面检查，检查团到来前夕，哈尔滨市紧急行动起来，清理街道，消除闲杂人员，关闭有碍观瞻的小饭店，查封卫生不合格单位等。
检查团到达各处	9月13日，哈尔滨市以美丽清洁的城市风貌迎来了检查团。记者到省京剧院工地、人和食品摊区、河沟市场、司徒街垃圾站、宣化街广场、儿童公园西门，拍下了一组镜头。全国城市卫生检查团在进行了为期五天的检查后，对哈尔滨城市卫生状况给予充分肯定，昨天离开哈尔滨市。

续

画面	解说词
检查团检查过的地方	今天，当记者再次到检查团曾经驻足查看过、记者拍下镜头的地方时，这里已是“新貌”换“旧颜”。这里的一组镜头，同样拍摄于省京剧院工地、人和食品摊区、河沟市场、司徒街垃圾站、宣化街广场、儿童公园西门。

再看湖北电视台的一篇报道，题目是《“走味”的科技下乡》。

这是获得2001年湖北新闻一等奖、湖北广播电视新闻一等奖的优秀电视新佳作。得到采访线索，记者没有局限于只做人云亦云的传声筒，而是有自己独立的观察思考，充分展现了新闻敏感和社会责任感。通过现场观察，记者看到了这次“科技下乡”活动的本质特征，找到了最有报道和传播价值的角度，紧紧围绕这一角度，作更深入的采访挖掘和新闻素材的取舍。整篇报道没有直接地评论，但是记者用事实说话，表达了对形式主义的批判，记者观点、媒体观点跃然纸上。

三、两点把握

电视新闻采访作为电视实践形式的个体元素，要服从、服务于媒体观点，而不能凌驾于媒体观点之上。因此我们认为，采访要充分体现媒体观点，必须做好以下两个方面的工作：第一，把握新闻的“度”——展现媒体观点；第二，新闻背景的运用——映衬媒体观点。

把握新闻的“度”在我们看来，就是新闻的分寸要适度，角度要科学，时机要恰当。不管是正面报道还是批评问题性的报道，都要掌握这个原则。正面报道是弘扬主旋律，是把那些合乎客观发展规律，有利于社会进步的事物传播开去，显示它的合理性、进步性；而批评问题性的报道多是把违反客观规律，阻碍社会进步的事物暴露给全社会，揭示其不合理性、倒退性。从新闻的客观规律出发，不管是正面报道还是批评问题性报道，都必须客观、公正、实事求是，绝不能夸大或歪曲事实。

电视作为大众传播媒介，要以正面宣传为主，大力弘扬时代主旋律为己任，这是我们的机构性质所决定的。因此，我们的采访报道无论是从新闻的内涵上，还是外延上，都要把握好这个度，体现这一宗旨，从整体上展现媒体积极向上的精神风貌。

我们强调把握新闻的“度”，一方面是强调突出主旋律，把握好正面宣传的“度”；另一方面，强调新闻监督舆论引导作用，提出建设性的舆论引导，把握好批评性报道的“度”。客观事件内部都存在着对立统一关系，要把问题性报道搞好搞准，就要用辩证的观点来驾驭。因为问题性报道所反映的事物内部矛盾的冲突性、对抗性表现得更鲜明，涉及的问题更复杂，问题的实质往往又深藏在表象的背后。如果记者不能很好地把握这些矛盾冲突，采访报道的观点就会出现偏颇。

把好新闻报道的“度”，还有一个是否合时宜的问题，这与突出媒体观点息息相关。在我们的日常报道活动中，经常围绕某一特定的宣传思路，会有一些战役性的宣传任务。这个时候，要体现媒体的立场和观点，特别要注意采访、报道时机的选择、把握。曾有这么一件事在新闻界广为流传，某地作为全国精神文明建设的示范地，正在召开全国精神文明现场会，就在会议的当天，当地的某媒体编发了一条《有条龙须沟》的新闻。新闻发出后，当地领导非常难堪，当即批评了这家新闻单位的领导。实事求是地说，这条新闻是一条不错的批评报道，一条好的报道为什么会挨领导的批评呢？我们认为，这篇报道错就错在编发不合时宜。

研究背景资料是新闻采访的入手点，也是开掘报道深度，映衬媒体观点的重要手段。随着信息时代的到来，受众对于新闻传播的要求不仅仅是满足对一般事实的了解，还要能够作出全方位、多角度、多层次的了解，从而形成某种价值判断。新闻背景的运用，就是记者通过对事件因果关系的探究，从而达到认识本质的目的，《新闻大辞典》对新闻背景的界定是：“新闻背景是关于新闻事件的历史和环境材料，是新闻的有机组成部分，是补充、反衬或烘托新闻事实和新闻主题的重要内容。”新闻背景按照其作用又被分为说明性新闻背景、比较性新闻背景、释疑性新闻背景。

说明性新闻背景是对新闻事实中涉及的名词术语、科技成果进行通俗介绍，以增强观众对新闻事实的理解。

一篇成功的报道能否引起观众的共鸣，不在于记者向观众灌输了什么观点，而在于记者通过对新闻背景材料有目的的选择、运用，让观众在潜移默化中接受观点、认同观点。在这一点上，比较性新闻背景的运用所起的作用尤为明显。在2012年湖北广播电视台电视新闻中心拍摄完成的大型政论片《支点》中，为了阐释湖北中部崛起重要战略支点的地位，将湖北武汉同美国的芝加哥及巴西的巴西利亚的地理位置、自然资源、交通条件、经济发展等作了对比说明，使得观众对中部地区在一个大国全局发展中的重要性，以及湖北在全国中部崛起中的支点地位更加直观，更加令人信服。记者所要表达的主题也就在背景材料与事实的对比中深化了。

解释性新闻背景是补充和解释新闻事件发生的原因、环境、条件、人物关系的背景材料。它可以使观众更清晰地了解新闻事件产生的原因和相关的社会背景。2011年，湖北广播电视台电视新闻中心推出了大型主题性系列报道——《构建中三角打造第四极》，记者运用之前湘鄂赣三省主要领导关于合力打造中部城市群的论述、认识，以及国家对“打造沿长江中游经济带”的规划的解释说明，清晰解释了“中三角”提法的由来，使大家对“构建中三角打造第四极”的战略意义有了更深的理解。

当然，这三种新闻背景的运用并不是相对独立的，在我们的新闻实践中，同一篇新闻报道里，往往有多种形式的新闻背景交叉使用、相得益彰，共同为深化主题、映衬主题服务。记者平常就要注重对新闻背景资料的存留积累、综合分析和消化吸收，在采访报道过程中运用起来才能得心应手。

第2节

采访计划与现场发现

一、定义

电视新闻的“采访计划”是针对某一选题而言的。选题确定以后，就必须制定详细的“采访计划”。因此我们认为，“采访计划”是记者针对某一具体的新闻题材做的文案准备工作。“采访计划”包括指导思想、准备工作、播出方式三个方面的主要内容。“采访计划”的目的在于：一是为什么要报道这个选题，记者想对观众说明什么；二是通过什么样的采访方式、报道方式、播出方式，最巧妙、最直接、最充分地达到新闻报道的目的。

“现场发现”是记者到客观事件现场临场捕捉到的核心内容。“现场发现”体现的是记者的新闻敏感性及其“价值取向”。客观事件的时间、地点、人物、主要内容、背景构成了“现场发现”的主体内容。“现场发现”的核心是发现新闻“亮”点，这个“亮”点能让新闻立起来。之前提到的《“走味”的科技下乡》就是依靠记者的现场观察、发现发掘出来的好新闻。

按照新闻的形态特征来划分，新闻可分为事件性新闻和非事件性新闻两大类。事件性新闻是对社会生活中有一个明显起止时间，有一个有形的发生、发展和结局界限相对独立事件的报道，其具有“突发性”和“不可预知性”的特点，是与“事件”紧密联系在一起的。如“12·1”武汉建行爆炸案、“8·10”重庆抢劫杀人案等一类新闻事件，都属事件性新闻的报道范畴。非事件性新闻是对社会思潮、某一社会现象进行的分析、归纳，从而形成的报道，其具有“必然性”和“可预知性”的特点。这一类的报道在目前我国各级电视媒体中占有相当大的比重，颇有研究的价值。如湖北广播电视台电视新闻中心2011年策划组织的《构建中三角打造第四极》系列报道，等等。

事件性新闻由于其“不可预知性”和“突发性”的特点，对记者的采访活动的“临场反应”和“现场观察”提出了更高的要求；而非事件性新闻由于其“必然性”和“可预知性”的特点，在采访之前拟定好“采访计划”，就显得十分重要。

二、事件性新闻的采访

我们对事件性新闻的认识，决定了我们对事件性新闻的采访方式，这个方式就是我们如何尽快地把新闻报道出去，从而产生应有的影响。

1. 事件性新闻的“新”与“快”的问题

新闻的“新”实质上是记者对某一客观事件的价值取向。是否“新”决定着该事件是否具有新闻价值。无论是传统的新闻价值标准，还是现代的新闻价值标准，对新闻的“新”至少有三个方面的要求：

（1）是否能够引起众多人的兴趣

发生在我们身边的事情很多，但不是所有的事情都是大家感兴趣的。记者必须根据自己生活的积累，对众多的客观事件进行分析、比较、研究，然后筛选出众人都希望了解的客观事件加以报道。这里所说的兴趣还包括“趣味”的问题，大家都感兴趣固然很好，但能让观众从感兴趣的客观事件中，体会某种“味道”，则是新闻采访的关键所在。

（2）新闻能产生什么样的影响

任何一个客观事件只有经过媒体的报道以后，才能称之为新闻。在没有经过媒体的报道和传播之前，它只是一个普普通通的事件，不会有太大影响，而一旦经过媒体报道和传播了，它就成为了新闻，也就有了社会影响。

（3）新闻是否传播的是有用信息

传播信息是新闻的一大功能。客观事件作为信息的一种存在形式，需要新闻加以传播。对受众而言，有些信息是大多数人知道的信息；有些信息是不被大多数人所知道的，或是逐渐在被大多数人知道。新闻传播信息就是要传播那些还不被众多人知道，或是正在被大多数人知道的信息。

记者对新闻“新”的理解，也就是对新闻价值标准的理解。当然这种标准也不是绝对的，我们只是认为在选择客观事件时，这三项标准必须要有所考虑。

从新闻的“时效性”原则出发，事件性新闻的“快”，应是记者在采访中需要重点考虑的因素。“时过境迁”的事不是新闻，只是旧闻。事件性新闻的“快”要求记者必须在“第一时间”到达现场，在“第一时间”发布新闻。相对于通讯社、报纸、广播而言，这样的例子很多。一个电话、一个传真，按照新闻的倒金字塔结构，随时可以把新闻信息发回编辑部。电视媒体的发展，将新闻的“快”赋予了更生动的内容，那就是新闻事件的发生、发展过程与媒体发布新闻同步进行，而实现的手段就是“现场直播”。

但是，在我们日常的报道活动中，电视新闻大多还是在某一固定时间播出的固定栏目中发布的。记者在采访时，要随时考虑发布新闻，心里始终装着一个“快”字，而不能等着新闻事件从发生到发展，到结束以后，再去发布新闻。对于受众而言，事件性新闻吸引人之处，不在于事件性新闻的结果如何，人们更关注的是它的发生、发展过程。对于一名职业的记者来说，研究受众的接受心理，顺应、满足受众的需求，是在日常采访报道活动中，必须要考虑的问题。

2. 事件性新闻的采访报道方式

要达到吸引受众的宣传效果，记者首先就要被客观事件所吸引，不能吸引记者的客观事件，谈何吸引受众。记者一旦被客观事件所吸引，就应当及时对“现场发现”进行梳理，这个梳理的过程也是记者确定采访报道方式的过程。

对于事件性新闻的采访报道，重点要把握好以下几点：

（1）反应要快，行动要敏捷

要随时采访，随时报道，随时关注，只要采访到了有价值的新闻信息，就可以发布。湖北电视台对“6·22”武汉空难的报道就是如此。“6·22”武汉空难发生在2000年6月22日下午1：30，记者获得这一信息后，立即赶到了空难现场。当时空难现场已被戒严，记者想要获得空难的详细情况十分困难，而且也不太可能。但是，空难发生了是客观事实，记者的职业敏感要求记者必须尽快地发布消息。经过记者的多方采访，很快了解到了空难的有关信息，并于当晚在湖北电视台的新闻节目中发布了第一条新闻《武航一架“运七”客机在武汉失事》，新闻的内容非常简单，就只两句话：武汉航空公司所属的一架“运七”客机，今天下午在从恩施飞往武汉的途中失事，失事地点位于武汉市郊的汉阳区永丰乡。飞机失事原因及人员伤亡情况不详，有关详细情况的报道请您注意收看湖北电视台的其他新闻节目。

（2）在事件现场要沉着、冷静、当机立断，迅速确定采访的重点所在

例如采访方向、角度，确定并采访到最直接的当事人等等。

（3）抓紧时间，超前工作

事件性的新闻发生、发展具有不可预见性，这就要求记者在采访准备阶段，不仅要充分钻研相关资料，采访计划要更加周密，甚至要预设多种可能；还要尽可能地提前介入采访，提高采访的针对性，以延长机动反应的时间。

（4）善用进程式采访报道

对于事件性新闻，人们感兴趣的不仅是新闻事件的结果，更包括新闻事件的过程。只有结果而没有过程的新闻，因为缺乏起伏跌宕和悬念，会让人感到乏味。这就对记者的采访报道提出了要求：如何让受众了解新闻事件的全过程。

进程式的采访报道能够有效地解决这个问题。我们所说的进程式采访报道是记者对正在发生并持续发展的事件性新闻所作的多次新闻播发。新闻播发以时间顺序为依托，以与新闻事件相关的最新信息为新闻主体。

长期以来，进程式的采访报道方式在电视界得到了广泛的运用，并取得了较好的宣传效果。荣获2007年湖北新闻奖系列报道一等奖的《挑战暴利，平价眼镜超市现身江城》，就是一个进程式报道的典范之作。记者从武汉第一家平价眼镜超市诞生入手，跟踪采访报道了这家眼镜超市从开业到关门，再到重新开业的过程。在一个多月的时间里，记者紧紧围绕这一主题，以事情动态进展为依托，连发十篇报道，从武汉第一家平价眼镜超市上几起几落，到平价风潮悄然盛行，展示了平价眼镜艰难的诞生过程，揭露了眼镜行业的种种现象和内幕，探讨扼制行业暴利的解决之道，在整个江城的眼镜行业内都制造了一定的影响力。

从这组系列报道的具体实践中，我们不难看出，进程式的报道是对正在发生、发展的新闻事件的一种线性组合。这种组合基于新闻事件本身的连续性，并以时间为顺序，依次报道新闻事件的发展过程，由浅及深，层层递进，从而完

整、全面地完成整个采访报道过程。

三、非事件性新闻的采访

事件性新闻主要是针对某一客观事件而言的，而非事件性新闻是针对客观事件以外的事物而言的。它涉猎更多的是意识形态范畴的思想、观念等方面的内容，诸如对某种社会思潮的剖析，对某种社会现象的评论等等。对于非事件性新闻的采访报道，主要在于其社会的启迪与警示意义上，往往具有时空繁杂、时空跨度大的特点。另外，这样一类非事件性新闻由于其具有的“必然性”和“可预知性”，决定了记者在采访时，必须要有“采访计划”。

1. 非事件性新闻与采访计划

对非事件性新闻的采访一般都带有一定的主观色彩，这是非事件性新闻的主体内容所决定的。如记者要拍摄党和政府保护粮价，制止压级压价的新闻，或是拍摄下岗再就业的新闻，由于党和国家对保护粮价、解决下岗职工再就业已出台了相关的政策规定，记者的采访就不得不受政策规定的制约和影响，从而使采访带有一定的主观色彩。但是，这种主观色彩是在客观事实基础上的主观，并不是纯粹的主观。这种主观色彩与新闻要反映客观事实并不矛盾。非事件性新闻的采访报道还是要以事实为载体的，反映党和政府保护粮价的新闻，首先要有新闻的主体：“某某地方”或是“某某单位”；其次就是新闻的主要内容：保护粮价的具体措施；再次就是新闻背景：为什么要保护粮价。从而达到新闻的效果：保护农民利益，提高农民的种粮积极性。

另外，非事件性新闻的采访更强调技巧和包装，以使新闻传播得更好更巧妙。有一种观点认为，非事件性新闻受主观意志所限，就不需要融入采访技巧了，这种认识有失偏颇。时下，有很多电视新闻生硬、死板，“八股风”充斥荧屏，就是受了这种观点的影响。实际上，对非事件性新闻的采访报道，新闻作品的形象化、手段的技巧化更加显得重要，仅仅依靠几个呆板的画面，配上几句枯燥的解说词，是拍不出好新闻的。

2. 采访计划

由于非事件性新闻带有可以理解的主观色彩，决定了对非事件性新闻的采访必须要拟定详细的采访计划。采访计划包括以下三个方面的主要内容：

（1）指导思想

记者选择了报道选题之后，首先要明白为什么报道这个选题，亦即报道的指导思想。这个指导思想要与党和政府在一定时期内的中心工作相一致，要与编辑部的编辑思想相一致。明确了指导思想，有利于记者从全局的角度来考虑问题。对记者的采访活动来说，明确的指导思想能够帮助记者确定采访方向、范围及重点，也有利于记者对新闻素材的取舍。

（2）准备工作

准备工作包括政策、理论上的准备；思想心理上的准备；采访物资上的准备。

记者面对纷繁复杂的采访事物，没有一定的政策、理论修养是不行的。面对客观事物，我们不要求记者是“专家”，但必须是“杂家”。这就要求记者平时必须注意学习和积累，研究政策，研究理论，掌握社会生活各个领域的最新发展变化。不做到这些，就难以拍出高水平的新闻报道。

思想心理上的准备也是必不可少的。在采访活动中，随时都有可能遇到人为的或是自然的障碍。如果遇到了这些障碍，记者没有思想、心理上的准备，很可能产生消极情绪。因此，记者在采访前，要知道自己对采访事物的认知程度有多深；采访能否会达到预期效果；采访中可能会遇到什么问题，等等，做到心知肚明，遇到了问题，才能迎刃而解。

物资上的准备，看起来是小事。其实对电视记者来说，这个小事不小。报纸、广播记者有支笔，有个录音机就够了，而电视记者的家当就多了，摄像机、磁带、电池、话筒、灯光等，缺了哪样，都会影响工作。磁带带少了，有可能会漏掉最关键的镜头；灯光没带，会影响画面的效果，这种情况在我们的日常采访活动中屡见不鲜。因此在采访前，必须要把所有的采访物资准备好，做到万无一失。

（3）播出方式

考虑播出方式是采访计划要做的另一项工作。目前，我国各级电视台播发的新闻大多都是在各档电视新闻栏目中出现的，而新闻栏目一般又是按时间段或是栏目的定位和宗旨的不同来安排设置的。各档新闻都有各自关注内容和形式定位，有的栏目突出的是新闻信息量；有的栏目突出的是对新闻题材的深度挖掘；有的栏目以法制类节目取胜；有的栏目以反映百姓衣、食、住、行见长。新闻栏目的个性化特征，决定了记者在采访前必须要考虑自己选择的题材适合于哪一类新闻栏目，或是自己在为哪一类栏目提供新闻，从而做到在采访拍摄时有的放矢。这就是我们所说的播出方式问题。

3. 非事件性新闻的采访报道方式

非事件性新闻的采访报道方式与事件性新闻的采访报道方式侧重点不同。事件性新闻强调随时关注进程式采访报道，而非事件性新闻强调的是全面关注和多视角的采访报道。

（1）全面关注

非事件性新闻涵盖的内容是多元的，而不是单一的。记者要客观真实地反映事物，就要站在历史的高度，宏观的层面上去认识事物。离开了这一点，记者的采访就会缺乏历史的厚度，反映客观事物时就会有失偏颇。我们提出的“全面关注”的采访报道方式，就是基于这一认识提出来的。

“全面全注”要注意三个方面：一是要认真研究背景；二是要注意点和面的结合；三是要注意发掘新闻的根据。

“研究背景”不仅仅是收集一些与采访题材相关的资料，也不仅仅是为了报道时使用背景材料，更重要的是，让记者熟知采访题材的脉络，提高记者认识事物、分析事物、辨别事物的能力。研究背景的内容包括研究新闻题材所涉及的历史背景、社会背景、现实背景等等。记者把这些与新闻题材相关联的背景研究透了，就可以分门别类地吸收、消化，形成自己的思想，从而确立报道主题。

可以说，对背景的研究，对于记者提高对新闻题材的认识是一个好办法，是记者判断事物的依据，可以帮助记者得出较为全面、科学的结论。

在非事件性新闻的采访报道中，所要面对的对象和所要采访的内容往往是繁杂的，这就要求记者注意“点”和“面”的结合。光是采访报道几个点而无“面”的反映，说明不了对象的“全貌”；仅仅采访报道“面”上的情况，会让人感到空洞无力。两者要注意平衡用力。

另外，非事件性新闻中的采访对象往往具有综合性，不具备完整、独立的事件形态，时空的跨度也很大，因此在采访中，新闻根据的发现就显得尤为重要。否则，新闻报道可能做成“情况汇报”和“人物介绍”，缺乏新闻的感染力。

（2）多视角的采访报道

对非事件性新闻的采访从不同的认知角度出发，会达到不同的效果。多视角的采访报道要求记者对新闻题材要有全景感受和立体认知。

所谓全景感受，就是记者对某一新闻题材全方位地把握，既要有宏观的、面上的把握，又要有微观的、点上的把握。把握宏观能够让新闻大气，有内涵；把握微观能够让新闻有血有肉、生动形象。把握宏观就是把握新闻题材的生存环境及其发展方向；把握微观就是寻找典型，找准切入点。

不可否认的是，我们对非事件性新闻的报道一般都是出于宣传的需要。在谈到如何完善宣传报道时，艾丰的体会是：多侧面、多角度、立体化的报道。这种多角度的、立体化的报道不只是报道记者对客观事物的认知结果，而是要着重报道记者对客观事物的分析，再现社会生活矛盾的方方面面。客观事物的关系不是简单的因果关系，而是多果的。解决矛盾的办法也是由主及次，这样多侧面、多角度地剖析事物，才能使报道有理有据、入情入理。

湖北电视台的系列报道《话说房改》反映的是老百姓的住房问题，一方面政府希望老百姓的住房越来越好，这与老百姓的愿望是一致的；另一方面现实生活中却有矛盾。《话说房改》的报道分析、阐述了产生矛盾的原因，既肯定了政府的工作和各行各业的奉献精神，同时也如实地反映了存在的问题，进一步分析了问题产生的历史原因和现实困难，以及彻底解决问题的可能性与难度，观众看后心服口服。

四、计划与发现

对于采访来说，“采访计划”与“现场发现”是记者必须要做好的两个重要环节，缺少了哪一个环节，记者的采访都很难获得成功。

1. 两者的关系

从辩证唯物主义观点出发，“采访计划”与“现场发现”是矛盾的统一。“采访计划”是采访所作的理性思考，是采访前作的工作，是主观思考的结果；而“现场发现”是记者在客观事物现场发现的新闻事实，反映的是客观存在的事物。两者之间存在着“主观”与“客观”之间的矛盾，又是相辅相成的整体。“采访计划”可以指导“现场发现”的完成，“现场发现”又可以使“采访计划”得以完善和延伸。

2. 采访计划的必要性和片面性

（1）采访计划的必要性

我们可以从采访计划的作用这个层面来认识采访计划的必要性。

① 制定采访计划可以帮助记者选择题材

选择题材包括两个方面的内容：确定采访报道的主要内容和选择采访报道的对象。这是采访前要完成的首要任务。在日常的采访报道中，记者的采访都是在编辑部编辑思想的指导下完成的。记者拍摄的新闻必须体现编辑部的思想，而不能偏离这个思想，想拍什么，就拍什么。采访对象的选择也是如此，采访对象要具有代表性和典型性，其代表性和典型性就是编辑思想的集中体现。

② 制定采访计划可以帮助记者确定采访报道重点

世界万物都有主要矛盾和次要矛盾，只有主要矛盾解决了，次要矛盾才能各个击破。采访也是如此，首先要找到问题的主要矛盾，要确定采访的重点在哪里，突破口在哪里。只有这样，采访才能逐步地深入下去。新闻报道最忌讳面面俱到，重点不突出，尤其是电视新闻更要突出重点。有些刚刚分到电视台的年轻记者容易犯这样的毛病，喜欢面面俱到，觉得什么内容都重要，平均使用笔墨，观众看后不知所云。事实上，电视新闻的时间长度和容量是有限的，一般的电视新闻长度在1分钟左右，长消息也必须控制在3～5分钟以内。因此，在这么短的时间内，要想把问题说清楚，必须要有重点。只有重点明确了，记者的采访才有了主攻目标，才能做到事半功倍。

③ 制定采访计划可以帮助记者设计采访提问

要采访就要提问题。提什么问题，怎样提问，为什么要提这些问题，记者必须做到心中有数。一般来说，采访的提问是针对采访内容和采访对象提出来的。针对不同的采访内容和采访对象，就要设计出不同的采访提问，这是不言而喻的。采访提问要遵循以下的设计原则：

第一，记者要从采访对象中得到些什么，采访对象说的哪些内容可以突出报道的主题。

第二，记者设计的问题一定要简练、准确，让采访对象一听就明白，便于采访对象有针对性地回答问题。

第三，记者的提问要使观众明白，这个问题是切中要害的，也是观众最想知道的问题。

设计问题的第一条原则是为了突出新闻的主题，是提问的关键所在。第二条原则是为了让问题更明确，而不至于含糊不清。在日常的采访活动中，有些记者喜欢提这样一类的问题："请问您对某某问题是怎样看的"、"您有什么感受"等非常抽象的问题。采访对象回答起来非常困难，没有一个固定的思路可以遵循，采访很可能因为这样的提问而失败。第三条原则是为了让观众能够看明白新闻的主要内容，把握观众的接受心理，提高观众的关注程度。

记者在设计问题时，要尽可能地围绕采访内容和采访对象多设计一些问题。另外，问题的设计要符合采访对象的身份、性格特点和接受心理，这样才能够打开采访对象的话匣子，获得更多想要的信息。美国《60分钟》节目主持人华莱士在采访邓小平时，事先设计了一百个问题。可以想象，为了作好采访计划，做了多少访前研究和细致准备。

（2）采访计划的片面性

采访计划是记者为了完成某一采访报道任务所做的前期准备工作，并没有经过采访实践的检验，因此，采访计划不可避免地存在片面性。

片面性之一：采访计划不可能包涵采访的全部过程和内容；

片面性之二：采访计划有可能与客观事实存在一定的差异。

记者在制定采访计划时，更多的是考虑采访的宏观指导思想，采访过程中可能会遇到的问题及其对策，是对新闻采访的总体把握。而在采访过程中，诸如怎样真实、准确地描述新闻事件，怎样生动、具体地再现现场气氛，这样一些具体的问题，就很难在采访计划中交代清楚了。

另外，记者在采访时，遇到的客观事实很可能与我们的报道初衷有一定出入。因此具体的采访活动不能机械地按部就班，要根据现场的实际情况，灵活、机动地处理。

3. 现场发现——采访的关键

我们之所以强调“现场发现”的重要，是因为现场发现面对的是“第一手”的材料，是最接近客观真实的采访活动。记者只有深入新闻事件的现场，通过细致的观察，才能了解该事件发生的时间、地点、人物、主要内容以及为什么会发生这样的事件等新闻的主体内容。现场发现实质上就是记者细致观察客观事件的过程，这个过程可以帮助记者获得第一手材料，捕捉到有声有色的细节，从而增强报道的可信感和感染力。

获1995年度中国电视新闻一等奖《哈尔滨的孩子回家了》一片，讲述的是两个流浪在西安的哈尔滨的孩子如何回家的故事。记者在采访中，多次深入两个孩子的“流浪世界”，掌握了他们流浪的原因和心态，也发现了许多好心人的无私关怀，从而萌发了要为孩子找家的念头。在整个采访中，记者不仅仅是以“讲述新闻故事”的旁观者身份出现的，而是直接亲历和参与了整个新闻事件——帮助流浪儿找家。当然，记者的参与并没有喧宾夺主，而是处处体现社会的力量，把镜头始终对准两个流浪儿和社会上的好心人。正是因为有了普通人善良的本性，有了民警耐心细致、急群众所急的敬业精神，才使全片拥有了多个闪光点。如果没有记者的亲身经历——现场发现，该片的闪光点也就难以发现，该片的可信程度也会大打折扣。

现场发现除了能够帮助记者了解新闻的主体内容以外，还可以寻找到新闻的切入点。万事开头难，新闻报道也是如此。新闻的切入点选好了，能够吸引观众的注意，能够让观众产生强烈地想看下去的愿望。

山东电视台拍摄的《国有医院岂容野医登堂》开头就很吸引人：

医生是救死扶伤的职业，因而受到人们的尊敬，如果说下面的这几个人是医生，你肯定不信。

这位在地上撒泼打滚的人，是曾在济南某医院坐堂达四个月之久的所谓“名医”，其实，他是一个修鞋匠。这个所谓的“专家”，实际上是个裁缝。

记者的这个开头给观众造成了悬念：国有医院怎么会有这样的“名医”、“专家”呢？这个悬念正是记者想要告诉观众的主要内容，只不过，记者没有直截了当地说，而是找到了一个好的切入点，把观众的兴趣、胃口调动起来了，从而使观众锁住频道，完整地了解整个事件的过程。

第3节

电视采访的理性思考

“电视采访是新闻采访的一种形式，它是电视新闻工作者利用电视技术手段，为实现新闻的大众传播而进行的素材采集活动。具有现代的采集手段、独有的采访形式、形象的画面报道、特定的思维方式以及综合的表现因素等特点。”进入Web2.0时代，电视采访节目因为新媒体的入侵，迎来了新的问题与挑战。面对这些问题和挑战，电视采访在实际操作中，既要坚守基本的原则，又要适应新媒体时代的媒体环境，善于利用新媒体、善于利用网络进行沟通与传播，为电视采访和电视节目开辟更加广阔的空间。

一、真实、自然：打动观众的利器

电视采访是电视记者借助现代化电子记录和传播手段，将新闻事实转化为流动的画面和声音，诉诸观众视觉和听觉的采访形式。区别于报纸、广播采访，电视采访最大的特性就是镜前采访，是更加深入、突前的一种看得见的采访，所以，电视采访更加强调客观、真实。

在电视采访中，真实性原则不仅表现在新闻题材的选择和新闻事件的叙述上，更重要的是，采访者与被采访者交流的真实。

被采访者通常有两种情况：一种是经常出现在镜头之前的人物，一种是鲜少出现在镜头之前的普通人。在面对镜头时，无论是谁都会多少有些紧张。有些同行为了达到自己想要的采访效果，会在开拍之前，给被采访者设计出一套具体的台词，这样，呈现在镜头之前的情况，往往用被采访者的嘴，说出编导想说的话。之前在网络上曾经曝出多张某电视台采访造假的图片新闻，图片中，一位女记者举着给采访者准备的稿子，制造出采访者在镜头前很流畅发表言论的假象。这样的采访从根本上违背了真实性原则，实在是电视采访的一大丑闻。

中央电视台主持人崔永元在《心态与技巧》一文中说："好节目是在大家不知不觉中就录制完成了的。在一对一的采访中，一定要把各种设备，包括摄像师身上这层神秘色彩都去掉，这对采访是非常有好处的。"我的同行锦州电视台记者徐庆在《提高电视采访的真实性》一文中提到：让普通人在电视上和生活中一样真实自然的叙述，最有效的就是采用"第一次"的方法。如果被采访人在电视上讲述的内容，是他第一次对电视编导说的话，那么，被采访者在讲述的时候，他的注意力会是放在他所讲述的经历或事件的本身上。这的确是一种电视采访技巧。

坚持"第一次"的方法，并不是指采访者不作任何准备就进行采访，相反这意味着采访者在阅历、知识、经验方面，应该具备一定的积累，这样才有可能恰当地把握、驾驭采访的进程。当与采访者的对话，使被采访者有一种终于找到"知音"的感觉时，采访就会立刻变得有声有色、真实自然。只有这样，才有可能打动你的观众。

二、尊重、包容：心灵相通的桥梁

电视采访是人与人之间面对面的沟通。作为职业的电视记者，在采访中一定要端正心态，学会尊重采访者，学会换位思考。

在实际的电视采访过程中，除了通常的礼貌礼仪之外，采访者还要根据不同采访对象的年龄、职业特点、性格心理特征，采取与之相应的采访方式。首先，在心理上采访者不要把自己的身份定位于"记者"，也不要把采访对象定位于

"采访对象"，不要给人一种居高临下的印象和局外人的感觉。采访中应该尽力忘记彼此的"工作角色"，有意识地进入一种"生活角色"，把彼此的关系放在"朋友"甚至"家人"的位置上分析角色、进入角色和演绎角色，让采访对象敞开心扉。其次，当出现被采访者表示不愿接受采访，或者被采访者出现对采访抵制、反感或者激动情绪的时候，采访者不能着急，要在尊重对方权利基础上，站在对方的角度去判断其处境，经过换位思考后，再考虑采用什么办法找寻契机转换话题，将双方关系拉近，继续展开采访。

在对 2008 年汶川地震受灾儿童的采访报道中，湖北电视台新闻中心记者胡韬，没有向受灾儿童追问家里的情况，没有去再揭伤疤，而是陪伴孩子们一起生活、一起游戏，作一些抚平创伤的心理安慰，让孩子们先逐步接受自己，接受现在的环境，结果成功采访到了灾区儿童坚强、乐观、向上的精神风貌。

新闻心理学认为，人的心理活动制约和调节着人的交谈活动。对被访者的尊重，是采访成功的基础，也是电视采访的重要原则。采访者只有用心做到尊重被采访者，认清自己的角色定位，客观公正，避免主观意识，才可能挖掘到更多真实而且有价值的新闻内容。

因为电视是一种镜前采访，电视采访的结果，会将被采访者的形象直观地公布在观众面前，会给采访者带来更大的社会影响，也更容易涉及一些肖像权、隐私权等法律问题。因此，电视采访的尊重，同时也体现在拍摄和报道方式的选择上。比如，慎用隐形电视采访的方式，对一些特殊的对象，例如未成年人、吸毒人员、特殊病患者等等，采访报道要恪守职业道德规范，对画面作必要的技术处理，避免给采访对象造成难以承受的心理负担和不良的社会影响。

三、善问、倾听：采访成功的保障

电视采访就是一门对话沟通的艺术。作为一名电视记者，采访中的问题设计、提问技巧、时机的把握，直接影响到采访的质量。

一次成功的采访，要求采访者能够根据采访意图和采访对象，随时调整谈话策略，灵活运用多种提问技巧。在采访对象积极配合的时候，要开门见山，直接入题，并努力营造和谐的采访气氛。而对于不配合、抵制采访的对象，或者不善表达的对象，要善于从侧面入手，迂回提问，或者用激将法激发对方解释或者表白的欲望，达到电视采访的目的。

在电视采访中，还有一个重要技巧，那就是要善于倾听。采访者善于做听众，让被采访者感到自己的重要性而愿意倾诉。倾听也是电视采访中一种掌握节奏的手段。同时，采访者只有善于倾听，才能掌握被采访者谈话的要点，找出新的提问方向和想法，让采访保持连贯性，让采访深入进行，从而获得更多有价值的信息，以达到采访目的。

从某种意义上讲，记者电视采访的过程，实质上也是新闻作品创作的过程，唯有进行深入的采访，才能创造出高质量的新闻作品。而电视采访要能够深入，要注意三个尽量：（1）尽量先从简单的问题入手，然后层层深入、步步递进，防止因为提问的问题过于笼统而增加对方回答的难度；（2）尽量先从小的问题入手，抓住新闻采访的主线，多提一些个性鲜明的问题，少提常识性的问题；（3）尽量规避对方敏感性的话题，如果必须了解，则需要讲究提问的语气和方法。

四、新媒体与电视采访

2012 年 1 月，中国互联网络信息中心（CNNIC）发布了《第 29 次中国互联网络发展状况统计报告》,《报告》显示，截至 2011 年 12 月底，中国网民规模达到 5.13 亿，全年新增网民 5580 万；互联网普及率较上年底提升 4 个百分点，达到 38.3%。中国手机网民规模达到 3.56 亿人，同比增长 17.5%，与前几年相比，中国的整体网民规模增长进入平台期。其中，中国出现了网上播出机构——网络广播电视台。例如，湖北网络广播电视台作为以新闻资讯媒体个性的申报媒体，成为继安徽、黑龙江之后第三家省级网络媒体，为广电系增加了以视听为特色的新的网络媒体。此外，网络视频行业的发展势头也相对良好，用户规模较上一年增加 14.6%，达到 3.25 亿人，使用率提升至 63.4%，是中国网民继即时通信、搜索、音乐、新闻之后的第五大应用。

网络直转播时代的到来，使得节目与受众之间的联系更为紧密，也给电视节目带来一个重要变化，那就是电视节目不再是转瞬即逝，而是得到了反复重播的可能。受众可以像纸质媒体一样，方便地掌握每一期公开播出的节目资料。这一改变，给电视采访提出了更高的要求和新的挑战。因为这意味着，每当一档电视采访节目播出的同时，受众可即时根据节目提供的信息，查找到相应的资料，如果发现出错，错误可能会被无限制放大，并迅速地传播开来。只有真实客观的事实采访，才能在受众的监督下通过检验，才能达到预期的传播效果。

然而，电视采访如果善用网络，将新媒体融入到电视采访实际操作中，特别是与自己拥有的网络台联动，执行全媒体记者采访，发网络、发广播、发电视，这样也一定能为提升电视采访和电视节目的可看性和竞争力，带来新的便利和机遇。

五、利用网络，做好访前准备

充分做好采访前准备工作，这既是对被采访者的尊重，也是做好采访的必要条件。所谓准备，就是充分了解、认识客观情况，尽可能缩短主观意图与客观存在之间的距离。约翰·布雷迪在《采访技巧》一书中说："采访是生气勃勃富有思想的谈话。你的提问越是活力充沛，越是思想丰富，对方的回答就越详尽。"要有出色的采访，首先必须对事物有充分挖掘的兴趣。有深度有价值的问题也是经过采访者周密思考和深刻分析的结晶。在网络的帮助下，采访者可以更方便对被采访事件的前因后果，和被采访人物的背景阅历作前期了解，以更快更充分地做好采访前准备。

综合来讲，做好采访前的准备工作应该注意把握的几个原则：一是要让被采访者感到你是公正的；二是要设法触发被采访者的荣誉感和自豪感；三是要让被采访者感到他的意见对公众很重要，他不回答你的问题，有损于他的公众形象；四是在采访中要善于发现新的问题，发现更新的、更重要的或有争议的问题，发现错误或者被采访者试图掩藏的问题。

你还可以利用网络，比如，在自己的网络台发预告和征集意见稿，湖北网台在"2012 年政风行风热线"直播活动前，提前在网上推出专版造势，调动网友预先参与，为直播中记者采访厅局长进行了较好的充分且更真实的"准备"。

六、擅用新媒介，使公众更有期待

新媒介是新技术支撑下出现的多种呈现载体形态，如数字杂志、数字报纸、数字广播、手机短信、移动电视、网络 TV、桌面视窗、数字电视、数字电影、触摸媒体等。相对于报刊、户外、广播、电视四大传统意义上的媒体，新媒介被形象地称为"多媒体"，多媒体的出现满足了传受双方随时随地地互动表达、娱乐与信息传递的需要。而以互联网为标志的第三代媒体，在传播的诉求方面，开始走向个性表达与交流互动的新阶段。

目前，许多著名电视节目主持人纷纷开通微博，并时时更新，以个体方式传播信息。他们往往利用各种新媒介，在自己主持的节目开播之前，利用微博进行采访人背景、节目进程、主持心得等内容的介绍。这种对节目预告式的短消息，通过主持人和记者本身的知名度得以传播，从而实现节目与节目主持人之间的双赢，同时，还可以集结网友的集体智慧，发掘出更为有意思的内容，使得节目中的采访、访谈的内容，更加符合公众的期待，更加具有平民的意识，更加注重与被采访对象之间的关系。从而在日益激烈的媒体竞争当中，保持电视采访的独特魅力和强大生命力。

当然，作为主流媒体的记者，是不能利用商务媒介，如微博，以个人名义发布没有得到媒体同意认可的任何公务资讯和新闻的。

本章学法指导

我们把采访作为电视节目制作的一个基本元素来认识，是从宏观的电视节目制作的概念出发，可以说，任何电视节目制作都离不开采访活动。电视采访包括新闻类节目的采访、社教类节目的采访和娱乐节目的采访，其中，新闻类节目的采访又是最具代表性的。考虑到篇幅的限制，本章仅就新闻节目的采访进行了阐述，希望能从对新闻节目采访的论述中，说明电视采访的一般规律。

对电视新闻采访的论述，我们是从三个方面展开的："新闻媒体观点"强调了电视作为媒体的一种存在形式要以怎样的形象出现在受众面前。要发挥电视主要功能，就必须要有明确的媒体观点，而媒体观点又要通过记者对单个新闻事件的采访报道来实现。"采访计划"与"现场发现"是电视新闻采访的两个主要环节。只有把这两个环节的工作做好了，采访报道才能获得成功。就事件性新闻和非事件性新闻而言，"采访计划"和"现场发现"有不同的作用和要求，也有各自不同的采访报道方式和重点，要区别对待。要辩证地看待"采访计划"和"现场发现"的关系，不能因为"现场发现"是采访的关键，就忽略了"采访计划"的指导作用；也不能因为"采访计划"的重要，而在采访中犯教条主义和形式主义的错误。关于"采访的理性思考和前瞻"是我们对电视新闻本质、电视新闻记者的职业道德和电视新闻采访发展方向的一些粗浅认识。真实是新闻的生命，离开了真实性，新闻就失去了存在的意义。记者的采访活动要在社会行为标准和职业道德的杠杆下进行，电视记者的采访方式和新闻的播出方式都不能违背新闻的职业道德规范。这是每一个职业新闻记者必须切记的准则。

本章思考与练习题

1. 为什么要制定“采访计划”？
2. 新闻背景有哪几种分类形式？
3. 新闻采访为什么要讲职业道德？

第八章 主持人与播音
——有声语言的表达

本章内容提要

◎在你看电视的时候，对一个节目里面的主持人一定非常熟悉。可以这样说，主持人是节目的代表和符号，节目宗旨的体现者。好的节目主持人可以使节目锦上添花，反之也会使节目黯然失色。也许你会说：当主持人不难，无非就是按编导事先写好的串联词，把节目串一下罢了。其实不然，本章将让你了解主持人概念、主持人节目以及对主持人的能力要求。

◎有声语言在主持人节目中是内容和形式的重要载体。主持人的语言能力和水平关系着节目的质量、效果和收视率，主持人应该具有深厚的语言功力，需要掌握播音的基本功，即吐字发声的基本功和语言表达技巧的基本功。

◎随着主持人节目的发展，甚至新闻主持人参与节目策划、采访、编辑的机会也越来越多，提高主持人现场口语表达能力显得非常重要，本章增加了主持人在外采时口语表达和采访提问时应掌握的技巧和方法。

第1节 主持人

一、主持与节目

电视节目是丰富多彩的，节目栏目化已成为电视节目制作的一种发展趋势。不知你是否注意到，主持人作为电视节目的形象和符号，与节目间构成了一种近乎鱼与水的关系：节目需要主持人，而主持人自身又构成了节目。比如，像谈话类节目《实话实说》、《对话》等主持人节目。当前，你在屏幕上几乎找不到没有主持人的节目了，主持人是节目“人格化”的具体表现形式，是整个节目制作群体智慧的载体。可以说，主持人的一言一行、一颦一笑，直接关系到节目的整体品质。

然而，在当前的主持人队伍中，一些未经播音与主持专门训练的人也加入进来。有些记者在采访工作中，面对镜头实际上也充当了主持人的角色。不管他们有多大的才能，但毋庸讳言，在播音和主持业务上也还有许多需要改进的地方，尤其有必要学习掌握镜头前有声语言的运用和其特殊规律。

播音与主持是一门独立的学科，它有自己的创作规律和创作方法。对于电视从业人员，尤其是经常出镜采访主持节目的非主持专业的人，了解一下主持人概念、主持人的特点、主持人需具备哪些方面的基本功，如何注意口语表达等等，都是非常重要的。

1. 主持的概念

有人认为“当主持人不难”。主持人无非就是按编导事先准备的串联词把节目串一下罢了，是一种非常简单的劳动。这种认识是将主持人简单化、平庸化了。主持人是节目主体，不仅仅是一名信息的发布者，主持人是集编辑、记者、播音员为一体的。而播音是主持人用有声语言跟观众交流的最重要的手段（其他都是非有声语言手段）。主持人不管是不是节目的负责人，或许他尚不具备采访、编辑节目的能力，但在节目播出中，在跟观众见面的时候，他应该处在节目的主导地位。当然，在主持人的背后有一个创作集体在协助他工作，但是，创作集体的工作应该是围绕主持人进行的。作为一名主持人，最本质的要求就是在节目中必须有创造性的表现和发挥，应该驾驭节目而不是被节目驾驭。

从有声语言看，主持人应该具有深厚的语言功力：语言应该规范；用气发声、吐字归音要训练有素；应该懂得和善于运用有声语言表达的各种规律和方法；具有独立构思、出口成章的能力；具有较强的应变和临场指挥的能力。有声语言应具有鲜明的个性特色，力求与节目的性质、特点相适应。另外，主持人还应具有较高的理论水平、文化素养和道德修养。

综上所述，主持人尤其在主持节目中所展示的才华，在电视这个领域中，正在向全方位、多学科、相互渗透的方向发展。应该说，他不是一般的编辑、记者、播音员所能胜任的，他需要特殊的素质，也就是说，要成为一个杂家。

2. 主持人节目

说主持人，必然要涉及主持人节目。主持人节目是一种节目形态，从表现形式上看，主持人节目有这样一些特点：

（1）以“我”的身份出面主持

主持人手中的稿件、提纲，不管是编辑撰写的，还是自己起草的，都应该让观众感到完全是主持人——我对这个问题的看法、态度和观点，使他们通过主持人“即兴”式的表达感到非常亲切、自然，增强“人格化”的亲近感。主持人在主持节目的过程中，要敢于展示自我形象，让观众感受到你的个性、魅力，了解你的为人，进而喜欢你的节目，这一切都是主持人强烈的自我意识所取得的成效。

（2）节目稳定

它包含主持人固定、节目播出时间固定、栏目名称固定。

① 主持人固定

节目主持人一般不要轻易更换，主持人主持节目的时间越长，就越容易使观众了解他、了解节目；同时，主持人与观众的感情，也会随着时间的增长而加强。比如，中央电视台的《实话实说》是崔永元主持的，崔永元相貌一般，与人们司空见惯的英俊潇洒的男主持人形象根本不着边，但他的语言、气质、风度、学识、机敏等等，给观众留下深刻的印象，很有一点《实话实说》非崔永元莫属的感觉。这除了崔永元的个人魅力以外，同主持人在观众脑子中留下的第一印象而使他们不容易再接受第二位主持人形象的出现有关。

② 节目播出时间固定

节目播出时间固定其目的是使受众在固定的时间收看自己喜欢的节目。播出时间固定容易使受众形成收视习惯，做到自觉收看自己喜欢的节目。比如，中央电视台晚上播出的《焦点访谈》，小朋友喜欢的《大风车》节目，播出时间一直是固定的。如果播出时间不固定，节目主持人怎么能在受众心目中起作用？像敬一丹、金龟子等节目主持人又怎么能让观众熟悉起来呢？

③ 栏目名称固定

栏目名称固定可以吸引一部分固定的观众群，从而使节目影响力更大。例如《夕阳红》节目，从开办至今不仅名称始终固定，连片头的歌曲《最美不过夕阳红》都未动。在观众（特别是老年观众）中，影响很大，节目也越办越好。

二、主持人与能力要求

1. 现场采访

主持人在节目中，除了内容串接、客观引导、传播信息以外，如果出现在新闻现场，将一定会有利于突出和强化主持人“也是记者”的主体作用，增强节目的现场感。由于现场采访面对观众，主持人的政策水平、知识的广度和深度、分析能力、敏锐反应和口语表达能力将会从这个侧面得到反映。因此，主持人的采访能力是主持人全面能力的综合反映。另外，还要求主持人要有新闻敏感性，要千方百计采访到新闻第一手资料，这是主持人公关能力、应变能力的体现，也是主持人在采访中应具备的基本条件。

2. 用口语主持节目

口语主持方式即谈话式主持方法，它吸收了播讲方式中的吐字准确、规整、清晰、富于音乐性的长处，也吸收了口语中亲切、自然的长处。它语言流畅，语句松紧变化较多；吐字力度不大，但非常清晰，很适合第一人称有声语言的需要，从而增强了受众的平等感、亲切感。因此，从主持人口中说出来的话，不管手边上是否有文字稿都应该是口语化的。

所谓口语化，就是要求朗朗上口，通俗流畅，说得清楚，听得明白；但是，要尽量避免语言杂质出现。用交谈式的语言主持节目，没有一定的语言功力是不能胜任的。主持人的语言表达和播音一样，同样存在着发声技能、语言技巧以及对各类文体播音样式的把握。就拿声音来说，好听的声音不仅能准确表达出主持人丰富多变的思想感情，而且能吸引受众倾注到节目中去。同样，普通话纯正也是传达内容的一个重要条件。大家都知道，电视在传播信息的过程中有许多优势，但也存在着稍纵即逝的特点，如果主持人声音不佳，语音南腔北调，吐字不清晰，表达又缺乏技巧，这样的节目一定不会取得好的播出效果。因此，主持人必须要有过硬的基本功。

第2节 主持人的基本功

一、有声语言

做一名合格的节目主持人，除了必须具备采访、写作的基本功以及组织节目的能力外，还应当具有过硬的吐字发声的基本功和语言表达技巧的基本功。一个主持人的声音好，不仅能准确地表达出丰富多彩的思想感情，而且声声入耳、娓娓动听，使受众倾注到节目之中。同样，规范化的普通话语音也会使受众更容易接受。如果仅仅以让人听懂为满足，那标准就太低了。

“普通话纯正，声音悦耳，表达准确生动，有个性”，这就是对主持人的基本要求。也就是说，主持人的语言应该规范；用气发声、吐字归音要训练有素；应该懂得和善于运用有声语言表达的各种规律和方法；有声语言应具有鲜明的个性特色，力求与节目的性质、特点相适应。

二、语言规范

普通话语音应规范。主持人的语音应该是准确的，它包括声、韵、调、语流音变（轻声、儿化、变调、语气词“啊”的音变），以及词的轻重格式等等，都应符合汉语普通话语音的发音规律。如果在语音方面存在问题，你可以参照下列方法进行纠正、练习。

1. 找到对应规律

方言和普通话之间的差异首先表现在声母、韵母和声调的异读上。如有的人把“诗”（shī）读成“思”（sī）。我们不能把它看做是一个字的读音问题，要看看是不是把所有的带“sh”的音节都错读成带“s”的音节。进而再看一下是否将同部位的“sh、ch、sh”这一组声母都相应地发成了“z、c、s”。如果是这样，你的习惯语音中原本就没有翘舌音 zh、ch、sh，存在着“平翘不分”的问题。也有的人知道有区别，却不从根本上下力气解决，而是想怎么读就怎么读，这是不对的，应下苦功练习。从一般对比来说，平舌字要比翘舌字少得多。我们把不卷舌的字列表抄下来常看、常念、常背。遇到拿不准的字，查查所列的表，表上有的就不卷舌，表上没有的就大胆地念卷舌音，就不会错了。如“森 sen”不卷舌的就这一个字，剩下的“身”、“深”、“神”等十多个字，就全是卷舌音了。

再如，有人把“人民（rén mín ）”读成“réng míng”，我们同样不能把它看做是一两个字的问题，而要去寻找韵母上的异读规律。结果可能发现，是把所有的 en、in 都相应地发成 eng、ing，甚至是把所有的前鼻音韵母都发成了后鼻音韵母。也就是平时所说的“前后鼻音不分”的情况。

此外，声调对语言的影响也是不容忽视的，所谓“味儿不对”，多半是声调问题造成的，除了声、韵、调的异读规律外，还应注意轻声、儿化韵和轻重格式方面的差异。某些主持人受港台味儿的影响，把“买卖”（买卖 mǎi mai ）（名词）读成了“买卖”（mǎi mài）（动词）。把“我们”读成“我们”；“买东西”读成“买东西”等（带“·”的应轻读）。找到了异读的规律，一组一组地解决问题，比一字一字地模仿要快得多。

2. 一次成音

在纠正语音的开始阶段，矫正声、韵、调问题时，在明确了发音要领之后的短时间内就要获取准确发音，切忌发“接近音”。因为那样会形成新的错误发音习惯，再想解决则需花费更多的时间和精力。

3. “听”和“说”是练的关键

发音是口耳之学，听不准就发不准，因此要首先提高听辨能力。听辨力提高了，才能进而准确地“指挥”发音。学了就要用才能巩固，如果只在工作时使用普通话，而日常全讲方言，语音问题是难以纠正的，只有在大量的生活语言中使用普通话，正确的发音才能得以巩固，才能保证工作时运用自如。

4. 循序渐进，持之以恒

从读准声、韵、调开始到通向使用，要经过音——→字——→词——→句——→段几个必要的阶段，只保证声、韵、调单发时的正确，是远远不能适应工作需要的。所以在发好单音的基础上，必须靠大量的练习来冲破每道使用关口，而字词是练习的中心环节，应该把字词练习作为每日练声的重要内容。

三、吐字发声

吐字发声是播音员和主持人应勤于磨炼的一项基本功。他的用声不同于其他语言艺术，如戏曲、话剧、评书、相声等用声方法，它们之间有共同点，但也存在明显的差别。播音员和主持人有自己独特的用声要求和练习方法。

1. 用气发声

用气发声包括气息控制、喉部控制、共鸣控制和声音弹性等几个方面。

①气息（呼吸）控制

主持人用声的特点决定了对气息控制的要求，主要是能较持久地进行控制；保持较为稳定的气息压力；能够根据需要及时补气；能在相当幅度内作细微的调整。

主持人发声需要的呼吸方式是胸腹联合呼吸。总的感觉是：小腹微收，随着气流从口鼻被吸入肺下部，两肋向两侧扩张，腰带渐紧，小腹随之收缩。呼气时，保持腹肌的收缩感，以牵制膈肌与两肋使其不能迅速回弹；随着气流的缓缓呼出，小腹逐渐放松，但最后仍不失去收住的感觉，而膈肌与两肋在这种控制下逐渐恢复自然状态。胸腹联合呼吸的突出特点是气下沉、两肋开、小腹收。切忌吸气时有意识地使腹部瘪缩，那样会把腹腔内的器官挤到上腹部而阻碍膈肌的下降，致使气吸到上胸部，出现违反自然呼吸状态的锁骨式呼吸，吸气量既小，又无法控制。有的人反映：“越想多吸气，气越不够用”，往往就是因为采用了这种不正确的呼吸方式的缘故。如果发现吸气时有两肩上耸的现象，就表明气吸到上胸了，没有沉下去，必须及时纠正。

要想自如地控制气息，首先要了解气息运用的感觉与特点。流动感，这是气息流动最重要的感觉。流动感最明显处在吐字阶段。气息的流动使每个字音形成的珠链从口中吐出，流动向前。气息的向前流动感与气息被小腹向下拉住的感觉又形成一对矛盾的力量。下拉上流，这就形成了声音弹性带的感觉，而这个弹性带的枢纽在小腹。在发声过程中，小腹始终处于工作状态，也就是保持一定的紧张度，小腹是随着发声需要而改变紧张度的。腹肌调节适度而灵活，能使声音得到有弹性的气息的支持。

在句子进行中不露痕迹的快吸补气（即听不到吸气的声音），是主持人必须学会的一项用气技巧。补气的感觉是这样的：发声时，随着胸廓中气息的外流用掉，小腹与两肋逐渐松下来；当需补气时，小腹一收，两肋同时张起，气息便“自动”地经口鼻得到补充，胸廓便同“橡皮球”一样又鼓起来。

气息控制的练习可以采用立姿：胸自然挺起，两肩下垂，小腹微收，从容地如闻花香般地吸气。觉得两肋渐开，至八成满；控制一两秒钟，再缓缓呼出。锻炼膈肌，可以在呼气的同时，弹发“hai”音时要注意做到不僵不挤，声音贯通。

②喉部发音控制

喉头相对稳定、喉部相对放松，是发音控制的基本感觉。

喉头相对稳定：喉头位置和声音质量有关。在一定范围内，喉头偏高，高频泛音增加，音色脆亮；喉头偏低，低频泛音增加，音色浑厚。有经验的人不论声音怎样大幅度变化，喉头位移总是控制在较小的幅度内，可以说是处于相对稳定状态。喉头明显上提的人，多带有“挤”、“卡”音色，喉头明显下压的人，多带有“空”、“浑”音色，而且牵制了舌的运动幅度，明显影响到字音清晰度。

喉部相对放松：喉部放松，声带才能自如地振动，发出泛音丰富悦耳的乐音。如果喉部用力，影响声带的自如振动对发音不利，甚至会出现难听的噪音。喉部放松，可以用较小的气流使声带振动，发音效率高。如果喉部用力，发出的声音比较“硬”，声带也容易疲劳。

喉部控制方法：总的感觉是“用吸气的状态发音”，这种发音控制方法叫放松发音法。用放松发音法发出的声音，音色介于实声与虚声之间；它比虚声结实，而比完全的实声柔和；它是乐音占优势的虚实声。放松发音法有许多优点：嗓音持久，能长时间地发出圆润的声音而不感觉疲劳；泛音丰富，音色较丰满、柔和；声音通畅，不会在喉部被堵塞；声门开闭灵活，声音虚实变化自如，富于弹性；比较接近日常谈话的发音状态，听起来自然亲切。

练习方法：张嘴吸气；此时两声带是轻松张开的；喉部有上下松开的感觉；尽量保持这种状态发音。当然，发音时两声带不可能是打开的，但尽量以这种状态发音，两声带就能轻松靠拢，而不是紧紧闭合。

③共鸣控制

在发音的三个环节——呼吸、声带振动、共鸣中，共鸣是最后集大成的环节，前两个环节共同作用发出的喉原音，只有通过它才能实际发挥声音的效用，才能形成发音的整体感觉。

播音的共鸣要求：保证字音清晰条件下的美化。这就要求：以口腔共鸣为主。因为不同字音是在口腔内形成的，只有结合吐字运用口腔共鸣，才能保证字音清晰、字正腔圆；泛音共鸣要适量。如果共鸣过强，会产生“音包字”的现象。

声音要不失其朴实、自然、大方。主持人要根据节目的形式、内容、对象、场合，灵活运用各种共鸣方式，使声音色彩随节目的需要而变化。比如，对少儿与对老年朋友，沉重的内容与欢快的内容，共鸣的运用都是不同的。要善于运用适当的胸腔共鸣和微量的鼻腔共鸣，使声音既浑厚、结实、有力，又比较明亮。

共鸣控制：发音的整体感觉是：一根弹性声音柱，有胸部的支持垂直向上，到口咽处流动向前，“挂”于硬腭前部，透出口外。

练习时需要注意：脊背直而舒展，颈不前探或后坐，以保持咽管的通畅，利于发挥咽腔的共鸣作用；发音时胸部放松，主观感觉声音像从胸部响点透出，有利于增加胸共鸣色彩；适当打开后槽牙，使牙之间有一定的距离，下颌活动灵活，而不要“咬着牙”，更不要下颌向前铲着发音。这样声波才能通畅地到达口腔，取得较丰富的口腔共鸣。

2. 口腔控制与吐字归音

（1）口腔控制

播音员和主持人吐字中常用的口腔控制方法是：挺软腭、打开牙关、适当收唇和吐字力度集中于中线。

挺软腭是播音吐字口腔控制的方法之一。它的要求是将软腭（俗名小舌）适当上抬，改变日常口语松散下垂的状态。软腭上抬后，扩大了口腔容积，使共鸣得到改善，同时也给舌的前后活动增加了空间，提高了吐字的清晰度，还能使鼻音色彩得到控制。挺软腭的状态可以用体会半打哈欠的方法来获得：像半打哈欠状打开牙关、提起上腭（软腭有撑起感），然后再缓缓闭拢。半打哈欠，就是说口不要大开，软腭不要过挺。

打开牙关是指上下颌在发音时要有较大的开度。上下颌关节的运动直接关系到口腔开度及口腔容积，影响字音的清晰、圆润及饱满。播音吐字要求口腔开度比口语大些。在吐字过程中，口腔开度是不断变化的，这就要求牙关控制要非常灵活。练习方法：可以体会下巴放松而略向后退，上下槽牙间像嚼着橡皮糖一样而保持一定距离的打开、闭拢这种状态，反复作口腔开合的咀嚼练习。

适应收唇是播音吐字另一常用要领。唇是口腔的前端，字音的出口，唇的控制对吐字质量影响明显。如果发音时唇向前突出（即唇齿分离了），声音会带上不好听的“u”音色彩，如果唇收拢来与齿相依，声音就明朗多了，字音也容易吐出口外。另外，唇的收撮力强能使声音集中，收撮力弱容易使声音散漫。唇的训练可以练习撮唇，合口噘唇，然后按顺时针和反时针做360度转动。还可以练习ba音击点。就是想象墙上与口平行处有一小点，每个ba音都是一个小球，由口把小球喷弹到小点上，用观念带动声音的集中。

吐字力度集中于中线，就是吐字的着力点应集中在唇、舌、上腭的中线。播音时往往有这种情况，音量过大，常常会使声音中的不良音色暴露得很明显，影响声音效果。如果音量较小，有时又会造成吐字无力，字音松散，不够清晰。吐字着力点集中于中线，是在较小音量下保持吐字力度的行之有效的方法，它能使吐字轻而不飘，重而不拙。

（2）吐字归音

在吐字过程中，对字头、字腹、字尾的处理，分别叫做出字、立字、归音。

出字要求叼住弹出。“叼住”是指声母的成阻和持阻阶段，也叫咬字阶段。咬字要有一定力度，即成阻部位的肌肉要有一定的紧张度，阻气有力。咬字的力量要集中在相应部位的纵中部，而不是满口用力，而且要有叼东西的巧劲儿，不能咬得过紧或过松。“弹出”是指声母的除阻阶段，也叫吐字阶段。要轻而有力，不拖泥带水，不使拙劲。

立字要求拉开立起。在字头弹出后，口腔随着字腹的到来而拉开到适当开度，感觉字音随上腭的提起而“立”起来。在牙关打开的前提下，这个开度略大于生活言语的字腹开度，以取得较清晰的音色和较丰富的泛音共鸣。

归音要求到位弱收。语言艺术工作者在吐字方面最容易犯的毛病就是不归音，以至造成“半截字”，听起来不完整。如果我们在发音时只注意声音响亮，不注意音节的完整，就很容易把这个处于衰落阶段的字尾忽略掉，成了“半截字”。“到位”是针对不收而言的，意思是尾音要归到应有的位置上，要求舌的趋向鲜明，口腔有个渐闭的过程。

字头叼住弹出，字腹拉开立起，字尾到位弱收，合起来成为一个两头小中间大的“枣核”。“枣核形”必须有气息的支撑，也就是说，吐字时，嘴里要有充满气息的感觉，字音才能结实，有光泽。否则，嘴虽张开，缺乏气息的支持，字音也不会饱满圆润。

（3）关于声音弹性

在人们评价主持人的声音时，往往说："这个人的声音弹性好"或是"弹性太差，适应面太窄"等等。发声训练的目的，就是为了取得声音的弹性。

声音弹性的表现特点为声音的可变性、对比性、层次性。声音的可变性最主要的是气息状态及声音色彩的变化；对比性主要有：气息的深浅、疾徐，声音的高与低、强与弱、实与虚、明与暗、刚与柔、厚与薄以及气息声音的纵与收等；层次性是指每一对比项目中都有众多的层次，层次之间有着细微的差别。控制水平越高，层次间的差别越细。

声音弹性的练习：

实与虚：偏实声练习。声门轻松闭合，声音较响亮、扎实、清晰度较高。报告新闻、播评论性文章基本用这种声音，可采用短小的消息作练习材料。

虚声练习：声门有一定开度，气息逸出较多，容易频繁吸气并带出吸气声，练习时要注意防止，并要保证字音的清晰。虚声多用在说悄悄话、描述想象中的虚幻事物及惊叹等情况下。

明与暗：提颧，口腔内音束冲击点较集中、靠前，声音明朗；气息深缓，两颊放松，音束冲击点较散，声音偏暗。切不可用捏挤嗓子或多用上部共鸣的办法寻求声音的明朗。练习时，可以分别用明朗和较暗的声音读同一个句子，体会它们所表达的情绪色彩的区别。

刚与柔：一般反映较重大的政治事件及感情激越的稿件多用偏刚的声音，气息和口腔控制比较有力，一般胸声成分较多；而抒情性的、生活气息较浓的及服务性的内容用声则较为柔和，气息和口腔的控制都比较和缓。

厚与薄：气息深，胸声强，声音厚；气息浅，胸声少，声音细薄。厚实的声音给人以深沉、庄重的感觉，新闻性及感情深沉的节目常用这种声音；较细薄的声音能给人以轻快感，但如果气息缺乏控制，声音容易飘浮。

在进行有内容的练习时，首先对练习内容要有所理解感受，并寻找、选择适当的声音形式。在开始时往往要进行对声音形式的反复推敲。通过一遍遍的练习，声音越来越适应内容所包含的感情实质，逐步达到有控制的自如表达。到了纯熟的境地，感情一经激发，声音就能随之而动。弹性训练的最终目的正在于此。

四、表达技巧

有声语言的表达技巧是指主持人、播音员有声语言的运用技法和方法。

主持人有声语言的表达方法，不外乎“停连”、“重音”、“语气”、“节奏”这四种，但要掌握它们是很不容易的。

1. 停连

在有声语言的表达过程中，声音中断、休止的地方就是停顿。反之，那些不中断、不休止的地方（特别是有标点符号，而不中断、不休止的地方）就叫连接。可以说，停连是有声语言的“标点符号”。因为在很多情况下，文字语言的标点不能满足有声语言标点的需要。有时文字语言该停的地方，有声语言不一定停。文字语言不该停的地方，有时有声语言必须停。这里有生理的需要（换气、调节气息），也有表情达意的需要（利用停连使语意清楚，便于受众理解）。停和连不论在哪里运用，都要服从内容和思想感情运动的需要。这才是有声语言的真正标点——“停连”。

根据停连的分类，可以归纳成十种类型。它们是：区分性停连、呼应性停连、并列性停连、分合性停连、强调性停连、判断性停连、转换性停连、生理性停连、回味性停连、灵活性停连。下面举两个例子加以说明。（“‿”为连接。“∧”为停顿）

例一，“锅里再放醋、白糖∧炒成汁，再放少许淀粉，汁炒稠以后，放凉了才能用。”如果按文字的标点在顿号处停顿，就成了“白糖炒成汁”了。因此，必须在“白糖”后边停。“醋”和“白糖”之间应连接得紧凑一些。这就叫区分性停连。

例二，“不论洞身多窄、空气多不好、时间多长，他∧都能忍受。”这是强调性停连。它是播讲人因感情和强调重点的需要而运用的一种停连。是在重点的“前”和“后”加停顿以突出重点。上面的例子为了强调“都能忍受”就在它的前边停，显出了他的坚强。

停连的处理方式：

停顿方式有“落停缓收”和“扬停急收”。

例一，“盼望着，盼望着，春风来了，春天的脚步近了。∧”属落停缓收。一般都是缓缓收住。落停一般用于较平稳的、松弛的内容。

例二，“公培波抱着嗤嗤冒烟的炸药包，以迅雷不及掩耳之势跃出哨位，奋不顾身地扑向敌人。∧三名越军被公培波的举动吓破了胆，掉头就跑。”属扬停强收。到“扑向敌人”时，语势呈上扬强收的趋势。下一句就要放下缓起了。一般情况下，表达较雄壮、自豪、坚定的情节时运用扬停强收。

连接方式有“停而徐连”和“停后紧连”。

例一，“北京、天津、上海、武汉、长沙等地也都下了雨。”这属于停而徐连。顿号之处都需要连接一下，如果都停会显得语意零碎，如果直连又会使五个地名没有区分。徐连一般用于较舒缓的内容，而且适合于一句话或一段当中的连接。

例二，“老遛听到了一声似乎是树倒的声音。∧不好，有人偷树了。他大声喊：∧‘谁，站住。’一边喊，一边追了上去。”属停后紧连。一般用于有标点符号，内容又联系紧密的地方，这种停顿是停后迅速连接，给人中间没有接点的感觉。

2. 重音

在播音中，那些根据语句目的、思想感情需要而给以强调的词或短语就叫重音。重音是语句重音，是在语流中把握的。既然是在语流中把握就不能孤立地看一句话而确定重音。必须通过对全篇稿件的理解感受，明确具体语句在全篇所处的位置和分量，才能确定语句重音。

重音的位置分为：并列性重音、对比性重音、呼应性重音、递进性重音、转折性重音、肯定性重音、强调性重音、比喻性重音、拟声性重音、反义性重音等。

重音的表达方法有：高低强弱性、快慢停连法。

例一，他把从五营带回来的一把蒜苗高高举了起来：“你们看，这是什么？这仅仅是蒜苗吗？不！它使我看到了一种精神，这种精神应该成为咱们炮兵旅的旅魂！于锡财称得上我们的旅宝。从此，于锡财便获得了‘旅宝’的美名。”

这个例子中的“高高”举了起来和“你们看”，语势要上扬。后边的重音“蒜苗”在强调的时候也必然要高。而后边的“不”是肯定性重音，强调时就要放下来低处理了。这就是高和低的区别。下面的“精神、旅魂、旅宝”是递进式重音，强调时要渐渐加强。这三个强而重的处理后，“‘旅宝’的美名”中的重音，就要放下来弱而轻地处理了。这就是“强”和“弱”的区别。

例二，“‘瞪’表现了二虎子对日本鬼子的恨；鬼子呢？他一边说话，一边用眼光往男的一边溜，想看出谁是干部来。‘溜’是斜着眼睛看，写出了鬼子贼头贼脑的样子。”重音“瞪”强调的时候用慢速来处理，强调后有一个较长的停顿，后面用稍快的速度带过，次重音“恨”也应相应地快带过去。“溜”和“斜着”这两个重音，“溜”用慢来强调并适当延长音节，强调后有一个大停顿，停后不用“紧连”，而要停后缓连，“斜着”这个重音才能强调得清楚而形象。

3. 语气

“语气是思想感情运动状态支配下的声音形式。”丰富的思想感情，必须透过变化的声音形式才能表现出来。具体的声音形式，包含着声音、气息、口腔状态多层次、多侧面的变化，具有很强的技巧性。正所谓因情用气，气随情动，以气托声，以情带声，音随意转，声随情出，最终以声、气传情。要想提高有声语言的表达技巧，就要正确认识并善于运用“语气”这个传情达意的核心手段。

语气的感情色彩和分量，是语气的灵魂。语气感情色彩的把握，一要贴切，二要丰富，三要深刻。语气的分量，就是要求我们掌握语气感情的分寸、火候，表达时不瘟不火、恰到好处。

语气中所蕴含的丰富细腻的思想感情，要由一定的声音形式才能体现出来。语气多变的声音形式，可用“语势”这个概念来说明。“语势”是指一个句子在思想感情运动状态下，有声语言的发展趋向。有声语言中的语势大约可分为：波峰类、波谷类、上山类、下山类、半起类。

波峰类：语句的句头、句尾较低，句腰较高。如：现在是“讲卫生”节目。

波谷类：语句的句头、句尾较高，句腰较低。如：鱼在水中游。

上山类：语句的句头较低，而后逐渐上行，句尾最高。如：数风流人物还看今朝。

下山类：语句的句头较高，而后顺势下行，句尾最低。如：这次节目播送完了。

半起类：语句的句头稍低，中间稍高，句尾气提声止，却又不在最高点上，只起到了一半。如：你猜这个人是谁?

语势的多姿多彩，既是传神地表达稿件思想感情的需要，也是受众的心理需求。单调的、一成不变的声音形式对听觉的刺激是微弱的，非但不会吸引受众与之产生共鸣，反而易使听觉出现疲劳，其传播效果便可想而知了。

节奏：“播音节奏是由全篇稿件生发出来的以思想感情运动为依据的声音运动形式。外部形式表现为有声语言流的抑扬顿挫、轻重缓急，是具有一定特点的声音形式的回环往复。”

节奏具有激发调节功能、强化表现功能和引导定向功能。节奏技巧的合理运用，能够强化所传达的感情，感染受众，激起共鸣。

（1）节奏的基本分类

① 轻快型

多扬少抑，声轻不着力，语流中顿挫少，且顿挫时间短暂，语速较快，轻巧明丽，有一定的跳跃感。

② 凝重型

多抑少扬，多重少轻，音强而着力，色彩多浓重，语势较平稳，顿挫较多，且时间较长，语速偏慢。

③ 低沉型

声音偏暗偏沉，语势多为落潮类，句尾落点多显沉重，语速较缓。

④ 高亢型

声音明亮高昂，语势多为起潮类，峰峰紧连，扬而更扬，势不可遏，语速偏快。

⑤ 舒缓型

声音轻松明朗，略高但不着力，语势有跌宕但多轻柔舒展，语速徐缓。

⑥ 紧张型

声音多扬少抑，多重少轻，语速快，气较促，顿挫短暂，语言密度大。

（2）节奏的转换形式

① 欲扬先抑，欲抑先扬

声音向上的趋势，称为“扬”，声音向低的趋势，叫做“抑”。扬抑的组合，其色彩和分类的浓淡、轻重，与主次有关。以扬为主要色彩的，节奏转换变化中，扬的色彩要浓烈些，抑的色彩作为扬的铺垫和陪衬存在。反之，也是这样。

② 欲快先慢，欲慢先快

语流的快与慢，是由吐字音节的长短（时值）、顿挫的多少以及衔接的松紧不同来区分的。在运用中要注意“快中有慢，慢中有快”的互补组合。比如，电视台播新闻的语速较快，但应注意快中有慢，不能给人“赶”、“抢”的感觉。

③ 欲重先轻，欲轻先重

声音形式的轻与重，与吐字力度、口腔松紧及气息密度有关。轻与重还与声音的虚实有关，虚则显得轻，实则显得重。在运用时，要注意它们之间的交叉、过渡。做到重中有轻，轻中有重，实能转虚，虚能转实。

五、个性特色

主持人的有声语言应具有鲜明的个性特色。语言的个性特色是主持人气质、文化修养、生活经验、审美情趣、思维方式等在语言中的综合体现，是内在素质的流露。不同的语言个性和语言表达方式可以形成不同的个性化形象。比如，豪放的主持人，语言一般比较激荡；潇洒的主持人，言谈都比较风雅；谦逊的主持人比较含蓄；活泼的主持人轻松热烈；幽默的主持人大多风趣、诙谐，等等。

由于主持人是节目宗旨的体现者，又是节目集体的代表，因此，他的语言个性要和节目的个性统一起来。主持人语言个性与节目个性相吻合，主持人的个性形象就容易形成，主持人节目也容易获得成功。

第3节 口语表达与采访提问

一、口语表达

语言是人类重要的交际工具，对于电视节目主持人来说就显得更为重要。因为主持人的口语表达作为沟通节目与受众的中介，他的语言表达能力怎样，直接影响着节目的质量与传播效果。

在主持人节目中，主持人的言语活动以其贴近生活的那种谈话状态，亲切、平易、自然、质朴的风格以及富于个性的活动为特点，使观众从主持人富有魅力的语言中，获得各种信息、知识、娱乐和审美的享受。此外，随着主持人节目的发展，主持人参与节目策划、采访、编辑的机会越来越多，直播节目、热线节目越来越多，在所有节目中有着相当大的比例。在这种情况下，对主持人的各项素质和语言表达等方面提出了更高的要求，提高主持人口语表达能力显得非常重要。

1. 主持人口语表达的重要性

有声语言在主持人节目中是内容和形式的重要载体。虽然电视中偶尔见到由画面、音乐、音响组成的节目，但大量的节目依然是以语言为主干的。主持人在节目中出现，增加了人格化传播的亲近感。主持人通过语言介绍、评说、串联、组织节目，或者直接采访报道新闻事件和人物，表述观点、见解，与观众思想感情的交流、沟通，主要是通过语言进行的。当然，主持人的出现使电视节目中还附以表情、动作这样一些非语言符号（副语言）的表现。所谓语言能力和水平，既包括他的谈吐内容，也包括他的表现力。因此，主持人语言能力的强弱、水平的高低，直接影响节目的质量。如果主持人只是外形漂亮，语言外壳过得去，但语言内容缺乏深度；或者谈话内容还可以，但吐字归音带出一些轻佻的味道，都会降低主持人在受众心目中文化修养的档次。可见，主持人的语言能力和水平，关系着节目的总体质量、效果和收视率。因此，节目的优劣与主持人有声语言的功力有着异乎寻常的联系。

在主持人节目中，语言不仅仅是主持人节目内容的载体，同时，还是主持人文化底蕴和品位的体现。主持人的语言从各个角度展示着他的思想、道德、知识和个性等方面的特征。受众正是通过主持人的语言来了解媒体或栏目的观念，同时知晓主持人的情感、态度、修养等深层次的内涵。优秀的节目主持人总是能以饱满的热情、平易近人的态度、厚积薄发的功底和深入浅出的技巧，侃侃而谈，颇具风采，使受众在思想、文化等方面受益的同时，也体味到语言美的魅力。这样的主持人自然能够得到受众的认可和喜爱。

当然，在实践中，你或许会发现在有些主持人的语言中，暴露出不少问题，主要表现在语言态度、言语内容、言语组织和言语表达几个方面：

（1）在语言态度方面，有的主持人表现出高人一等的架势，不礼貌、不友好的言词不时冒出来。也有的主持人对受众亲昵地奉迎，扭捏作态。这些语言状态，丢开了与受众平等的朋友关系，失去了为受众服务的真诚态度。

（2）在言语内容方面，有的主持人政策水平差，知识贫乏，不懂装懂，结果废话连篇、错误百出，引起受众反感。

（3）在言语组织方面，有的主持人语言粗糙、不合语法、不合逻辑、词汇贫乏的问题突出。有的主持人随意乱用语气助词以及“那么”等语言零碎，把它们看成体现口语交谈风格的“法宝”，成了一种语病。实际上，它们的泛滥，只能暴露说话人思维不畅、语言木讷、反应迟钝这些弱点，丝毫不会增加主持人语言的灵活和亲切。

（4）在言语表达方面，语音不规范、吐字不清晰、用声不自然的主持人并不少见。有的主持人把交谈的风格变成了喃喃自语或“低声音、平淡的、空洞的”固定腔调（所谓的“主持人调”）。这种固定腔调，是一种语势缺乏起落变化和没有交流欲望的声音流。

2. 主持人在节目中的口语活动方式

主持人的口语活动分为有文字依据的口语和没有文字依据的口语两大类。当然这两类口语活动方式也不是截然分开的。它们大体上又可以分为四种：一种是把编写好的文字稿件转化为有声语言；第二种是以主持人的思路为主线，灵活地运用有关的书面资料。它既有由文字到口头的转化，又有即兴的口语；第三种是以写好的串联词为主干，穿插活跃气氛、组织现场的即席发挥；第四种是以采访或谈话目的为核心（头脑中有提纲），主持人的提问、应对、评述等等，都是以即兴口语为主。

这里我们不妨来分析一下，中央电视台《东方时空》改版后部分节目播出情况。以2000年12月9日为例，从6点到6点半的30分钟内，主持人的播音，既有播报式（有稿播音），也有谈话式（无稿或灵活运用资料的即兴口语）。比如前五条的《昨日要闻》，因为都是党和国家领导人的活动，全部采用播报式，显得严肃、庄重；第六条“纪念一二·九运动”的会议消息采用的是播报式，而后面的评述又采用的是谈话式；第十一条“日本推出女性专用车厢”则完全采用的是谈话式。总之，在二十三条之前根据内容的不同，播报式与谈话式是交替使用的。而二十三条至二十八条由于是介绍反倾销方面的知识以及文化方面的消息，完全采用的是谈话式。由此我们可以看出，主持人口语表达方面，有稿播音和无稿播音的能力都应具备。一个主持人如果只能以聊天、谈话的方式在节目中出现，当需要念一段资料时，他可能就像小学生念书一样，那样是很让人扫兴的。相反，如果只能比较清楚地播读文字稿件，可是不善于在话筒前获得松弛而又积极的谈话状态，甚至离开了文字稿就不会说话，同样是十分乏味的。对于主持人来说，这两种语言能力都应该注意培养。

在主持人有稿播音方面，一个是取决于稿件写作的质量（有时稿子是主持人自己写的或改编的），一个是取决于主持人的口语表达功力（包括气息的使用、口腔控制与吐字归音、声音的弹性以及播音的内、外部技巧等）；在主持人无稿播音方面，主要是看主持人的说话能力。

所谓“说话能力”，就是在没有多少准备的情况下，能够中心明确、条理清楚、比较流利且没有语病的说话。这种“说话能力”是由内部言语的组织能力、语言的编码能力和外化为有声语言时的表达能力三部分组成。

内部言语的组织能力是指大脑接受外界信息后，进行加工、提取、处理，产生出说话的意念和要点（语点）这样的能力。内部言语组织能力最关键的是思维的速度、思维的广度和思维的深度。比如，有人请你谈谈“邓小平赴南方视察的深远意义”。在大脑接收这些信息后，很快就会出现“邓小平赴南方视察”、“党和国家的前途”、“中国特色的社会主义”、“思想和理论基础”这样一些压缩了的信息点，但具体的话语系列还比较模糊。内部语言的组织能力，取决于一个人的知识储备、信息积累以及对这些知识储备的提取、运用（即判断、分析）等等。不然内心空空，就可能无言以对。

把上面所说的这些内部言语，以丰富、恰当的词汇，以合于语法规范的形式，扩展成别人能听懂的句子，这就是语言的编码能力。它关系到语言知识、逻辑知识、词汇积累、文学修养等等。不然，你纵有高深的见解，但表述不清或语言枯燥干涩，就不能说具有很好的说话能力。例如，把上面举的例子编码成语义完整的一段话，可以这样说："邓小平同志视察南方的讲话，高屋建瓴地阐述了关系党和国家前途命运的一系列重大问题，为建设有中国特色的社会主义指明了继续前进的方向，也为十四大报告的起草奠定了思想和理论基础。"

把这些思想外化为有声语言的表达能力，是说话能力的第三个方面。它包括声音表现、吐字状况、表达技巧等等。比如发声费力、不好听，地方口音很重、吐字含混不清，说话时不生动、不丰富、无生气，也无法吸引受众。

以上说明，决定着一个人的说话能力：内部言语的组织能力是前提，语言编码能力是必要条件，有声语音的表达能力是实现沟通交流的关键。三者缺一不可，互相依存。

3. 主持人口语表达的要求

（1）精粹

口语具有亲切、生动、通俗、平易的优点，是主持人必须坚持的语体风格。但是，主持人不能把平时闲谈时的语言照搬到节目中来，必须经过加工提炼。受众对于主持人的语言还要求讲效率。主持人应力求用经济的语言材料传达出丰富的信息内容，达到尽可能高的可理解性和可听性。中央电视台《东方时空》主持人孙宝印（现为驻日本记者）在一次《面对面》栏目里的口语表达开头是这样的：

山东泰安一位农村妇女倾家荡产，寻找失踪了四年的丈夫。最后找到的却是丈夫已经腐烂了四年的尸体。这本身已经是件让人心酸的事。但要是您知道她丈夫是被几名公安人员屈打致死，并且埋尸灭迹的话，您感到的还只是心酸吗？

仅仅用了95个字（大约20秒），就把事情梗概和主持人的态度都表达出来了。要提高口语的质量，向书面语学习是一个重要途径。书面语言集中、严密、洗练、精确；口语句式简短、通俗易懂。融书面语和口语长处为一体的精粹口语，应该是主持人追求的目标。这就要求主持人应该有很好的写作能力，又要能区分书面语和口语的不同。

（2）通俗

通俗并不等于不规范，绝不能把通俗与日常口语中某些不规范的东西相混淆。主持人在语音、词汇和语法方面，要合乎普通话的规范。凡是不合普通话规范的，诸如声、韵、调、词的轻重格式、轻声以及港味、粤味的语法习惯等，都应该从主持人语言中除掉。在强调规范性的同时，还要求它是大众口语，就是要用通俗的口语，表达深刻的内容。崔永元主持的《实话实说·熊猫教授》节目中，有这样一段：

崔永元：……竹子开花对熊猫是个灭顶之灾，是吗？

潘教授：我想可能是一种误会。竹子开花对熊猫实际上没有影响。熊猫生活的地区，至少有两种以上储量特别大的竹子可以供熊猫食用，但是竹子开花不会是几种约期开花。

崔：不会同时开花。约好了一起开，不会。

潘：对，只是其中一种开花……

“约期开花”是一个术语，一般的电视观众不一定能听得懂。崔永元用通俗的口语加以注释就明白多了，所以，主持人要时刻注意“大众传媒”的“大众”两个字。

（3）庄重

所谓庄重口语，是针对日常非公务性、非传播言语活动而言的。庄重不是灌输和说教。口语也不是越生活越好。在主持人节目中，主持人的言语活动混同于生活语言的松懈状态不行；套用舞台表演的夸张状态也不合适；照搬非主持人节目的播讲状态也不合适。从主持人口语的语势看，它具有一种边想边说的自由口语的亲切感。它的语句的松紧、疏密、语速的快慢，都有着比较灵活的组合和变化，它不是现在有的主持人那种一味地快节奏、小音量、低声调、近话筒就能解决问题的。主持人语言的鲜活气息，关键是要让人感觉到主持人思维活动的轨迹以及对事物的真诚感受和态度。主持人语言如果要表达清晰，主要是语言目的要非常明确，跟人家交流的愿望要强烈。

（4）机敏

主持人在节目中经常会遇到事先没有预想到的情况，在没有准备的情况下，只有思想清晰、判断准确、思维敏捷、反应灵活，才可能做到应对得体、出口成章。例如，崔永元主持《实话实说·熊猫教授》节目中，有这样一段对话：

潘文石（北京大学教授）：大家好！

崔： 我今天坐在这儿跟您谈话，说实在的，心里有点儿不安。因为您是非常有名气的科学家。我觉得，我可能会说一些外行的话，然后您会笑话我。

潘：（一笑）唉，你是个好节目主持人，而且那么聪明，我怕我跟不上你。我紧张……

崔：（玩笑地）互相吹捧是一件多么令人高兴的事啊（众笑，气氛活跃）。如果我说了什么外行的话，您不要介意好吗？

潘教授恭维崔永元的那段话，事先是不会设计进去的。崔永元开玩笑似的机智应对，不卑不亢，而且活跃了气氛，起到了热场的效果。

一次《综艺大观》在珠海露天剧场现场直播，广州军区战士杂技团的两对孪生姐妹表演《定车蹬人》。一位小演员在做高难动作时连续出现几次失误。演员出现失误，这在事前是谁也没想到的。表演结束时，主持人周涛即兴发挥说："今天珠海下着小雨，我们的舞台上都是水，演员们的鞋底都打湿了。这给他们的表演增加了很大难度。让我们用热烈的掌声，对他们的认真表演表示感谢！"（台下掌声热烈）她的这段即兴发挥，是对现场观众说的，但也让电视机前的观众了解了小演员失误的原因。从这里我们可以看出，即兴的应对既要快，又要得体。如果只强调快，但是说出来的话很不合适，或者是得体但是很慢，都是不行的。只有既得体，反应又快，才称得上是机智口语。主持人要获得机智口语的能力，与平时的知识积累、文化素养和语言材料的储备有密切联系。同时，还要加强口语表达训练，诸如注意的训练、知觉的训练、记忆的训练以及口头复述、口头描述、口头评述、口头问答等方面的训练。只要不懈努力，口语表达能力一定能得到提高。

二、采访与提问

主持人的采访活动往往和节目直接联系在一起，影响着节目的总体质量。现场采访能力已经成为衡量一个主持人业务能力的重要标准。电视主持人进行的节目采访不同于报社为写作寻找素材的采访。它除了要遵循采访的基本规律，具有一般采访的共同特征外，还因为电子媒介所提供的特殊采访手段，诸如电视采访的直观性、表达手段多样等特点，必须遵循电视采访的规律。主持人在电视镜头前应该在规定的时间内准确无误地完成采访的整个过程。为此，主持人在采访前必须做好准备工作。

1. 了解和研究采访对象

了解采访对象的经历、特长、性格爱好、家庭状况、社会交往等，分析研究采访对象面对采访可能出现的心理状态以及语言表达能力并考虑对策。

2. 了解和分析新闻背景

迅速地了解和分析有关报道事件的历史发展情况、周围环境情况、与其他事物联系情况以及有关方面对事件的反映和态度等，加深认识，使采访内容更紧凑，采访效率更高。

3. 收集和分析报道资料

收集有关报道资料，加以分析研究，有助于找到新的采访角度，发现新的报道线索。

4. 拟定采访提纲，设计交谈话题

采访前应预先拟定采访提纲，设计好交谈话题。采访提纲越细致，交谈话题越具体，采访成功的可能性越大。

电视节目的现场采访，要求主持人具有较高的采访技巧。在这些技巧中，最重要的是提问和控制采访过程的技巧。采访过程主要是提问和回答的过程。在这个过程中，观众主要是听被采访人的意见，而不是主持人的观点。所以，主持人应当明确自己所担负的角色，不应过多地表达自己的看法或将自己的看法强加于人。主持人在采访中要做到既不拖拖拉拉，又能得到观众需要的东西，时间又控制得恰到好处。主持人应注意以下几点：

1. 提问要简短

有的主持人提的问题过于复杂，使被采访人抓不住重点，答非所问。提问应直截了当，不要绕圈子。电视采访要求简练，每分每秒都很宝贵，应该有实质性内容，要尽可能有效地利用时间。

2. 提问要具体

许多主持人采访时，经常问一些“感想是什么”、“您是否可以讲几句”之类缺少明确目的的提问，而被采访者也只能用一些客套话笼统地回答一通。这样的采访言之无物，观众得不到具体、明确、有价值的信息。主持人提问应当具体，只有具体的问题，才能使被采访者少说客套话，并谈出观众想知道的内容。如《实话实说》主持人崔永元，在《老崔家事》这个节目里的提问：

崔永元：（简称崔）听说，你前两天在河南又参加了一次赛车比赛，是吧？

崔鹏：（简称鹏）对。

崔：叫什么比赛？

鹏：前几天，那个是99短道……

崔：什么比赛都没弄清楚就参加了。

鹏：有点紧张。

崔：得了什么样的名次呢？

鹏：得了十几名吧。

崔：一共十几个人参加呀？

鹏：总共是 32 个人。

崔：行吗？这个成绩。

鹏：还可以。

崔：你是什么时候开始喜欢上汽车的呢？

鹏：从小就喜欢赛车，而且也喜欢汽车。

崔：你第一次开汽车是在什么时候？

鹏：第一次开汽车，八八年。

崔：是多大？那时候。

鹏：八八年，十五六。

崔：是怎么一回事，你给我们讲讲。

这位被采访人不善言词又有点紧张。但在崔永元简短、具体又非常幽默的提问下，很快进入了正题。

3. 提观众最想知道的问题

节目主持人采访实际上是代表观众提问题，因为节目是给观众看的。主持人应当研究受众的心理，提观众迫切想了解的问题。采访前，主持人应将自己置身于观众的位置，设计出最好的提问内容。中央电视台的《东方时空》改版后，增加了一个《直通现场》栏目，它是抓住受众最想到现场“先睹为快”的心理而设置的。主持人在主持这个节目时，往往也是把观众最想知道的问题放在开头，以引起受众的兴趣。如《爱让冬天别样美》的开头是这样的：

男主持：巴黎的鸽子、苏黎世的天鹅，都为他们的城市涂抹上一笔浪漫的色彩。而从 1985 年开始呢，越来越多的红嘴鸥，不远万里从西伯利亚飞到云南昆明，十六年来从不间断。今天，红嘴鸥已经成了春城冬季最美的风景线。

女主持：红嘴鸥是一种候鸟，它只有在冬天的时候呢，才到昆明去作客。一年当中绝大多数时间是在野外生存的。在昆明呢，它却和人类有一种非常亲密的关系。那么，是什么留住了这批可爱的小精灵呢？请跟随我们的镜头直通现场。

4. 提问不应强加于人

有的主持人在采访中，总是试图要求被采访人同意自己的意见。比如过多使用“您是否同意我的看法”之类的话。这类问题常常使被采访人难以回答，使被采访者处于回答“是”或“不是”的位置。主题先行式的采访提问往往会使主持人难堪。

主持人在采访提问时，最常见的毛病有两种：一是弱智式提问。比如有的主持人经常问一些“请您谈谈感想”、“请您谈一谈对这个问题的看法”以及“您今后有什么打算”等等问题。这样的提问，往往使被采访者摸不着边际，或者应付了事，采访目的难以实现。中央电视台节目主持人敬一丹就给自己作了一条规定：在采访中绝对不准问“您有什么感想”这样的问题。另一种是结论式提问。比如，夏天采访在长江大桥上值勤的武警战士，有的主持人问：“今天桥面上的温度达到了五十多度，你们不觉得热吗？”答：“对，很热。”问：“你们的工作一定很辛苦吧？”答：“是，挺辛苦的，但我们不怕苦。”这样的答案不用回答就已经有了。

因此，一位好的节目主持人要想在主持这个位置上有所作为，必须要过采访提问这一关。只有在机敏灵活反应等方面狠下工夫，才能在采访中获得有用的信息，才能受到广大观众的喜爱。

除了提问的技巧以外，在采访中，主持人还应有控制采访过程的能力，特别是在直播的现场采访中，这种能力尤为重要。控制采访过程，实际上是要求主持人通过引导式提问，使被采访的人在规定的时间内完成采访，达到预期的目的。

1. 控制采访气氛

主持人在采访过程中是主导的一方，握有控制现场气氛的主动权，因此，主持人的声音、动作、表情都应当松弛，以营造一种放松的气氛。主持人紧张会传染给被采访者，破坏现场的气氛。中央电视台《实话实说》节目主持人崔永元，在节目开始前 30 分钟，一般要同现场观众“侃”一番，待嘉宾和观众都放松以后，再进入正式的话题，取得了很好的效果。

2. 控制采访内容

在采访过程中，有的被采访者很健谈，一个题目要谈很长时间，主持人应利用说话的间隙，礼貌而巧妙地再提问，引导采访者将话题转到正题或是下一个问题上；而对不善言词的被采访者，主持人应启发引导，使被采访人谈出自己的看法。

3. 控制采访时间

把握采访进程、控制采访时间的能力，是主持人业务能力的体现。主持人在采访时，应该将采访内容安排在规定时间内，以保证采访按时完成。尤其是现场直播节目，主持人更应注意。对于健谈的被采访者，主持人可以用目光、动作或恰当的语言提醒对方“时间不多了”。应该避免在半截将采访人的话打断的不礼貌做法。例如 2000 年，中央电视台举办的主持人大赛决赛，一位女主持人听到音乐响起后，她抓住被采访人说话的间隙，礼貌地说道：“您能不能用一两句话，把您的观点归纳一下呢？”被采访者心领神会，知道时间到了，便用两句话完整地结束了自己的发言，主持人也赢得了宝贵的评述时间。作为初入主持人行当的你，以上这些提示，应该说是非常有用的。

本章学法指导

播音与主持是一门独立的学科，它有自己的创作规律和创作方法，本章所述并非播音与主持的全部内容。

学习播音理论要对有关概念、道理先有正确理解，接着就是与实践的紧密结合。一旦可以用理论分析自己或别人存在的问题，找出原因，并选择纠正的方法，你一定会有长足的进步。

在实践和训练中，要告诉学生注意以下几个问题：

1. 要扎实地练好基本功。要循序渐进，持之以恒，在基本功的训练上没有捷径可走。

2. 播音与主持艺术的“口耳之学”，既要练口，也要练耳。在听辨发音时，要注意分辨、判断发声器官的动作状态，并记住正确的动作。这样，才有利于纠正错误的发音习惯。这样练习，远比“只动口不动脑”的“傻练”，不知要强多少倍。

本章思考与练习题

1. 主持的概念是什么？
2. 主持人节目有哪些特点？
3. 主持人应掌握哪些播音基本功？
4. 播音用气发声包括哪几个方面，要领是什么？
5. 播音时的口腔控制与吐字归音要掌握哪些要领？
6. 有声语言的表达技巧有哪些？
7. 对主持人的口语表达有哪些要求？
8. 采访提问要掌握哪些技巧？

第九章 节目—栏目—频道

本章内容提要

◎节目是什么？节目是电视传播的基本单元。通过一个直播实例，使你明确“规范与创新”是制作节目一个问题的两个方面——规范是基础，创新是路径，而好的收视率是目的。

◎什么是好栏目？答案是能够同观众“如期有约”的栏目一定错不了。“特色”和“本地化”是栏目个性化生存的根本，也是不断扩大“覆盖圆”提高影响力的有效手段。

◎为什么要强调频道概念？频道作为节目和栏目的载体，是电视媒体属性与品牌形象的集中体现。频道的思考是全方位和多方面的，良好的试听编排感受、愉悦的收视氛围、频道整体风格，是其核心理念。

◎如何面对第四媒体？网络技术的加盟，使电视在发展系列频道中壮大自己。电视媒体开始投入自己的网站，并让其与地面播出、卫星播出、网上播出形成互动。在电视制作域里不会使用键盘设备、不具备网络思维的人，将无法成为新一代的电视制作人。“网上制作”、“上网制作”的内容对你一定会有帮助。

◎未来的电视制作会怎样？是电视、是广播，还是网络，“大写的电视制作”一节做了一个收官式的前瞻。

第1节

作为单元的节目

一、节目与分类

从第一章概述之后，我们依次论述了与电视制作相关的电视摄像技巧和摄像意识、电视光线作为特殊的语言和内外景创作实例、画面编辑的语法与技法、声音在节目中的作用与实践、电视美术等重要知识点，接着探讨了电视采访与主持人，以及作为节目制作中两个不能缺少的“元素”及其合理运用的技巧问题。

那么，我们将如何把所学到的知识融入实践，制作出观众喜闻乐见的节目呢？节目是什么？又有哪些样式？如何将具有吸引力的节目构成栏目，并在由众多栏目构成的频道中获得最大收视效果？又该如何在激烈的市场竞争中争得先手？从本章内容中你或许能找到答案。

面对天天都能见到的电视屏幕，你能凭直觉回答“节目是什么？”这样的问题吗？

习惯上，我们把电视里播出的一场文艺晚会、一部专题节目、一个体育赛事等“内容单元”称为节目。在播完一个内容段落后，你便会说：“我看完了一个节目。”其实，节目就是电视传播内容的载体，是内容的一种存在形态。更确切地说，节目是电视传播内容与形式的基本单元。

不同的节目，各自都有不同的内容与形式，因此，也就有了不同的类别和样式。

按传播的内容可分为：政治、经济、文化、艺术、体育等不同题材的节目。

按传播的形式可分为：

（1）新闻资讯类节目，有图像、口播报道、长短消息、评论、深度报道、纪录片和服务信息等形式；

(2) 访谈对话类节目，有少到两三人，多到众多观众参与的演播室谈话节目；

(3) 文体类节目，有娱乐、游戏、竞技、赛事等节目；

(4) 情节剧类节目，有短剧、长篇连续剧、情景剧等。

按主题、取材范围可分为综合和专题类节目。

按节目的存在形式还可分为直播类节目、录播类节目，等等。

节目样式是具体和个性化的节目表现形式。

你作为电视制作域里一位特殊观众，按照自己的试听感受与理解，试举一个你所喜爱的节目，并对它进行分析，我看能行。

二、一个直播实例

首先，还是请你将目光转向电视屏幕：

“观众朋友，今天是元月28日，上午10点，百年名舰——中山舰即将在中山舰的沉没地——武汉市江夏长江金口水域打捞出水。”新闻演播室里的女主持面对镜头激动地说：“湖北省今天将在金口举行隆重的出水仪式，湖北电视台的报道组和转播车已到现场，我们将全程直播出水仪式的盛况。”

1997年的日历刚翻了几页，人们便将关注的目光集中到了湖北，集中到了长江金口水域——中山舰即将被打捞出水，重见天日。这艘用孙中山先生的名字命名的战舰，是在抗日战争时期为保卫武汉被日军飞机击沉的，它沉寂在长江金口水域的江底近60年。无疑，打捞这艘中国现代史上的名舰，是重大新闻，同时又是非常合适电视表达的新闻节目。

在这个实例中，《中山舰打捞》有完整的事件过程，有很强的新闻性和时效性，这是其一。其二，中山舰是个什么样子？有可视性，观众有强烈的期待，有悬念。其三，围绕着中山舰有深度的内容可挖，可以引出新闻背后的新闻，有许多鲜为人知的故事。

有事件、有可视性、有故事情节，构成策划制作好节目的三个基本要素。也就是说，节目在前期策划时，要注意事件性、可视性和悬念的设置。

当然，《中山舰打捞》你也可以像平日一样，拍一条短消息新闻，或像以往转播足球赛那样调用转播车全程转播，或中山舰出水以后再请一些专家进演播室做一期访谈节目……

不难看出，对于同一事件（或同一个选题）采用不同的报道形式，便有了不同的节目形态和样式。

节目有不同的样式，样式是可以创新的。《中山舰打捞》直播节目，作为直播总导演，当时首先选择的是在样式上创新。这次直播，没有像以往转播一场足球赛那样——除了在中场休息时插播广告以外，其他都是比赛内容，而是将长江金口岸边、打捞船上、空中航拍等多机拍摄的打捞现场，通过转播车先送回演播室，和由主持人面对面专访演播室里的专家、学者访谈等内容“串”在一起播出。这样，观众一方面在“第一时间”目睹中山舰打捞出水，同时了解了由船舶专家、历史学家介绍的有关中山舰及船舶打捞背景，还能看到插播的《伴随孙中山广州平叛》、《血战金口》等先期做好的背景录像资料。

此次直播，把新闻类节目、访谈类节目、录播类节目等三种不同样式的节目结构在“直播”大框架之中，一种全新的节目样式：有新闻事件、演播室访谈、前期录像报道，并以直播状态呈现在观众面前。通过主持人的总串，实现了1+1+1>3的效果，给人以独特的试听感受，创造了此前从未见过的电视直播节目的形式。

节目样式的创新，给观众以全新的电视体验。《中山舰打捞》突破了旧有直播节目的样式，并把新闻时效、现场感和深度报道完美地结合起来。因此，业内称1997年为“新闻直播车”。其原因：一是《中山舰打捞》年初拉开直播年的序幕，当年随后又直播了《香港回归》、《三峡工程大江截流》等一系列重大事件；二是演播室直播模式更趋成熟，受到观众认可，实现了真正意义上的“现在新闻现在播报”（Now News Now），为观众提供了电视的“共时体验”。

“在电视制作和节目生产中，只要肯动脑子把多种元素融会贯通便能出新，你便会比别人更多地尝到创新给你带来的愉悦。”《中山舰打捞》电视直播总导演武先生如是说。

三、节目形式

除了新闻直播节目，也许你还爱看女主持面对面告诉你天气预报，喜欢在周末看有观众参与的晚会节目……

新闻类节目是电视传播的重要节目形态，它强调即时与快捷。有报道说，美国有线电视新闻广播公司（CNN）成功的重要原因是“高时效播发独家新闻”。而专题社教类节目在内容定位上更突出“为您服务”和贴近观众，有如《股市点评》资讯节目、《生活》服务节目、《生活无极限》竞技节目等等。那么，文艺类节目则以满足观众娱乐和休闲为宗旨，文艺晚会、综艺节目、电视剧在屏幕上占了较多的时间。广告类节目传递商务和消费资讯，制作的风格和样式上正向着精美、有故事情节以及利用三维动画的方向发展。

当你进入电视制作域，渐渐地会接触到更多类别的节目，同时，开始意识到这些被称为节目的“内容单元”大都存在于栏目中。也就是说，除了像《中山舰打捞》这类特别节目以外，屏幕上出现的所有节目几乎都是以“内容单元”的形式依附于一个定位准确的栏目之中。

未来像一条专题片或一首电视歌曲这类“孤立零散”的节目在屏幕上独立出现的可能性会越来越少。突发性新闻事件如重大交通事故或一些特别节目，将以插播或打破日常播出的形式在屏幕上同你见面。节目栏目化已成为新时代电视制作的新标准。

了解节目分类及其存在形式，除了便于你第一天来到电视台能与同事进行交流以外，更重要的是，想让你在制作节目时能够掌握规范和知晓创新。

四、规范操作

“观众分流，收视率下降，广告销售难度大。”广告部主任时常在抱怨。的确，电视频道的增多、网络的加盟，电视台播什么观众就看什么的时代已经过去，争夺观众“眼球”的竞争在媒体之间、频道之间激烈展开。

或许你到电视台第一天就能够强烈地感受到，几乎所有的制片人对节目的采编播全过程都给予了极大的关注。节目的品位和质量同栏目的收视率、资金投入后能否带来实在的效益有着紧密的联系，电视人从来没有像现在这样如此迫切地关注电视的“生存”与“制作”，关注受众的“眼球”。制片人的告诫时常会传到你的耳边：“想让自己的节目有较高的收视率，关键是在采编播过程中心里要有观众。”

于是，每次外出前，你都要问问自己：“观众现在需要什么样的信息?”解决好做什么节目的问题，把准确掌握观众所需信息作为节目定位的重要参考依据。接下来，再问问自己：“最适合的表达方式是什么?”解决好怎样做节目的问题，把如何以最佳的传播方式使观众获得最有效信息作为自己的行为定位。

总的来说，新闻资讯类节目和娱乐类节目是观众最为关注的。信息类节目满足人们生活和工作的需求，娱乐类节目使人们在休闲时获得更多的愉悦。为了使信息的传播更为有效，制作规范不可少，在操作中有四忌：

一忌面面俱到。无论什么节目（或者栏目），如果无所不包，看起来信息量很大，其实会抵消其实际效果。因为现在的观众对自己所需信息有较强的针对性。节目要细分，受众定位要准。

二忌目标不明。想以一档节目来吸引所有的观众，或适应所有观众的胃口，是不切实际的也是不可能的。节目要根据不同的收视群体，锁定某一部分的目标观众，最终赢得一批稳定观众。

三忌功能模糊。如果是早间新闻节目，就要突出听觉的传播（声音表达），强调大信息量，让人们在早间的忙碌中“听到”昨天夜里发生了什么事情，甲A踢得如何，一场大雨后怎样出行，互联网上有什么要闻，等等。没有人在清晨看慢腾腾的情节剧，除非那里真的有这样嗜好的观众。否则内容定位就不清晰。

四忌没有特色。面对观众信息需求的多样化，节目在关注大众的同时，更要注意满足“小众”的需求，以体现个性。“特色”已经作为观念融入于电视节目（包括栏目和频道）的运作之中。

此外，节目面向市场，制作必须要有同国际接轨的意识。新闻资讯类节目，在采访、写稿、编辑、配音和出镜等方面应符合国际标准，一条完整的深度报道要求包括导语、解说、采访、现场声和出镜等五个基本要素。单条新闻的业务要求也很明确：一般长度不超过2分钟，素材必须为第一版，国际声（又称为现场同期声）与解说声分录在不同的声道上，并具有相同的技术标准。再如，记者出镜在新闻中间或结尾时的要求是不同的：中间出镜主要是承上启下的作用，结尾在总结新闻内容的同时，可以加入自己对新闻事件的客观评价，等等。

“记者出镜是一篇报道的点睛之笔，可以增强新闻的真实感，说明记者我在现场。”制片人也会根据日常发现的问题，给你讲解相关操作规范。“用好同期声，一是增强新闻的可信度，二是使新闻体现节奏感。”主管们还会用坚定的口吻说：“节目制作中的一切草率都是非常危险的！”

此时，在前面几章中学到的知识应该能够派上用场了，摄像的规则、编辑的规则、光线与声音的表现、采访的技巧、主持的技巧，等等。随后，你便可在大量实践的基础上寻求创新，逐步形成自己的个性风格，如摄像风格、编辑风格和采访风格。

五、掌握创新与风格

节目的创新，应该从两个方面寻求突破：

1. 寻求观念层面上的突破

如今电视制作理念已经从《快乐大本营》的解闷类节目、《焦点访谈》的解气类节目进入到为观众“解惑”阶段。节目只有做人家没有做的，做自己独有的，才叫创新，才有高收视率。湖北电视台紧扣21世纪“健康环保”主题亮出

"公益牌"：《阳光行动》关心弱势群体，《幸运地球村》注重环保问题，《健康俱乐部》紧扣健康话题。这可谓观念创新后的突破。

2. 寻求电视独特表达方式上的突破

"当年我们报道葛洲坝截流，用的是摄像机，等从宜昌赶回武汉，把胶片冲洗出来再安排播出，已经是第二天了。"一位资深记者面对《中山舰打捞》进行现场直播报道感慨万千。

应该说，电视节目的创新还与三个因素有关。如上所述，同电视的技术平台以及相关手段的突破有关。目前，网络技术发展迅速，给电视节目及其样式的变化带来许多可能。这是其一。

其二，同观众收视的"兴趣点"有关。不久前内地引入了电视婚介节目，其节目样式是一对对青年男女在主持人的撮合下，互述衷肠，寻求速配成功，一时非常火爆。这类节目对话内容时代感强，具有悬念结构，很受欢迎。眼下知识性博采类节目大有抬头之势，它将智慧比拼和竞争悬念融入节目，有卖点。寻找观众的"兴趣点"并尽快将其转化成节目，是节目创新形成个性风格并吸纳广告的有效手段。

其三，还同媒体的经济实力有关。香港回归72小时全程直播报道，不是所有电视台都能实现的。然而，请当地的政府官员走进演播室，就一个百姓感兴趣的话题，如"菜篮子"、"米袋子"、市政工程等等，让市民通过演播室设的热线电话自由地向他们提问和质疑，同时融入网民的反馈信息，这种直播节目在地市级有线专业频道播出并不难办到。这种制作成本低，却有较高的收视回报且"因地制宜"的做法，在哪儿都是可行的创新策略。

节目创新后的常态化便会渐渐成为你的风格。小结一下创新与风格的形成：在内容上，更强调针对性和服务性；在样式上，更注重时效、展示现场和强调趣味性。创新是电视制作理念上的突破，是同观众兴趣点"契合"上的突破，是充分"组合"运用电视制作手段的突破，随后并逐渐形成节目、栏目和频道的风格化。因此，认知节目生产规律，开发新的节目样式，制作具有"卖点"的节目，以获得新的经济增长点，将是节目制作和生产的总要求。

节目是电视传播内容与形式的基本单元。当然，如果在竞岗面试的时候，你能自如地像分析《中山舰打捞》那样说出对节目的感受，主考官对你一定会另眼相看。新闻资讯类节目和娱乐类节目是当前观众两大关注点，而直播类节目是电视传播的最高节目时态。规范与创新是电视节目制作中一个问题的两个方面：

规范是基础，创新是目的。能够不断地在规范中创新，并设计制作出吸引观众的节目，将是你与同行竞争取胜的杀手锏。

第2节 独立存在的栏目

一、如期有约

你可以上街进行一次有关节目内容的随机收视调查。面对被调查的观众，一定会有人对你说："我天天看《新闻联播》、《焦点访谈》。"还会有人说："我喜欢看《快乐大本营》、《实话实说》。"不难发现，大多数观众根据自己的需求，在一段时间里关注着他们所喜爱的栏目，他们脱口而出的是栏目，却不是节目，尽管吸引他们的是栏目中的精彩节目。

所谓栏目，大都是由相同或不同类型的一个或多个节目连缀成板块构成的。简单地说，特定内容的节目相对集中后，便形成了形态各异的栏目。节目栏目化，使节目获得了整体化的效果，栏目"放大"了节目，是电视传播形式的发展和进步。

1. 栏目有固定的名称，内容定位更专一

中央电视台早间新闻栏目《东方时空》，在内容上突显了新闻和资讯，子栏目《时空资讯》向观众报道文化旅游、交通出行、生活知识等实用性信息；《传媒链接》集中了当日各大媒体的新闻精华；《直通现场》强化了对突发事件的现场报道。内容定位专一，观众指向明确，满足目标观众的要求。像《东方时空》一样，所有栏目都有固定的名称，这样便于观众记忆，以培养固定的收视群。

2. 栏目有固定的播出时间，收视更为便利

其一是方便观众收视。你或许注意到了，不少人有边吃午饭边看《今日说法》的习惯。中央台晚 7 点的《新闻联播》无疑改变着人们的生活节奏，吃饭或外出便会考虑能否看到《新闻联播》，许多晚会、音乐会也被安排在晚7点半以后。其二是利于商家挂牌广告的投放。因为栏目的规定性以及播出时间的准确定位，正确地反映着不同时段（如早、中、晚）观众收视内容的需求，以及不同观众群（如老年人、青年人）对传播时段与形式的要求。如早间时段9点钟以前，人们更关注要闻和服务类资讯，此后再安排一些老年人的节目较为合适，“辩论会比赛”老年人未必爱看，《夕阳红》也难吸引住青年人。这样，商家就会有针对性地投放商品广告并挂牌播出。

3. 栏目有固定的形态，风格独特

《东方时空》每天早晨会叫醒你，《实话实说》那“四合院”里的聊天气氛和那其乐融融的《快乐大本营》都会用不同的风格吸引着你。这些类别各异的栏目，都以相对稳定的形态和样式与观众如期有约，固定的片头、题花，以及主持人等“外”包装，使栏目更显个性与风格，并具有了形式美。不容否认的是，许多外包装本身也成为内容，如主持风格、新闻报道中的动画等，因为它具有特殊的表达功能。

4. 栏目有相对固定的采编播队伍

作为日常播出，栏目制片组一般都有自己的策划、采访、编辑、播出小组，机动性很强。这样，一是便于快速反应、实施选题计划；二是人员固定，长期默契合作，有利于栏目风格的保持。对于一些更大的制片组，经费的筹措与使用，也会有专人来负责管理。

二、栏目形式

栏目的存在形式大体上分为两类：一为板块式栏目，二为主题式栏目。

1. 板块式栏目

如前所述的《东方时空》栏目，这个栏目是一个150分钟的大板块，并由许多不同类别的节目和《时空资讯》、《传媒链接》、《百姓故事》、《面对面》等几个子栏目板块构成。其中子栏目内容各异，有不同的主题，相互间并没有关联和逻辑上的连续，栏目构成是通过主持人根据当天播出的内容和制片人的意图，将各小板块和节目承上启下地串成一个整体的。

板块式栏目突显了电视杂志的特点，内容丰富，节奏感强，富于变化。有些板块式栏目严格按播出时间划分，使栏目具有明确的时间概念，例如，中央台《晚间新闻报道》，在晚10点播“国际新闻”，15分钟后是“国内新闻”，再过15分钟“体育新闻”开始了。只要需要，制片人也可以把《晚间新闻报道》打通做一版特别节目，如《东方时空》晚间周末，是把日版《百姓故事》、《铁事》、《直播中国》、《世界》等子栏目组合后再播出的，显示出“板块”在编排组合上的灵活性。

2. 主题式栏目

正如新闻类的《焦点访谈》、访谈类的《实话实说》那样，实际上，主题式栏目可以看作是深度报道的“大节目”。这类栏目在固定时段里阐述一个主题，多从不同的侧面和不同的角度层层递进，深度挖掘，以凸显主题。

主题式栏目强化电视报道的深度和厚度，报道内容更翔实全面，主题挖掘更深刻，结构要求也更严谨。

节目栏目化是电视传播发展的必然，是电视媒体走向成熟的标志。尽管许多观众对《焦点访谈》播出的具体内容并说不出多少，但几乎没有人不知道这个栏目。节目只有在栏目中发挥整体优势，才有可能获得效益的最大化。北京广播学院叶家铮教授将节目栏目化的优势概括为六点：（1）便于体现一个电视台或一个频道的方针和特色；（2）便于形成默契的制作集体，营造出特色鲜明的名栏目；（3）便于节目编排与播出管理；（4）便于观众“各取所需”选择收看；（5）便于密切电视台同观众联系，并吸引观众直接间接地参与节目制作；（6）便于栏目主持人的成长和社会影响力的提高。

如今电视节目栏目化，深层次上融入了电视对品牌建设和自身生存的思考。因为电视没有“品牌”就不会有吸引力，就没有“市场”。

三、个性化生存

对北京、上海、成都、广州等四个有代表性城市的电视收视调查显示，大部分观众没有因为有更多频道选择，就多花时间看电视。可以这样说，未来电视的普及会使城市家庭中可以看到的频道增至上百个，但每个频道被分配看到的时间相对会减少。以往聚精会神收看电视的观众，如今手里拿着遥控器以点击的方式搜索着他们认为好看的节目。

“节目繁杂、相似和重复内容过多。”这是人们能够看到多套节目以后普遍的指责。这样，最初传媒界围绕着“天上一颗星，地下一张网，入户一条线”以扩大自己报道半径和节目覆盖圈展开的竞争，接下来将会转变成为突出特色、强调本地化，展开“个性化生存”的比拼。从中央到地方对口“克隆”现象不会再有市场，栏目设置考虑“目标观众”与地域特点，已经成为非常自觉的行为。

如今电视传媒在扩大覆盖与强调地域特色的“左右逢源”中获得生存优势。请你再看两个实例：

为了争夺资讯占据早间空间，《凤凰早班车》以其内容丰富、信息涵盖面广和独特的播报方式吸引了不少观众。《凤凰早班车》充分发挥香港凤凰卫视以国际信息资源丰富的香港为中心和占有两岸三地信息资源的独特优势，将每天各媒体包括报纸、广播、电视、网上的最新信息进行集约化处理，由年轻的女主持以微笑的面容、轻松的口语化叙说方式，把信息说给观众听。这种由主持人叙述串联编播方式，形式简单、制作迅速，成本也较低，自然受到多方好评。“栏目站稳了脚跟，广告订单就来了。”凤凰卫视的总裁介绍说：“我们获得了具有商业价值的资讯空间。”

同样，是为了抢占早间节目市场，《东方时空》栏目则通过每日版的《时空资讯》、《传媒链接》、《百姓故事》、《面对面》和周末版的《纪事》、《直播中国》、《世界》等强势板块，发挥国家媒体优势，大打新闻牌。用独家与独到的新闻显示出中央台强大的实力。然而，仅就资讯信息而言，其实中央台不及地方台服务更有针对性和贴近性。“内容上只能更宏观，要能服务全国，比如说交通资讯我们做的是甲地到乙地的资讯，而不是甲地或乙地的当地资讯。”《东方时空》总制片人说：“《文化地图》里面有北京、上海、广州等各大城市的演出信息，对于一个城市到另一个城市出差旅游的人，看到这些信息应该会让他有收获。”

或许你已经明白了，即便是同一个时段、相类似的栏目，也会有不同的定位，有的注重传播效果，有的注重商业操作和市场定位，有的则把眼光投得更远，其创意和特色在栏目中体现。只有个性化，栏目才能生存，否则你的挂牌广告单就会在不知不觉中被别人拿走了。

四、本地化生存

其实，强势媒体的形象，更多的是从观众对栏目的收视率和满意度以及媒体自身的影响力等方面反映出来的。当国家级媒体以强大的经济实力走向世界的时候，地方电视台便纷纷打出“本地牌”，在贴近百姓中寻找个性化与本地化的发展。从本质上讲，在本地尚不具备影响力的媒体，又怎能面对更多的受众？怎能走得更远呢？

在推出新栏目的时候，一定要优先考虑你周边观众的需求。“真没想到，一个地方台的电视卡拉 OK 大奖赛，会吸引如此多的人收看。”通联会上，一位市级台业务主管感慨当地观众是如此关心自己身边所熟悉的人和事。

不难理解，对于一般观众来说，本地信息更重要，也最为关注。“明天气温将骤降”的口播消息甚至比“巴以今天又燃战火”的深度报道给他们带来的影响还要大。因此，媒体的个性化生存除了特色以外，尤其要关注自己所覆盖的地区，锁定本地市场，辐射目标观众。当下，观众的选择范围要比以往宽得多，如果栏目没有特定的对象群，没有独特的市场定位，没有个性化的栏目，就很难赢得观众的青睐。栏目失去了观众，便失去了对广告商的吸引力，你将如何生存呢？

在个性化生存的环境里，电视在扩大报道半径的同时，服务半径应该收缩。只有通过有针对性的服务，才能最终让自己所办栏目的覆盖圈更大，影响力更大。

毫无疑问，具有卖点的栏目也会像抢手的电视剧一样，在带来广告收益的同时，经过你的精编制成“市场版”进入节目市场，为你赢得另外的制片资金。作为制片人应该要有这样的通盘考虑。

栏目把节目进行了“另类”的集合——节目的栏目化是电视传媒自身生存与发展的需要。无论是板块式栏目，还是主题式栏目，观众保持着同你“如期有约”，那一定是好栏目。“特色”与“本地化”是栏目个性化生存的集中体现，也是扩大影响力和增大覆盖圈的有效手段。

第3节

具有品牌形象感的频道

一、频道与形象

当你从制片人走上频道总监岗位，便会把注意力转向自己所负责的频道，把更多的精力投向节目市场和受众市场，并以此来设置栏目、调度生产、安排播出，同时，考虑如何获得更大的社会效益与经济效益。

频道的基本运作，简单地说就是合理设置栏目，以及播出时间的科学安排。同时思考这样一些问题：在这一天的时间里安排什么内容的节目？不同类型的栏目安排在早间？午间？还是晚间？

频道大体上有两种类别：一是综合频道，二是专业频道。例如，中央电视台一套（CCTV－1）是以新闻为主的综合频道，其中有新闻资讯板块、有文艺体育各类专题栏目、有电视剧和电影。中央电视台五套（CCTV－5）是体育专业频道，其中的节目和栏目几乎都是同体育相关的内容。各地方台还有不少针对特殊人群和社区而开办的，如生活频道、家庭频道、女性频道等专业频道。

当前，电视人开始从整体上全面关注自己的频道，不再单单只操心办栏目做节目。决策者开始意识到，频道作为节目和栏目的直接载体，是电视媒体属性和形象的集中体现。就单个频道而言，栏目设置合理，观众能够按时打开电视机或者在不经意间被内容所吸引，这些都与栏目在频道中的布局，以及栏目间的导视、公益和商业广告等内容的合理安排有关。当然，如果拥有多个频道，还存在频道间相互联动、相互呼应等相关需要通盘思考的问题。

换句话说，如果对频道整体把握淡漠，就如同商品一样，哪怕是货真价实，在没有市场定位、没有精美的包装的情况下，结果依然会在货架上搁置而无人问津。如今电视人的品牌意识已逐步由节目品牌、栏目品牌上升为频道品牌。

频道，直接体现着媒体形象，是电视媒体形象的具体化。因此，你可以听到或看到频道的决策者作出这样的决定：

——竞争中处于劣势的栏目被安排在非黄金时段，并要求限期整改。因为节目被视为特色的商品，“次品”不可能“上市”，不可能带来更好的效益；

——收视率不高、满意度低的栏目停办，因为你把该说的没有说清楚，或许观众本来就不需要你这样说；

——长期投入大于产出的栏目勒令转轨，不讲成本的节目制作，将无法在市场上立足。

应该说，一个电视传媒机构的生存同频道的运作紧密关联着。全天播出的内容与栏目设置，时段合理布局以及播出编排，频道包装的实施甚至频道运行的预期与效益，这是频道总监最为关注和需要优先思考的问题。

二、频道思考

作为频道总监，不管接管的是综合频道还是专业频道，首先面对的是观众。

以往只关注电视自己和节目生产，如今却不得不花更多的时间为被称之为“上帝”的观众去思考。

1. 节目内容与目标观众

“以受众为中心”的理念使观众的需求得到高度重视。总监要以整个频道为单位进行内容定位和时段划分，节目、栏目对位策划锁定目标观众，使频道的内容与风格能够在特定的时段里比较集中地反映特定观众的需求。

2. 节目形态与观众收视

节目形态是丰富多彩的，而观众的收视行为以及欣赏习惯却各有不同。栏目在频道中的布局要注意不同形态的节目。“节目布局应该是立体的。”总监提醒着他的同事们：“要有一天或一周的概念。”白天可多安排直播类栏目，如新闻节目、股评节目、演播室热线服务节目，晚上可安排些录播类栏目，如纪录片、电视剧场、各类专题栏目，周末可多安排些观众参与性的栏目，如游戏、综艺、博采类节目。

3. 收视规律和节目播出

2000年四城市收视情况调查显示，其中，上海地区晚间收视尖峰时段出现在8点至9点，而广州则出现在9点至10点。为观众量身定做的栏目，其首播时间和重播时间的安排，都应该是参考特定观众群的收视规律性与收视习惯后来确定的。栏目准点播出，对于目标观众来说是很重要的，它给观众带来收视的便利，同时，也培养观众的收视习惯。此外，避开强势媒体的播出时间也是专业频道常采用的一种策略，你播出火爆的电视剧，我就安排观众参与的博采类节目。中央台“正点”（如晚7点）播新闻，地方台则避开这个时间把强档新闻安排在“半点”，如晚7点30分播出。

4. 频道包装与媒体形象

包装是一个大概念，除了与频道整体理念有关，还同栏目和节目的具体定位有关。制作精美与节目栏目化、创办名牌与栏目特色化、提升频道品位与频道专业化，应该是三位一体的整体推进，形成并塑造媒体的整体形象，实现扩大媒体知名度的目的。在实际操作中，频道包装要注意以下三个确定：

（1）媒体传播宗旨的确定

媒体的传播宗旨一般可通过形象化的宣传片来体现。例如，中央台的“传承文明、沟通未来”，湖北台的“唯楚有才、源远流长”。

（2）视听觉元素的确定

通过视觉和听觉个性化的呈现来传达媒体特定的标示符号。如中央台的CCTV标识，湖北台的火凤凰标识。其他相关的核心要素和设计，如色调、音乐、音响等应与形象标志相协调。

（3）行为模式的确定

频道包装不是孤立的，应该是整体的和系列的。例如，中央台有代表媒体总形象的台标和宣传片，各频道又有具象的频道定位，如CCTV－2的频道标识和定位宣传片是“你正在收看的是中央电视台经济、信息、生活频道”。系列包装包括有：（1）晨曲、晚曲，让观众的收视行为在美好的试听感受中开始和结束；（2）预告导视，用来引导观众收视行为，一般用字幕或将要播出栏目的片头、精彩片段等内容构成；（3）欣赏片，多用于在栏目间隙垫播，以风光和音乐为主，它还有调节观众收视情绪，以及校准频道播出时，确保准点播出的作用。

在电视制作中，你还应该遵循一些关于包装的相关基本原则。

三、包装原则

1. 统一原则

针对节目内容、栏目外观、频道形象，包装要统一设计、统一制作，确保电视受众试听感受上的协调统一。

2. 规范原则

频道形象体现于屏幕上的声、画、字诸元素与细微之中，比如字形、字色及显示方式都可能影响到整体，因此，制播操作必须严格，要按统一设计的规范执行。

3. 渐变原则

随着电视市场的变化，目前栏目更新、频道改版已经非常频繁，而技术制作手段的改善也为频道形象的更新带来更多的可能，但是在诸多变化的过程中，原有形象的核心视听元素应有所保留，更新要在渐变中完成，以便于观众识别。

4. 超前原则

在设计和制作理念上，形象设计与实施要超前，要尽可能地掌握和利用最新的制作手段，让好的创意得以完善体现。

此外，在节目制作时你还应该了解一些有关包装细节的规定。比如，在屏幕的左上角要给“媒体标识”留出空白，而栏目题花一般设在屏幕的右下角；每隔15～30分钟，在栏目间应插入片化或媒体宣传片、台标宣传片、形象片、导视等内容；片尾落幅署名格式要统一，要求包括台标、呼号、网址等内容。

“原来我们把画面或字幕翻几个筋斗就很开心了，现在形象片的设计，其中视听多元素的构成与运动是非常复杂的。”MIMI形象工作室主任说：“包装，是一个台节目制作的精华部分，它的精致程度和制作投入都应该超过广告的拍摄。”在2000年全国省市电视台频道包装工作会议上业内专家给出了这样的结论。

电视包装不再是简单的几个特技组合，对节目、栏目而言是个性、品位和风格的体现，对一个频道而言是魅力、实例和品牌的彰显。一个受到观众好评的高收视率的电视剧，就如同知名的商业品牌。从这个意义上说，包装是手段也是目的，越是具有个性化的越有可能赢得市场。频道的“外”包装一定要突出个性，要体现人文关怀，赋包装于美、于诗意的境界之中，而盲目追求视觉表象上的华丽、形式上的仿效，如城市台追省级台、省级台追中央台，最终将会失去频道个性，失去媒体独立的特征。

电视制作与包装思维的确立和成熟，是节目、栏目、频道以及传媒能够走向市场的重要标志。提供良好的视听感受，营造愉悦的收视氛围，把握频道整体风格，是频道总监的责任，也是频道品牌建设的核心内容。这一切，又都融于节目、栏目和频道的运作之中。

四、频道战略

在了解了以上有关频道的一些知识点以后，还不能说你就了解了频道概念的全部。随着数字技术的成熟，原本只能传送一套节目的频道，现在可方便地传送多套节目。目前，包括地方台在内的电视传媒正从以往只拥有单一的综合频道，向制播多套特色节目和开展多重服务的方向拓展，形成系列频道。例如，中央台的一至九套，其中，系列频道大都又是内容各异的专业频道。

这样，一个媒体的形象和实施战略也将由多个频道或专业的系列频道来整体体现。

专业化频道要求内容专业化。这样，一系列内容相关、风格相近、对象相同的节目将“流向”专业频道。专业内容与目标观众将成为频道关注的新重点。未来如果在教育频道中播出大量的娱乐性节目，而电影频道时常会出现经济资讯内容，就会让人觉得有些“不对头”。

专业化栏目必将成为专业频道的支点。中央台一套是以新闻为主的综合频道，早间《东方时空》新闻板块（150分钟），午间的《新闻30分》、《今日说法》，晚上的《国际时讯》、《新闻联播》、《焦点访谈》、《晚间新闻报道》板块同全天各档正点《新闻》一起形成早中晚一天的新闻布局，周末版的《直播中国》、《世界》、《新闻调查》、《实话实说》又形成了一周的新闻布局，中央台第一套新闻特色突出，显露出未来独立向新闻频道发展的态势。栏目的专业化在一定程度上决定着频道的性质。2000年年底，中央台三套“大变脸”，文艺频道更名为综艺频道，增加了《音乐擂台》、《岁月如歌》、《八面来风》等主打栏目，《聊天》、《艺术人生》、《周末喜相逢》、《同一首歌》等栏目作为周末的娱乐节目也闪亮登场。电视正向着专业化系列频道的方向发展。

谁是竞争对手？谁是可能的合作方？在激烈的市场竞争中，这个问题必须清楚。中央台以雄厚的经济实力，树国际媒体形象，地方台怎么办？就省级电视台而言，节目上卫星后，在天上要打“全国牌”，栏目的设置与编排要比国家电视台更有亲和力，因为人们最关注的依然是自己身边发生的事情。同其他省级电视台则要比地域特色，如上海的海派都市风格、广东的岭南和华夏文化品位、湖北的得中独厚和得水独优的江汉风貌，依次设计并拿出你的个性化品质上的专业频道。此外，在地面上同城市台比拼要打“地方牌”，要突出权威性，与城市媒体展开较量。

当前，由于信息传播异常快捷，媒体“独家报道”已经非常难得了，而“独到报道”就显现得非常重要。因此，拥有一支高素质的专业人才，队伍是非常重要的。采用更加有效的激励机制，吸引具有创造性思维的人才，将成为新世纪频道竞争的焦点。

那么，如何实现专业和系列频道在整体上的最大化呢？中央电视台是依靠第一套主频道和其他专业系列频道的合力协同来实现的。中央台影视频道首播40集连续剧《大明宫词》获得极高的收视率，其实，这与中央台利用一套主力频道以及其他专业频道在不同时段的先期宣传有很大关系，使得更多的观众能够提前关注和期待。香港“凤凰卫视”凡遇重大事件，必定举全台之力进行全方位、多层次的报道炒作，不再局限于某栏目的报道。他们常常是让相关报道贯穿整个频道，甚至打通栏目推出两个小时的大板块节目，以调动观众对整个频道节目的收视热情，从而获得较高的市场回报。系列频道间的联动与某一个频道栏目间打通互动是非常重要的。

此外，依靠重点栏目带动频道，跨地域横向联合降低频道运营成本，整合本地区节目制作市场将自己的影响延伸到每个家庭等新概念，也是频道运作中不可小视的战略思维。而频道的投入与产出，收视效果与频道效益，广告费、赞助费、制作费等有形资产的回笼以及媒体无形资产的扩大等新问题，也都是媒体总监们最为关注的战略问题。

如果你现在还只是一名记者或制片人，以上的概念和观点对你同样十分有用，因为当你站在“频道”这个层面上向频道总监呈报你的栏目设想、节目策划案的时候，你同总监的沟通就显得容易起来，并会得到良好的回报，就是总监对你当前所面临的困难，他也会乐意帮助解决。

五、再造“兴趣点”

“电视直播钱塘江潮，让全球观众实现一日观四潮的愿望。”中央电视台将动用30台摄像机水、陆、空全程直播钱塘江潮的消息，正通过电视的先期宣传不胫而走，几乎家喻户晓。

“八月十八潮，壮观天下无。”这是人们对闻名的钱塘江潮由衷的赞誉，用电视直播奇妙的交叉潮、磅礴的一线潮、壮观的回头潮和跌宕的二次回头潮四潮合一的景观，让观众能够一日观四潮，是谁也不想错过的。因为这是为电视自己的“客户”观众量身定做的厚礼。此时，人们通过电视不仅仅看到了在家里看不到只有外出才能看到的景观，而且看到了即使在现场自己也无法获得的“四潮合一”的体验。

电视为观众制造了新的兴趣点，当然也在为自己造势增值，为品牌增值。

除了日常播出以外，媒体或频道应该不定期的给观众再造兴趣点，让人们不停地关注你和你所提供让他们感兴趣的信息，关注你的行为。同钱塘江大潮的现场直播一样，北京西老山汉墓开掘的现场直播、飞行员驾机穿越太湖大桥洞的现场直播、珠海航空展等现场直播，都是中央电视台2000年为观众一一设置的兴趣点。中央台也向世界展示着强势媒体的形象和权威报道的实力与风范。

栏目的合理设置和播出时间构成了频道的内核，节目栏目化、栏目个性化、频道专业化，成为当前电视制作的趋势与关注。栏目的个性内容在一定程度上决定着频道的性质，而品牌意识正由节目品牌、栏目品牌上升为频道品牌，媒体形象是在多个频道的联动、互动中得以整体体现的。

第4节

大写的电视制作

一、网上制作

“在温馨的家中，随时都能轻松愉快地享受自己喜欢的影片和音乐，我们不必为错过电视的播出时间而懊恼，家庭服务可以随时提供全部播出的节目。我们如果喜爱电视中的一件商品，只需要轻轻一按遥控器，一张订单会立即出现在眼前。”这是松下电器新任社长中村帮夫对未来数码社会的描述。

在2000年法国戛纳电影节上，一辆装备有数字设备的中型雪铁龙小汽车被人称为“迷你”流动演播室，进入人们的视野：明星们就座在后排的客座上，采访开始了，采访信号传送到网站的TV频道，再通过Internet播出。法国人让世人知道了浪漫是无处不在的。其实，有时候浪漫不需要很高的成本，当年在北京国际广播电视设备展会（BIRTV）上，一台型笔记本作为“一对一”非线性编辑机和适合新闻的远程非线编系统，受到与会电视制作者的瞩目，而中央电视台“英语电视频道”（CCTV－9）无磁带英语新闻制作、播出、文稿系统，真正让人们感到大规模电视节目制播网络化的时代来到我们面前。

在汽车上，记者只要将手机与导航器连接，随时随地就可以获得沿途及目的地天气情况、交通状况和总部发过来的采访要求，还可以通过因特网将搜集的信息打成数码包，发回总部。在家里，观众可以任意粘贴从数码摄像机上撷取自拍的画面和照片，进行“独家”的报道或传给媒体。

当下，新闻记者采访结束后，最初的做法是利用手边的键盘快速将新闻标题和文稿输到本台新闻中心的本地局域网上，值班编辑和主任便知道了你所发回的消息。然后，你在这条新闻标题下，将采拍的声音、图像有选择地“上载”录入到非线编网上，此时新闻素材的声音、图像和文稿已“捆绑”在一起，就像磁带录像机上的声画“捆绑”一样。

打开非线编的屏幕，值班编辑可以点击你的新闻标题，你所制作的新闻的声音、图像、标题和文稿，以及部门主任修改的意见便从网上传递过来，待一切准备好后，可从网上调用播出。假如值班主任临时想将你的这条新闻作为头条，只需把“新闻标题”在新闻串联单上向前调动，播出时这条新闻的声音、图像和字幕便跟着调到了头条的位置。这就是当下非线性网上制作的一个实例。

便利，是非线性编辑网上制作模式的一个优势：声音、图像、字幕“捆绑”和“解绑”着，且各种信息与指令以数字流的形式在网上传来传去。

网上制作，还可将一条广告或一首 MTV 分成几个部分，并由几个人分别在网上完成，最后在网上合成。

当网络技术加盟电视后，电视媒体迅速作出了反应：在大力发展系列频道“放大”自己原有优势的同时，正在开始宣传自己的网站。眼下，利用网络第四媒体的常用办法：一是利用传统媒体的现有播出覆盖优势为自己的网站作秀；二是利用网站播出的电视节目制成电视网络版在网上重播，用地面播出、卫星播出、网上播出形成联动传播。

此外，网上的收视调查、观众的问卷反馈、报名参加节目以及直播网民的观点，也是电视利用网上加强观众双向沟通与交流的有效手段。

你看，如果不会使用键盘设备，不具备网络思维，将来是无法成为新一代的电视制作人的。

二、上网制作

随着数字技术的发展，除了文字化的新闻以外，视听化的新闻在网上制作和传递也会更加便利：一组从数码摄像机采撷下来的画面，配以简洁的文字和音响，值班编辑在键盘上一点便可以在新闻里或网上安排播出了。

在 1990 年新闻业与互联网专题研讨会上，美国在线（AOL）董事长说：“如果你们观察一下‘美国在线’，你们会发现，每天从美国在线获得他们感兴趣新闻的人，比全美国 11 家顶尖报纸的读者加起来的总数还多；在黄金时间，我们的读者和 CNN 或者 MTV 的观众一样多。”美国在线像其他各具特色的网站一样，从它诞生的那一刻起，在内容上便实行“拿来主义”，它从事的是整合和整理的工作，给用户提供的是信息和方便。

深厚、扎实、原创的内容，在任何时候都是不可或缺的资本。传统媒体由于拥有稳定的专业采访队伍和长期形成的政策环境，以及机构组织与通联体系等方面固有特质与优势，因此掌握着新闻传播的主动权。在新兴的网络媒体面前，电视媒体一要加强原创内容的生产，二要掌握上网制作新模式和传播网权。

上网制作，同上面讲述的电视利用自己网站将电视节目制成电子版（电视网络版）不同，电视网络版不过是在节目发布时多了一条网络途径，是传统节目的转载。而我们所说的上网制作，是指从线索的获取、资料搜集到制作编审，直至最后定稿的全过程都以网络为依托，是原创的在线节目。

其实，原创的在线节目是由互联网“定做”的。互联网数字化的真正魅力在于：

（1）文本、声音、视频、图片、动画等可以在媒体间互相转换和整合；

（2）多媒体方式可再现任何现场，给受众以身临其境的感觉；

（3）信息传播是分众、交互、开放的，有别于单向、自上而下的传统媒体；

（4）内容表达的结构方式是超文本的，可以把主要内容安排在主页面，而背景资料或次要内容用分页链接；

（5）通过热链接跳转页面可自由地改变浏览顺序及路径。

网络制作的这些特点将对“电视制作”的全过程以及传统节目制播方式的变革产生决定性作用。华中师范大学新闻系吴琼莅对在线新闻生产模式提出构想：“以期从理论上帮助促进在线新闻实践的发展”。

你将如何上网制作在线新闻呢？

第一步，通过互联网获取新闻线索并进行新闻策划

网上新闻线索寻找可通过查看 BBS，到聊天室做客，用 E - mail 进行问卷调查等方法，之后根据获取的新闻线索进行报道策划。

第二步，利用搜索引擎在网上检索新闻背景资料，并制定采访方案

例如 Yahoo、Goyoyo、Sohu 等网站，未来可运用网上专业性的数据库，在了解了翔实的背景资料后确定报道方案。

第三步，综合运用 E - mail、视频网络电话进行网上采访

记者还可以通过 E - mail 进行书面采访或用视频网络电话进行面对面采访，之后同检索来的新闻背景资料相结合，进行粗加工，制成多媒体新闻稿件。

第四步，利用内部局域网完成编辑以及新闻编审

之后附上对于页面设计方面的编辑意见，美编进行外形包装，新闻经过终审后统一发布。

第五步，整合网民信息反馈

网民读看新闻时，希望了解其他人对此新闻的看法。这样，反馈信息就成为在线新闻必不可少的一部分。

此外，人们通过互联网可以制播一些用现有的电视技术做不出来的节目，如供网上播出的动画片。在网络世界中，节目制片人可以进行许多有创造性的新鲜尝试，而制作经费要比制作电视节目的费用少得多。

进入新世纪，我们相信随着宽带网的普及，电视利用网络可以直接为观众提供视频直播、点播和预播，出现如一部电视剧从文稿开始就可以上网预播的情景。这样，一是吸引观众参与创作，扩大该剧的影响；二是将创作、制作节目的过程融入播出之中，观众和网民获得了既参与节目创作，又审视节目完成片的双重试听体验。此时，节目直播形态一定是非常独特或另类的。

三、互联永恒

以互联网为平台的新媒体有着广阔的发展前景，其魅力在于它的强大传播优势：信息丰富、时效性强、形态多样、自由和交互，在传媒界的表达有所向披靡之势。

据因特网广告协会（IAB）的调查显示，美国在进入新千年之前的 1999 年一季度，因特网广告销售额达到 6.93 亿美元，比 1998 年同期增长了 97.4%，预测到 2003 年因特网在线广告将超过电视、报纸等传统媒体，销售额将达到 115 亿美元。如此诱人的市场前景，必然影响传统媒体对整个市场注意力的再分配。未来将难以预料。

“强者更强，适者生存”成为 20 世纪末全球电视发展的一个特色。时代华纳公司（Time Warner）与美国在线（AOL）合并，不仅在于其巨大的规模，更在于其整合了它们的巨大资源。时代华纳从中获得二千万个互联网私人网址，美国在线的网页也增加了更多的内容。它以强有力的事实证明了传统媒体与网络媒体走向互联、共同繁荣的可能性、合理性和现实性，同时给了世人一个颇有说服力的答案：在 21 世纪里，网络媒体将依赖传统媒体的影响力和资源优势，实现对新闻资讯的整合，传统媒体将借网络强有力的互传优势，形成独特的生存方式。互联、整合、共同繁荣将是 21 世纪大媒体的时代特点。

然而，中国传统媒体的网络建设才刚刚起步。目前对我国已上网的报社、电台、电视台及通讯社等新闻媒体，人们抱怨较多的依然是信息不够丰富、时效较慢、带宽窄、网页设计尚显粗糙等等。正如 AT&T 无线公司首席执行官所说的：“电视业现在的处境就像黑白电视机在 50 年代一样，面临令人难以置信的机遇。”请看记者对电视业内人士的“网上采访”：

——运用网络技术可以从根本上改变生产、管理和组织机构；

——要想更高效迅速随时与顾客进行双向沟通与交流，就必须建立起上网型的组织机构，以减少组织结构的层次；

——广播电视产业化，其特征主要是节目产品时常化、节目生产专业化，以及内容传播的网络化；

——媒体要实现由单一喉舌功能向多功能的转变，由只讲社会效益向既讲社会效益又讲经济效益的转变，这其中节目制作的社会化、市场化离开网众是不可能的；

——我们不仅要懂得节目和智力输出，而且还要懂得市场收购和市场兼并，未来的网络化电视或许要采用集团化运行方式，以实行跨部门、跨行业、跨地区甚至跨国别经营。

…………

总之，中国电视业面对新兴网络媒体和中国“入世”后境外强势媒体的双重压力，行业性整体提升势在必行。其中，核心目标是技术升级、资源重组以及创造出适合国情的新体制。

综上所述，节目创新作为频道专业化变革的序曲首先奏响，定位准确的高收视率节目是行业整体改造的基础。

接下来，是专业化栏目与频道的筛选、淘汰、扩充、整合，频道的变革开始。浙江电视台2001年元旦以“一个台标、六套节目”的全新面貌亮相，迈出省级电视台多台合并改革的第一步。湖南省台也筹划着对省属几家电视台进行整合，把每个频道的优秀栏目整合后上星，同时实施“借船出海”发展战略，将触角伸向边远省份，进而发展到电视资本的融合与集中。2000年，湖南广电传媒成功地承办首届中国金鹰电视艺术节，根据广电传媒“网娱”（www. itioy. com）在线报道：金鹰节各类收入突破六千万元，让人们再次领略“电视湘军”资本的扩张，以及电视业务延伸与拓展的风采。

再往后，电视将对所有频道及卫星与光缆资源进行整合，使其作为产业资源纳入通盘整体开发。此时电视媒体的发展再不是简单的广告买卖，而是在互联与整合中寻找新的机会点，或许会诞生一种新的服务或产业，电视将集合众家优势，降低成本，提高效益，抢占市场高地。

…………

那时，电视是个什么样子，电视制作域又会是个什么样子呢？或许在不久的将来，电视、电话、电脑的三电融合，会改变人们传统观念中对电视的定义，是电视、是广播，又是网络。你从中可以得到新闻、资讯和娱乐，可以获得服务、指导和关怀。

传统媒体与网络媒体正在共同孕育着21世纪的新媒体，尽管当前仍然存在着有关网络版权与知识产权等诸多法律问题，共通共享、共同繁荣的互联网精神是永恒的方向。

网上制作和上网制作是电视制作的一个新概念。前者在键盘上制作节目已有广泛地运用，后者人们似乎还比较陌生，但是，网络化制作趋势是必然的，必将在电视制作中发挥越来越重要的作用。未来一定会出现非常独特和另类的“节目”，也一定会有更多的机会在等着你。

四、跟上网媒，别掉队！（最新）

面对全媒体时代，新增写的第一章第五节“链接网络广播电视台”给出了网络媒体最新最近的发展情况，给出了电视链接未来的新机遇，而十年前撰写的第九章，其中在第四节“大写的电视制作”中有关“网上制作”、“上网制作”内容，有的已经成为现实，有的正在影响着电视制作域里的年轻人，至此，我们还需要储备怎样的理念做全媒体人，掌握哪些知识推动传统电视成为真正大写的电视呢。

毫无疑问，在全媒体环境下，受众需求、媒体引导、市场价值，依然是我们应该重点关注的内容。而在操作层面上，年轻的编辑记者们可以执行“一稿多发”策略。我们应该明白，“一稿多发”在流程上对接“未来媒体”，在效率上对接“运营成本”，需要研究适应不同受众的口味，因此，其中蕴含着深刻的生存价值。

先作一个比较，看看电视播出后的新闻，如何改进更容易在网上传播。

实例一

原电视标题：东海舰队海空联合对岛火力打击实弹演练

网台标题：东海舰队：实弹演练，海空联合对岛火力打击（链接视频）

http://news.hbtv.com.cn/2012/0930/109897.shtml

实例二

原电视标题：日本政坛拉开大选对决战幕 民调：安倍当选呼声高于野田

网台标题：［国际］日本：政坛大选民调，安倍民众支持率达41%，呼声高于野田

http：//news. hbtv. com. cn/2012/0930/109910. shtml

实例三

原电视标题：我国各地群众庆祝祖国63周年华诞

网台标题：海南三沙市升国旗　各地群众庆国庆

http：//news. hbtv. com. cn/2012/1002/110461. shtml

实例四

原电视标题：一批新规今起实施政府不得购建豪华办公用房

网台标题：买豪华公车可能丢官　一批新规十一开始实施

http：//news. hbtv. com. cn/2012/1002/110448. shtml

以上实例可以看出，修改后的网络标题更容易在网上找到，更有益于网络传播。对于原有的电视标题，在进行网络二次传播时，你可以对文字稍作调整。网络的标题要求，一是更简洁，二是更明快，三是更有信息量，能够方便和吸引网众点击。网络媒体时代，在敲打键盘时，你心里一定要装有更多的网众。我们的提醒是：掌握网媒规律，心中装有网众。这是其一。

其二，网络在塔底，电视是塔尖。在全媒体时代，电视不能再是“闭门造车”式的生产传播，好酒也怕巷子深。《楚汉论坛》是湖北网台以微博、论坛两大工具搭建起来的，并可以直接服务电视谈话节目进行互动的平台。与一般商业网站的论坛不同，在这里，一是具有媒体属性，改变了以往论坛中网友随意自由发声的传播态，而是由媒体主动设置话题，主动引导，进行权威资讯发布，时至伦敦奥运会，论坛与电视赴英采访组联手推出网络大型栏目《我办伦敦奥运会》，邀请湖北运动员赵芸蕾、田源等进行网络互动，设置了如“跳水运动员陈若琳：我不会昙花一现”、“‘五冠王’邹凯：我一直在改变难度”等一大批互动话题。二是动态跟进社会活动，为广播电视报道补缺反馈链，在第11届中国网络媒体论坛召开时，从网媒大佬江城论剑到中国网媒发展，承接网上展播；在湖北民间故事大王表演赛、第三届时尚文化颁奖盛典活动中，网台省时间、赢空间，向前延展让网友参与互动，向后延展实时现场展播、点播；而在南非德班会议前夜，湖北网台作为独家协办媒体，跨地域跨时空，搭建了“世界青年低碳论坛”直播平台，让网民和世界不同地域的青年人看到了论坛现场，让来自亚洲、非洲、欧洲、北美洲、拉丁美洲等十个国家的青年网上互动……

其实，这样的模式完全可以作为节目、栏目、频道开展日常活动的常态交互模式，一是提前利用网络设置交互内容，搭建如互动、投票、参与等网络平台，调动网友提前参与，为内容造势；二是精装精做内容，并在大众期待的规定时刻，用电视的方式呈现辉煌。《非诚勿扰》、《中国好声音》都以各自惊人的传播模式，为“网友关注、社会热议”+“电视仪式、荧屏辉煌”作了更好的注解，形成了新时期广播、电视、网络正金字塔传播策划模式。

其三，不做第一，就做唯一。由于网络具有跨地域传播的特点，理论上具备全球传播价值，而网络受众又是以自己寻找所需这样一种方式来消费的。因此，未来的广电网络媒体，一是不能按照“四级办电视”的做法，地方抄中央，互相克隆，上上下下一个模样，需要个性化生存。二是作为以广电内容为核心竞争力的播出机构，需要突出视听特色。作为网络媒体研究案例的湖北网台，在这个平台上，他们追求的是：广播内容是可以看得见的，电视频道的内容是可以互动的。三是要有个性化的网络服务，内容生产要本地化。要结合地域特点提供更多的唯一，用“看内容”加上“用媒体”来打造新的电视制作及其内容生产链和相关产业链。

此外需要明确，视听内容是广电生存的根本，广播、电视、网台需要携手协同发展，在保护好自主视听内容知识产权的基础上，积极同各类网站开展合作，栏目组是不能以推广宣传为名，廉价或者没价转让视频内容。版权和推广是两个不同概念，不能混为一谈。

本章学法指导

本章以节目、栏目、频道为轴线，力求在更新的层面上对前面所学的内容和知识点进行整合，让学生们能够在这一章里找到登高一步的支撑。学习电视制作的目的是为了节目能出精品，栏目能创名牌，频道能有特色，并在激烈的市场竞争中争得先手。节目栏目化、栏目个性化、频道专业化是当前电视发展的趋势。

学生们应该明确，想与同行竞争中取胜，就得不断地创新并制作出吸引观众的内容。“特色”与“本地化”是个性化生存的集中体现，也是扩大媒体影响力、增大覆盖圈的有效手段。

网上制作和上网制作是电视制作域里全新的概念。电视的网络化制作必将发挥重要作用，未来一定会出现非常独特与“另类”的节目制播形态。

新型的网络媒体，让我们理解了“不做第一，就做唯一”的制播理念。

本章思考与练习题

1. 简述节目的分类。

2. 为什么节目要栏目化？它给电视制作带来了什么？

3. 频道专业化的优势有哪几个方面？

4. 解析一种你所喜爱的节目样式，并综合运用所学的电视制作理论，测一测你的发现能力。

5. 开始着手制作一个节目，你想想应该从哪几个环节入手？除了书本上的知识以外还要掌握些什么？试一试你的动手能力。

6. 从你的习作开始就要“想好了再拍”！试着做一个策划案，练一练你的策划能力。

7. 做节目不是按菜谱做菜，实际情况是复杂多变的。你的习作与策划案之间有多大的差别？小结一下你的应变能力。

8. 说说新生的网络广播电视台，如何理解“网络是塔底，电视是塔尖”的全媒体传播模式？

主要参考书目

杨炳林主编:《电视辞典》，湖北辞书出版社
叶家铮编著:《电视媒介研究》，北京广播学院出版社
张锦力:《解谜中国电视》，中国城市出版社
古拉德·米勒森:《电视和电影照明技术》，中国电影出版社
高廷智、李近来、郝俊兰:《电视音乐音响》，中国广播电视出版社
赵淑萍:《电视采访与写作》，中国广播电视出版社
饶鹏飞:《采访与写作》，湖北教育出版社
张颂主编:《中国播音学》，北京广播学院出版社
徐恒:《播音发生学》，北京广播学院出版社
吴郁:《主持人艺术探》，北京广播学院出版社
何苏立:《电视画面编辑》，中国广播电视出版社
周琼:《谈电视采访中的倾听技巧》,《新闻爱好者》2009 年 02 期下月刊
王爱东:《营造电视采访的和谐对话语境》,《记者摇篮》2009 年 12 期
张龙梅:《关于新闻采访技巧的几点思考》,《新闻传播》2011 年 09 期
王永瑞:《电视采访要抓住人物性格》,《记者摇篮》2011 年 05 期
赵洁薇:《电视采访提问艺术的敬畏之心》，《玉溪师范学院学报》2010 年 09 期
冯洁:《采访的艺术和技巧》,《记者摇篮》2006 年 10 期
潘京:《懂得尊重和换位思考》,《中国记者》2010 年 06 期
郭淼:《公关人际交往技巧在新闻采访活动中的运用》,《现代交际》2009 年 10 期
李芳菲:《浅谈记者的采访技巧》,《群文天地》2011 年 07 期

第二版出版说明

为加快电视节目制作人才的培养，促进从业人员职业素质的不断提高，2000年8月，在国家广电总局牵头组织下，我社出版了“21世纪广播电视职业教育丛书”。

该套丛书是适应职业教育特点的专业教材，主要面向高等职业教育、普通专科教育和在职岗位培训的需要。当时共分两批先后出版了12本。多年来，该套教材以它的系列性、实践性强而受到广大读者的欢迎。斗转星移，弹指之间十几年过去了，媒体生态环境发生了深刻且巨大的变化，这些变化无疑给电视制作带来新的理解和新的方式。为了使该套丛书不断完善，更好地满足读者的要求，我社又邀请作者对其中部分图书进行了修订，或增补新内容，或替换旧资料，或改正不合时宜的内容，对图书的体例也进一步加以规范，力求提高质量。

在这里，我们要衷心感谢作者的倾力支持，也衷心感谢读者的关心，欢迎读者批评指正。

中国广播电视出版社

2012年12月